よくわかる一神教

ユダヤ教、キリスト教、イスラム教から世界史をみる

佐藤賢一

集英社

プロローグ

今にして思い出しても、９・11は衝撃でした。

二〇〇一年九月十一日、朝の八時四十六分、ニューヨークの世界貿易センター、通称ツインタワー北棟に、ボーイング七六七型ジャンボ旅客機、アメリカン航空一一便が、真横から激突したのです。

日本は夜でした。私はちょうど風呂上がりで、ついていたテレビの画面で、ビル炎上の濛々《もうもう》たる黒煙をみることになりました。一瞥《いちべつ》ただ事ではありませんでしたが、時間帯が時間帯でしたので、はじめは妻がハリウッド映画か何かをみていたのだと思いました。

「何これ、『ダイ・ハード』？」

「違う。ライヴだって」

意味がわかりませんでした。私が困惑しているうちに、ニューヨークは午前九時三分を迎えたようでした。映像にボーイング七六七型ジャンボ旅客機が出てきました。それが今度はツインタワー南棟に突っこんでいきました。ユナイテッド航空一七五便ですが、前のアメリカン航空一一便が飛びこむところはみていませんから、とんでもない驚きでした。

いや、当座は割に静かにみていた覚えがあります。驚きは驚きでしたし、映画ではないと了解もしていたのですが、あまりの光景に、なかなか本当のこととして理解できなかったのです。

ところが、ニューヨークの映像が次々入ります。みたのは二機目で、北棟を炎上させた一機目があったのだと、事態も整理されました。

そうするうちにアメリカ東部は九時三十八分になり、三機目のアメリカン航空七七便が、今度はバージニア州アーリントンのペンタゴン（アメリカ国防総省）に突っこみました。テレビ画面の光景が切り替わったからでしょうか。これは現実に起きていることなのだと、ようやく認められたような覚えがあります。

実際のところ、ニューヨークの世界貿易センターは南北二棟とも全壊、ペンタゴンは半壊で済んだものの、人的被害は総計で死亡者二千九百七十七人、負傷者は二万五千人以上を数える、まさに大惨事でした。

飛行機には実は四機目もあって、ペンシルベニア州のシャンクスヴィルに墜落していました。ワシントンDCから北西に二百四十キロの地点で、本当は首都の合衆国議会議事堂あるいはホワイトハウスを狙ったものだとも、後でわかりました。

それにしても、これは何だ――はじめは戦争か、とも思いました。しかし飛んできたのはミサイルでなく飛行機で、それも軍用機ならざる民間機でした。ほどなくテロと断定され、建物に激突した旅客機は、全てハイジャックされたものだということでした。

いうまでもなく、アメリカに敵意を抱く者の犯行です。しかし、誰が？　どこの国が？

やがてアルカーイダというイスラム過激派の仕業であると判明しました。声明が出されたからで、アメリカのイスラエル支援、サウジアラビアにおける米軍駐留、イラク制裁に対する抗のは、イスラム教徒としての聖戦＝ジハードなのだという理屈です。

議ということでした。要するにイスラム教徒が苦しめられている、その報復をアメリカに行う

宗教が戦う理由になっていました。

いえ、確かに宗教は戦う理由になります。神のために戦う――そんな例は洋の東西を問わず、どこでもみつけることができる。日本にだって、枚挙《まいきょ》に遑《いとま》がないほどです。しかし、それは全て過去の歴史の話なのです。宗教がものをいったのは前近代までで、もう近代には克服されている。ましてや現代の話ではありえない。戦争にせよ、テロにせよ、それは今や国家の利益、領土や権益を巡って争われるもののはずです。それが宗教のためとは……。

私は呑気《のんき》な決めつけに囚われていたことに気づきました。思えば、はじめから宗教です。イスラム教徒が怒りを覚えているのは、イスラエルについてなのです。ユダヤ人の国で、建国こそ二十世紀の現代ですが、これがユダヤ教という宗教ゆえの話、『旧約聖書』に神に与えられたと書いてあるから、そこに国を建てるんだという話だったのです。

イスラム教徒が容れられるはずがありません。ユダヤ教徒と争うのは、不可避といえるかもしれません。しかも、そこにキリスト教徒が、つまりはアメリカ、そしてヨーロッパ諸国が絡んでくる。あるいは絡まざるをえなくなる、巻きこまれたということかもしれませんが、いずれにせよ戦いは宗教ゆえに行われていたのです。

9・11の後にしても、やはり戦いになりました。アフガニスタンで戦争が起こりましたし、アメリカ軍はイラクにも再侵攻しました。イスラエルとパレスチナ解放機構（ＰＬＯ）の死闘

も終わりません。イスラム過激派と呼ばれるグループが起こすテロは、あれから下火になるところか、フランス、イギリス、スペインと現在進行形で各国に及んでいます。

やはり過去の歴史などではない。それを否定する場合を含めて、宗教は今日《こんにち》的な問題であり続けている——そこまで考えて、ふと気づきました。ユダヤ教、キリスト教、イスラム教、いずれも一神教ではないかと。世界の変数として働き続けているのは、宗教というより一神教なのではないかと。

世界にどれくらいの数の宗教があるのかわかりませんが、一神教となると、恐らくはユダヤ教、キリスト教、イスラム教の三つが代表的でしょう。それ以外の宗教は全て多神教だとすれば、一神教は宗教のマイノリティ、むしろ珍しい部類といえます。本源的な宗教は多神教のほうなのだとも思われますが、そう片づけたきり見落とすわけにはいかない事情もあります。三つの一神教のうち、キリスト教とイスラム教は世界宗教になっていることです。

資料によって多少数字が異なりますが、キリスト教徒人口が二十四億四千八百万人で世界人口の三二・九パーセント、次いでイスラム教徒が十七億五千二百万人で二三・六パーセント。この二つの一神教だけで五〇パーセントを超えています。つまり、人類の半分が一神教を奉じているのです。因みに、第三位はヒンズー教徒で、十億一千九百万人の一三・七パーセント、世界三大宗教の一角をなす仏教は第四位で、五億二千百万人の七・〇パーセントです（二〇一六年集計データ『ブリタニカ国際年鑑』二〇二〇年版）。

キリスト教とイスラム教は世界宗教として、図抜けた規模と存在感を誇ります。多くの事件や争いに関与するのも頷《うなず》けます。しかし、単に量的な要素だけが問題だとするならば、ヒンズー教や仏教をはじめとする他の宗教も、世界の事件の半分ほどは起こしていなければなりません。一神教ばかりが、どうして今に至るまで問題の種であり続けるのか、なお質的な要素を問いたくなってしまいます。

もちろん、一神教はああだから、こうだからと、様々な説明はされています。事件が起こるたび、そこに至る近年の事情も、テレビや新聞で丁寧に解説されるのです。しかし、わかったような、わからないような。

一神教の教義や、それらが持つ世界観もさることながら、より手応えある現実といいますか、それぞれの宗教が歩んできた歴史こそ、より切実な理由になっているのではないか。事件に直接つながる動きもさることながら、もっと根本から押さえていかないと、本当にわかったことにはならないのではないか。

私は作家で、歴史小説――わけても西洋史に題を求めた小説を書いてきましたが、もとより宗教については不可解で筆が止まるとき、自信をもって書けないときが多々ありました。それならひとつ調べてみようかと、取り組んだのがこの本ということになります。ユダヤ教、キリスト教、イスラム教の三つの一神教の歴史を、古代、中世、近代・現代の三部に分けてまとめましたが、その際には、日本人は知らないんじゃないか、わかりにくいんじゃないかというポイントを、質問形式で整理してみました。知りたいところ、興味があるところ、必要なところから読んでいってもらっても結構かと思います。

よくわかる一神教

ユダヤ教、キリスト教、イスラム教から世界史をみる

目次

第二部 中世の一神教

第三部　近代・現代の一神教

第一部

古代の一神教

第一章　ユダヤ教の誕生

ジェネシス（Genesis）という言葉があります。

聞いたことがあるという方は、フィル・コリンズやピーター・ガブリエルが所属していたプログレッシブ・ロックのバンド「ジェネシス」のファンでしょうか。あるいはファンでも天文ファンのほうで、アメリカ航空宇宙局（NASA）がディスカバリー計画の一環で宇宙に送り出した探査機「ジェネシス」を思い出された向きでしたか。

もしかすると多いのは、二〇一五年のハリウッド映画、『ターミネーター：新起動／ジェニシス（Terminator Genisys）』をみたという方かもしれません。実は紛らわしい話で、映画のタイトルはジェネシスではなくてジェニシスです。それは作中に登場するスーパーコンピューターの名前で、「ゼネラル・インテリジェンス・システム（general intelligence system）」を短くして、ジェニシス（Genisys）などともいわれています。

なんだ、関係ないのかと思いきや、最初に発表されたタイトルでは、ジェネシスとされていました。途中で改められたジェニシスは、一種のパロディといいますか、ジェネシスに由来する造語であることは明らかで、それは邦題に「新起動」とあることからも窺えます。新しく起こる、新たに始まる――この映画の場合は、機械が、あるいはコンピューターが支配する世界が幕を開けるということですが、いずれにせよ、そのように起源、誕生、創生、原因、始まり、根源といった意味を与えられる言葉が、ジェネシスなのです。

してみると、より一般的な訳語を使っているのは、二〇一一年の映画『猿の惑星：創世記（ジェネシス）』のほうでしょうか。もっとも英語原題は『猿の惑星の起こり（Rise of the Planet of the Apes）』で、ジェネシスの言葉はありません。こちらは猿の時代が始まるという内容なので、やはり始まる、始まりの記録であるということを表すために、邦題を工夫したということでしょう。『天地創造』という一九六六年の映画がありますが、この作品で描かれたような世界の始まりを記録したものが、元々のジェネシス＝創世記ということになります。こちらの英語原題は『聖書、はじめに（The Bible in the Beginning）』ですが、この聖書のなかの始まりの一章が、ジェネシス＝創世記と題されているのです。

ジェネシス＝創世記と日本人は頓着なく使ってしまいますが、いずれの映画でもGenesisの語が入れられなかったのは、入れることが憚られる、聖書の一章の他にタイトルとして用いるなど罰当たりだと、そういう感覚が欧米人にはあるのかもしれません。

いうまでもなく、聖書は一神教の経典だからです。では、その一神教のジェネシス＝創世記――日本人なので懲りずに譬えてしまいますが――とは、つまりは一神教の始まりというのは、いつ、どこの何に求められるのでしょうか。

先に答えをいってしまうと、それはキリスト教、イスラム教といった世界宗教でなく、民族宗教であるユダヤ教にこそ求められます。あるいはユダヤ人の歴史というべきかもしれませんが、とにかく、それを知らないことには何も始まりません。

ユダヤ人とは何か

キリスト教が興《おこ》るのは一世紀で、イスラム教は七世紀です。それ以前の世界において一神教は、ほぼユダヤ教だけでした。現在のようには一神教の存在が大きくなかった古代世界で、ユダヤ教というのは本当に特異な宗教だったろうと思います。

たとえば、ギリシャ神話にはゼウス、ポセイドン、アフロディテ、ディオニュソスといったいろいろな神様がいます。それらは、ほぼそのままローマ神話にも受け継がれました。ゼウス→ユピテル（ジュピター）、ポセイドン→ネプトゥヌス（ネプチューン）、アフロディテ→ウェヌス（ヴィーナス）、ディオニュソス→バッコス（バッカス）といった具合です。

このような感じで沢山の神様がいるのが当たり前の時代に、ユダヤ教だけが唯一の神――ヤハウェといいますが――を崇めてきたのです。あるいはユダヤ人という特異な民族が、一神教を細々と続けてきたというべきでしょうか。小さな民族による小さな宗教ですが、これが後に世界宗教となるキリスト教、イスラム教の発祥を導いたのですから、その人類史上に有する意味というのは、非常に大きいといわなければなりません。

ユダヤ教はユダヤ人の宗教ですから、その民族としての成り立ちや歴史から切り離すことはできません。ゆえにユダヤ人とは何かと、最初に問うことになります。辞書的にいえば、ヘブライ語を用いたユダヤ人はセム語族に属します。フェニキア人やアラビア人と同じ言語族です。
では、そのユダヤ人の始まりというか、どういった経緯でユダヤ民族が現れたのか。

ユダヤ人――この場合はイスラエル人といったほうがいいかもしれませんが――には、祖とされている人物がいます。アブラハムという人で、メソポタミアのウルで羊飼いをしていました。アブラハムはカナン（シリアとパレスチナの地中海沿岸地方。パレスチナの古称）に移り、イサクという子供をもうけました。そのイサクの子がヤコブで、このヤコブは十二人の息子と一人の娘に恵まれます。息子のひとりがヨセフですが、この人はエジプトに行き、ファラオの宰相になりました。

カナンの地では父ヤコブや兄弟たちが飢饉に苦しんでいましたから、そうした肉親をヨセフはエジプトに呼び寄せました。この異邦でイスラエルの民は、なんとか生き延びられたわけです。ところが、何世代かたってみると、イスラエルの民はファラオの圧政に喘《あえ》ぐことになっていました。そこに現れた指導者がモーセです。その号令でエジプトを脱出し、なんとか紅海沿岸まで着いたものの、その先は海で進むことができません。しかし、背後にはファラオの軍隊が迫る。モーセは手にしていた杖を振り上げます。そうすると海が割れて地面が現れ、対岸に歩いて渡ることができた。「紅海渡渉」として有名な話ですから、聞いたことがあるという方も多いかもしれません。

モーセたちはカナンの地に戻ろうとします。その途次、シナイ山でヤハウェという神に「十戒」を授けられます。決定的な出来事で、この十戒を授かったことで、ユダヤ教が成立したのです。このときイスラエルの民は別してヤハウェに選ばれたともいえます。ここから「選民思想」という考え方も出てきます。

さておき、モーセとイスラエルの民は引き続き「約束の地」を目指しますが、そのカナンには強い敵がいて、容易に入ることができないという報せが途中でもたらされます。多くは先に進むことをためらいますが、ヨシュアとカレブだけは、ヤハウェの命令に従ってカナンを目指すべきだと主張します。とんでもないと、他の者たちはその二人を殺そうとしますが、それを知って激怒したのがヤハウェでした。《この民はいつまで私を侮るのか。私が彼らのうちに行ったすべてのしるしにもかかわらず、いつまで私を信じないのか。私は疫病で彼らを打ち、彼らを捨てて、あなたを彼らよりも大いなる強い国民としよう。》(「民数記」一四・一一—一二。聖書の引用はすべて『聖書　聖書協会共同訳』日本聖書協会より。以下同)といって、つまりはイスラエルの民を滅ぼし、モーセの子孫によって神の民を興そうとするのです。

このときは、モーセのとりなしでヤハウェの怒りはおさめられます。イスラエルの民はといえば、結局カナンに入ることはできず、荒野をさすらわなければならなくなります。そして四十年の流浪の果てに、ようやくカナンの地に定住することができた——というような経緯を、ひとまず押さえておくことにしましょう。

コラム1　モーセの「十戒」

『旧約聖書』の「出エジプト記」によれば、エジプトのファラオはイスラエル人の数が増えて困るので、イスラエル人の家に生まれた男の子は一人残らずナイル川に投げ込み、女の子は皆生かしておけと命じた。そんな折、あるレビ族の女性が男の子を産んだ。あまりに可愛いので三カ月間隠し育てたが、これ以上は無理だと思ってパピルスの籠にその赤子を入れてナイル川の畔《ほとり》の水草の茂みに置いて去る。そこへ偶然通りかかったファラオの娘がその赤子を助け、自分の息子にする。モーセと名付けられた息子はエジプト人として育てられるが、長じて同胞のイスラエル人がエジプト人にぶたれているのを目にして、思わずそのエジプト人を殺してしまう。ファラオから逃れるべくモーセはシナイ半島のミデヤンの地へ行き、その地の祭司の娘と結婚して一子をもうける。モーセは羊飼いとして暮らしていたが、ある日ホレブ山の麓で神、ヤハウェの声を聞き、「私の民をエジプトの手から救い出し、その地から、豊かで広い地、乳と蜜の流れる地」へ導けと命じられる。

この召命体験を得たモーセはエジプトへ戻り、兄のアロンと共に、ファラオにイスラエル人のカナンへの帰還を再三願い出る。しかしファラオはこれを頑強に拒否する。怒ったヤハウェは、全土に疫病をはびこらせるなどエジプト人にさまざまな禍いをもたらし、ようやくのことファラオはイスラエル人がエジプトから出ることを許可した。

エジプトを出発する前夜、イスラエルの人々は、神が命じたとおり、仔羊を屠《ほふ》りその血を家の戸口に塗り、その肉と種なしのパンを食して、神がエジプト全土にもたらす災禍を過ぎ越した。これがユダヤ人にとって重要な「過越祭《すぎこしさい》」の起源となる。

こうしてイスラエルの人々を引き連れてエジプトを脱出したモーセは、幾多の困難を乗り越えて紅海を渡ってシナイ山へ辿《たど》り着く。そこに神が現れ、その頂上で授けられたのが「十戒」である。この十戒は「出エジプト記」と「申命記」(五・七ー二一)に出てくる。二つの細部は異なるが、ここでは「出エジプト記」から引いておく。

1 あなたには、私をおいてほかに神々があってはならない。
2 あなたは自分のために彫像を造ってはならない。上は天にあるもの、下は地にあるもの、また地の下の水にあるものの、いかなる形も造ってはならない。それにひれ伏し、それに仕えてはならない。
3 あなたは、あなたの神、主の名をみだりに唱えてはならない。
4 安息日を覚えて、これを聖別しなさい。
5 あなたの父と母を敬いなさい。
6 殺してはならない。
7 姦淫してはならない。

8 盗んではならない。
9 隣人について偽りの証言をしてはならない。
10 隣人の家を欲してはならない。隣人の妻、男女の奴隷、牛とろばなど、隣人のものを一切欲してはならない。

（「出エジプト記」二〇・三―一七）

『旧約聖書』とは何か

ざっと話してきたユダヤ人の始まりの歴史は、全てユダヤ教の聖典である『旧約聖書』に書かれたものです。なんだ、それを読めば全てわかるのかとなってしまいそうですが、さらに詳しく触れる前に、『旧約聖書』について少し説明しておきたいと思います。

今日一般に『聖書』といえば、キリスト教徒が聖なる書としている書、英語の「バイブル」を意味します。「バイブル」はギリシャ語の「ビブリオン（複数形はビブリア）」に由来し、元は文字を記した巻物・小冊子を意味した言葉です。これに定冠詞をつけてThe（Holy）Bibleとしたものの訳語が『聖書』です。

キリスト教ではこれを『旧約聖書』と『新約聖書』に区別し、両者を合わせて『聖書』と総称しています。ここでいう「旧約」とは、神がイエス・キリスト出現以前に、モーセを通してイスラエルの民と交わした「契約」を意味します。後述するように、キリスト教はユダヤ教を背景に、ユダヤ人イエスを通して、当初はユダヤ教徒の間に広められたのですが、ほどなく民族を問わなくなります。ユダヤ教徒という枠を超えて、イエスが全ての人々に与えた新しい救いの「契約」を記した書を、キリスト教会は「新約」と呼ぶのです。

ということは、『旧約聖書』、あるいは『新約聖書』というような呼称は、あくまでもキリスト教の都合による、キリスト教会の用語です。『旧約聖書』＝ユダヤ教の『聖書』ではありません。ユダヤ教では、ヘブライ語で記された二十五巻の書を「律法（トーラー）」「預言者（ネビーイーム）」「諸書（ケトゥービーム）」の三部に分かち、それぞれの頭文字を採ってTNK（タナフ、タナハ）と呼びます。ユダヤ教徒は『聖書』という言い方をしないわけです。このことはあらかじめ了解しておくべきですが、これを踏まえたうえで本書では慣例に従って『旧約聖書』と呼ぶことにします。

『旧約聖書』は、全部で三十九の文書から成る、かなり大部な読み物です。多くがユダヤ教の教えですが、同じくらいの分量がユダヤ人の歴史にも割かれています。というより、その歴史が語られるなかで神や預言者が登場し、その教えが伝えられるという形になっているのです。紀元前四世紀までには現在のような形となり、紀元九〇年頃に開かれたヤムニア会議において『聖書』の正典が決定されました。これを全三十九巻から成る「マソラ本文」といいます。

律法（トーラー）の五つの文書は「モーセ五書」とも呼ばれます。「創世記」の天地創造から始まって、「ノアの箱舟」の話などがあり、アブラハム、イサク、ヤコブというユダヤの三代の族長の話、それから飢饉でエジプトに移住したイスラエル人（ユダヤ人）が、モーセに率いられてカナンに戻るまでの歴史が「出エジプト記」に描かれ、レビ記、民数記、申命記では律法が語られます。

続くヨシュア記、士師記、サムエル記では、ダヴィデ王時代までの歴史が述べられています。列王記に記されるのは、王国がイスラエル王国とユダ王国の南北二つに分かれた時代の歴史です。イスラエル王国が滅びて、ユダ王国だけとなり、それもバビロン捕囚を経験して、再びカナンの地に戻る。そうした歴史はイザヤ書、エレミヤ書、エゼキエル書など、預言者の話として描かれます。

したがって、ユダヤ教の教えもユダヤ人の歴史も『旧約聖書』を読めばわかる――のですが、少し注意が必要です。というのも、それは日本人の

律法（トーラー）［モーセ五書］		創世記、出エジプト記、レビ記、民数記、申命記
預言者（ネビーイーム）	前の預言者	ヨシュア記、士師記、サムエル記上、サムエル記下、列王記上、列王記下
	後の預言者（三大預言者）	イザヤ書、エレミヤ書、エゼキエル書
	小預言者（十二小預言者）	ホセア書、ヨエル書、アモス書、オバデヤ書、ヨナ書、ミカ書、ナホム書、ハバクク書、ゼファニヤ書、ハガイ書、ゼカリヤ書、マラキ書
諸書（ケトゥービーム）	真理（エメス）	詩編、ヨブ記、箴言
	巻物（メギロート）	雅歌、ルツ記、哀歌、コヘレトの言葉（伝道の書）、エステル記、ダニエル書、エズラ記、ネヘミヤ記、歴代誌上、歴代誌下

「マソラ本文」

歴史における『古事記』や『日本書紀』のようなものだからです。史書というより、神話や伝説に近い部分が少なくないわけです。

ユダヤ人あるいはイスラエル人の歴史は、紀元前十四世紀まで遡れるといわれています。

『旧約聖書』の編纂が開始された年代はといえば、紀元前五世紀から四世紀です。現在に伝わる形で完成するのは、さらに後の紀元一世紀末です。たとえばモーセの「出エジプト」は、後で述べるように紀元前十三世紀の出来事と推定されますが、『聖書』の編纂を始めた年代から数えれば、八百年も前の話ということになります。八百年の間に断片的に文書化されたのかもしれませんが、それにしても八百年です。そんな昔の出来事が、どれだけ正確に伝わっているか。創作といわないまでも遠い曖昧な記憶が紛れ込む余地は、十分あったと思われます。編纂されていた時代の都合で、改変が行われた可能性もある。単純に『旧約聖書』＝ユダヤ人の歴史とはいかないという所以です。他の古文書や考古学の成果などを駆使しながら、批判的に読み解いていかないと、実際の歴史はみえてこないのです。

『旧約聖書』の内容は、常にオリジナルというわけでもありません。例えば「ノアの箱舟」です。日本の『古事記』や『日本書紀』も神による天地創造から始まりますが、『旧約聖書』も冒頭に「創世記」が置かれ、天地が創造され、アダムとイブが誕生し、どんどん子孫が増えていくという記述がなされます。ところが、《主は、地上に人の悪がはびこり、その心に計ることが常に悪に傾くのを見て、地上に人を造ったことを悔やみ、心を痛められた。》（「創世記」六・五―六）のです。神は洪水を起こして、人類を一回リセットしようとする。そのとき出てくるのが「ノアの箱舟」の逸話です。ノアに命じて箱舟を作らせ、その舟に全ての生き物を雌雄一組ずつ乗せ、それだけを生き残らせる。いかにも厳格な唯一神がしそうな懲罰ですが、実のところ洪水伝説なり箱舟伝説なりが有名なのは、古代バビロニアの『ギルガメシュ叙事詩』のほうで、その原型は紀元前二十世紀頃まで遡ることができるとされています。チグリス川とユーフラテス川の間にあるメソポタミアでは、頻繁に洪水が起きていて、一夜にして町ごと消え失せてしまう。そうした記憶は、このあたりの民族には広く共有されていたということです。

ノアの洪水の後に登場するのが、アブラハムです。ユダヤ人ないしはイスラエル人の祖として、最初に触れた人物です

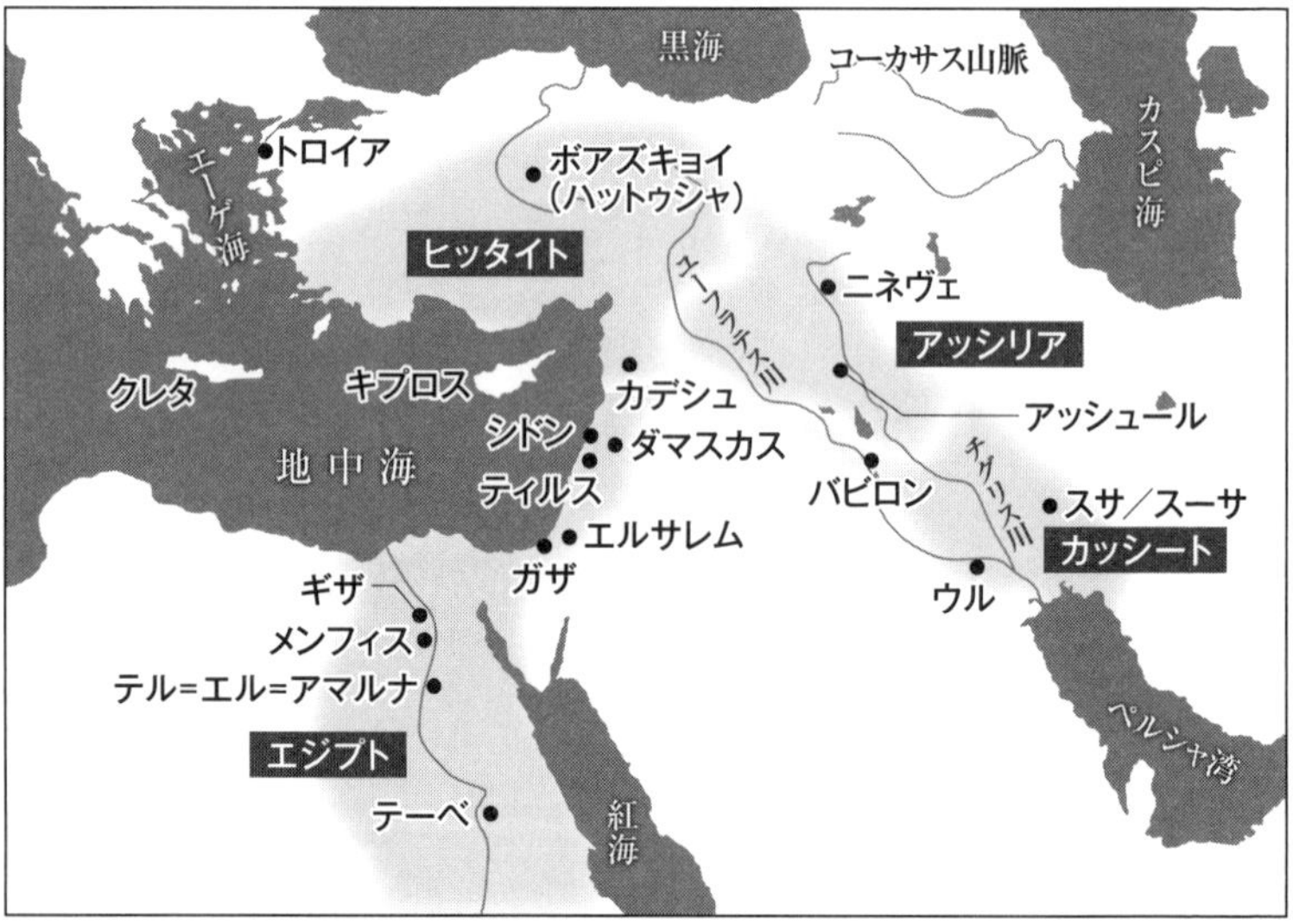

紀元前14〜13世紀のオリエント

が、その『旧約聖書』の記述にしても、やはり疑ってかからなければなりません。

出身地とされるウルは、なるほどチグリス川とユーフラテス川のペルシャ湾河口近くに位置し、現在はイラク領です。アブラハムはそこからカナンの地に向かったとされますが、古代ユダヤ人の言語であるヘブライ語はアラビア語などと同じセム語族です。ウルで話されていたアッカド語は、同じセム語ですが東方系で、ヘブライ語はといえば西方系なのです。そうすると、メソポタミアがユダヤ人の直接のルーツであるとは考えにくい。アブラハムは本当にウルに生まれたのか、ウルに生まれたとすれば本当にユダヤ人の祖なのか、そこも疑問があるとされています。

では、本当のルーツはどこかといえば、やはりカナンの地、現在のパレスチナで、そこに住んでいた人々のグループこそ、ユダヤ人の祖だったとするのが妥当でしょう。実際、紀元前十三世紀頃というのは、考古学的にはパレスチナ沿岸部の都市国家が没落した時期に当たります。都市生活ができなくなった一群が、農業をするためにエルサレム近辺に移動していく。その一方で、放牧から定住農耕へ移行する周辺の牧羊民のグループもいた。アブラハムのようにメソポタミアから、あるいはモーセのようにエジプトから流れてきたグループもいたかもしれませんが、いずれにせよカナンに集まってきた人々が紀元前十三世紀の時点で融合、イスラエル民族という意識を持つようになったというのが、実情に近いようです。

このイスラエル民族が、どうしてヤハウェを唯一神とする一神教を信仰するようになったのか。これがまた難しい問題です。前で引いたモーセですが、これが革命的な指導者で、ひとりで一神教を生み出した、という可能性もなくはありません。後のキリスト教のイエス、イスラム教のムハンマドのことを考えれば、十分にありえます。とはいえ、この紀元前十三世紀前後というのは、圧倒的に多神教の世界だったわけです。そんなところで、どうやって一神教の発想を得ることができたのか、そこのところが解けない謎として残ります。

唯一神はどこから来たのか

ここにひとつの説があります。確たる史料があるのではなく、想像に近い部分も少なくないのですが、一神教のルーツはエジプトに求められるというものです。『旧約聖書』に書かれるモーセの「出エジプト記」は単なる創作ではなく、なんらかの民族的記憶があって、それが投影されているのではないかというのです。

実際、エジプトのファラオ側の史料に、飢饉に見舞われたカナン地方から難民が流れてきて困ったというような記述は見つかっています。『聖書』に書かれる《女と子どもは数に入れず、徒歩の男だけで約六十万人》(「出エジプト記」一二・三七)もの民族大移動となると、さすがに記録されていませんが、もっと小規模なグループが漸次《ぜんじ》エジプトに流れたということは十分想定できるのです。

さらに「出エジプト記」の記述に目を凝らすと、《イスラエルの民はファラオの倉庫の町、ピトムとラメセスを建設した》(一・一一)という一節が見つかります。このラメセスとは、ファラオのラメセス二世（在位前一二九〇～前一二二四頃）が建てた都市で、百年くらいしか存続しなかったことがわかっています。これによりモーセの出エジプトは、紀元前十三世紀の中頃の出来事なのだということも、推定できます。ここで唯一神ヤハウェを信仰するユダヤ教が成立したとするなら、次に問うべきはエジプトに一神教があったのかどうかです。

エジプトの神というと、太陽神のラー、あるいは隼《はやぶさ》の姿の天空神ホルス、トキやヒヒの姿のトートというような半人半獣の神など沢山いて、典型的な多神教の世界です。ところが、この古代エジプトの歴史において、ごく短い間ですが、一神教が試みられた時期があるのです。

それは出エジプトの、ほぼ百年前のことです。第十八王朝のアメンヘテプ四世（在位前一三六二～前一三三三頃）というファラオが、それまでのアメン＝ラー信仰を中心とする多神教を改め、アテン神のみを信仰するという宗教改革を行いました。それは自らの名前をアメン神が入るアメンヘテプからアクエンアテン（＝イクナートン。アテンを満足させるという意）と変え、また首都もテーベからアケトアテン（アテンの地平線）に遷都するなど、かなり徹底したものでした。

アメンヘテプ四世がなぜこの宗教改革を強行したかというと、アメン信仰が強大化するのに伴って、アメン神殿を管理する神官たちが力を持ち、政治にも介入するようになったからです。危機感を抱いたアメンヘテプ四世は、アメン神を否定することで、神官たちの勢力を放逐《ほうちく》しようとしたわけです。そのためにアテン神でない神々の神殿は全て閉鎖し、その神像も全て破壊し、碑文からもアメン神の名前を削り取り、神官らをことごとく排除し、信仰の全てをアテン神に統一していく。しかし、この宗教改革は一代限りで終わってしまいました。

独断専行が過ぎて、多くの反感を買いましたし、宗教改革に力を入れるあまり、内政外交が疎《おろそ》かになり、失政を犯した面もありました。王の死後、エジプトは再び多神教に戻り、アメン神信仰も復活します。ここで王位に就いたのがトゥト・アンク・アメン、つまりは有名なツタンカーメンです。トゥト・アンク・アメンというのは「アメンの生ける似姿」の意味ですが、生まれたときはアテン信仰の時代ですから、最初は「トゥト・アンク・アテン」でした。前王アクエンアテンの死後に改名しました。

さておき、出エジプトが行われたのは、このアクエンアテンの時代から約百年後、紀元前十三世紀半ばです。百年といえば三世代、祖父母の記憶が口伝えで受け継がれる時間に入ります。カナンに向かった人たちのなかには、アクエンアテンの宗教改革の様子を生で聞いた者たちが紛れていた可能性があるのです。アクエンアテンの死後にアメン信仰が復活すると、それまでのアテン信仰は逆に迫害されましたから、アテン信仰を貫いた者たちは、エジプトから逃れたいと思う。それが『旧約聖書』に「ファラオの圧政に耐えかねて、エジプトを脱出しようとしたイスラエルの民」という形で記録された――そうした想像は、十分に可能です。

アテン信仰の影響を直接間接に受けた人たちが、エジプトからカナンに流れた。そこで先住の農耕民や牧羊民と交じり合い、イスラエル人という意識を獲得した。同時に一神教の発想を伝えたので、ここに唯一神ヤハウェの信仰が誕生した。そう考えた論者のひとりが、精神分析学を創始したフロイトで、『モーセと一神教』（一九三九）という本のなかで、モーセはイスラエル人ではなくてエジプト人なのだと断言しているほどです。

コラム2 **二人のモーセ**

ドイツのエジプト学者、ヤン・アスマンはその著『エジプト人モーセ—ある記憶痕跡の解読』（安川晴基訳）で、ヨーロッパの精神史においてはモーセ＝エジプト人とする、「モーセの告げ知らす真理の起源をエジプトに求める試みが、繰り返しなされてきた」ことを、事実をベースとした歴史ではなく記憶の変遷をたどっていく記憶史の側面から明らかにしている。ジョン・スペンサー、ラルフ・カドワース、ジョン・トーランド、カール・ラインホルトといったこの記憶史の系譜に連なるのが精神分析医のジークムント・フロイトだ。

フロイトは「もしもモーセがひとりのエジプト人であったとするならば……」（『モーセと一神教』渡辺哲夫訳）という論考の中で、モーセの宗教はエジプトのアテン信仰を継ぐものであることを示し、「エジプトのモーセが、（ユダヤ）民族の一部の人びとに、元来のヤハウェ神とは別の、より高度に精神化された神の概念を与え」「唯一の、全世界を包括する神性、全能の力を有するだけでなく万物を愛で包む神性、一切の儀式や魔術を嫌悪して人間に真理と正義に生きることを至高の目標として定め示した神性の理念を与えた」としている。
フロイトはさらに、エジプトから脱出するユダヤ人たちを率いたモーセがユダヤ人によって殺害されるという「原父殺し」が行われ、同時にモーセによって創設された宗教も捨て去られたという。そしてバビロン捕囚の終わり頃に同じモーセという名のもうひとりの宗教創設者が現れ、かつての信仰を復活させたことがその後のユダヤ教の不変の内実となったのだ、とする「二人のモーセ」仮説を打ち出している。

そうやって一神教が始まったわけですが、当然ながらその頃にはまだ文書化された聖典というものはありません。口伝えで様々な決まり事があったとしても、きちんとした教義や戒律としては定められてはいない段階です。

そうしたなかで重要な役目を果たしたのが預言者です。この預言者という存在も、ユダヤ教の大きな特徴です。同じ「よげん」でも、先のことをいい当てる「予言」ではなく、「預かる」ほうの「預言」です。では、何を預かるかというと、それは神（ヤハウェ）の言葉です。神の言葉を預かって、それを人間に伝える。神と人との仲介者の役割を果たすのが、広義の意味での預言者です（『旧約聖書』における預言者については次頁参照）。

たとえば、「ノアの箱舟」のノアがいます。ノアは、《あらゆる生き物、すべての肉なるものの中から、二匹ずつを箱舟に入れなさい。》（「創世記」六・一九）という神の声を聞いて、箱舟を造る。ユダヤ人の祖とされているアブラハムも、《あなたは生まれた地と親族、父の家を離れ／私が示す地に行きなさい。》（同一二・一）という神の声を聞いて、カナンへ行く。モーセもまた、コラム1にあるように、シナイ山で神から十戒を授けられ、この十戒はユダヤ教の重要な戒律として受け継がれていく。そのように歴史の大きな節目にこうした預言者たちが現れているわけです。

ヤハウェの言葉を、時々のイスラエルの人々に伝えていくことで、ヤハウェという神のあり方と、イスラエルの人たちと神との向き合い方、付き合い方を認識していく。それがある意味、『旧約聖書』の物語の流れになっています。預言者というと、超常的で神がかったイメージがありますが、後の時代になってくると、神官や王の側近が預言者となっていて、史実そのものではないにしても、そのモデルとなった人がいたのだろうと思われることが多くなります。ですから、史実と重ね合わせることによって、預言者や預言に仮託されているユダヤ人の宗教観、考え方を垣間見ることができるのではないかと思います。

イスラエル王国とは何か

ここからは再びユダヤ人、というよりイスラエル人の歴史をみていきましょう。もちろん『聖書』の記述と史実を照らし合わせながら、です。

前の預言者	ヨシュア記、士師記、サムエル記、列王記
後の預言者	イザヤ、エレミヤ、エゼキエル（三大預言者）
小預言者	ホセア、ヨエル、アモス、オバデヤ、ヨナ、ミカ、ナホム、ハバクク、ゼファニヤ、ハガイ、ゼカリヤ、マラキ（十二小預言者）

『旧約聖書』の預言者

前で話したように、モーセに率いられたイスラエルの民は約束の地カナンに入れず、四十年も荒野を放浪することになります。モーセ自身はヨルダン川の手前で落命、カナンの地には入れずじまいでした。モーセの遺志を継いでカナンの地に入ったのは、息子のヨシュアです。ヨシュアはイスラエル人の軍勢を率いて、カナンの先住民を打ち破り、その地を征服します。

ここで「イスラエルの十二支族」というものが確立します。このヤコブが、まずイスラエルという名を与えられた三代目のヤコブまで遡る話になります。元はアブラハム、イサクに続いた三代目のヤコブまで遡る話になります。このヤコブが、まずイスラエルという名を与えられました。もうけた十二人の息子、ルベン、シメオン、レビ、ユダ、イッサカル、ゼブルン、ダン、ナフタリ、ガド、アシェル、ヨセフ、ベニヤミンが、それぞれ祖となってできたのが、イスラエル十二支族ということなのです。

『旧約聖書』の記述では、この十二支族はエジプトに行っている間も、シナイ半島をさまよっている間も受け継がれて、カナンの地にやってくると、ここで獲得した土地を籤《くじ》引きで分配したことになっています。が、もちろん史料では確認されません。先立つイスラエル人たちの華やかな軍功とて、他にはひとつも記されていないのです。恐らくは戦いも、融合のプロセスだったのでしょう。あるグループが圧倒的な力で他を征服したのではなく、複数のグループが局地的な戦いを繰り返しながら、徐々にひとつに統合されていって、イスラエル人というまとまりになったのだろうということです。

いずれにせよ、紀元前十三世紀にイスラエル人として、一定程度まとまったというのは史実のようです。メルエンプタハ（在位前一二一二～前一二〇二）というエジプトのファラオが、紀元前一二〇七年にパレスチナへ遠征したことを記念する碑文に、「イスラエル」という名前が出てくるからです。その「イスラエル」には定冠詞がないので、なお国ではなく、イスラエル人、イスラエル族くらいの意味で、やはり緩やかなまとまりということです。

『旧約聖書』に戻りますと、緩やかなまとまりでは拙《まず》い、それではうまく外敵と戦えないと、次に王国が建設される段階に入ります。イスラエル王国の最初の王は、ベニヤミン支族のサウルです。このサウル王は海岸地帯にいたペリシテ人との戦いで亡くなります。それを継いだのがユダ支族のダヴィデ、有名なダヴィデ王です。ダヴィデ王はエルサレムに都を定めて、そこを中心とした国造りを始めました。ダヴィデの息子がソロモンで、「ソロモンの栄華」と呼ばれる繁栄を謳歌します。エルサレムには神殿も築きました。いわゆる「ソロモン神殿」です。

と、そんな風に『旧約聖書』では、ソロモン王の時代に強大なイスラエル王国があったような描き方ですが、実際にはエルサレムとその周辺を治める小さな王国でしかなかったようです。その王も豪族の長みたいなものだったでしょう。とはいえ、もう少し後のエジプトの史料に「ダヴィデの家の王」という言葉が出てくるので、紀元前十一世紀末頃に王国があったことは確かなようです。

『旧約聖書』に戻ると、ソロモン王の死後は支族間の争いが激しくなり、前九三二年に王国は南北に分裂してしまいます。北のイスラエル王国はサマリアを都にして、ユダ支族以外の支族が代わる代わる王になります。要するにダヴィデ王家＝ユダ支族に反発した者が、分派して造った王国ということです。一方、エルサレムを都とする南のユダ王国は、ユダ支族とベニヤミン支族によって構成されます。こちらに暮らした人々とその末裔が、いわゆるユダヤ人ということになります。

二王国に分かれたとはいえ、どちらもイスラエル人で、どちらもヤハウェの信仰は続けます。このときに現れたのが預言者エリヤでした。エリヤはアハブ王（在位前八六九～前八五〇）のイスラエル王国で預言活動を行いますが、そのなかで《エリヤは答えた。「私がイスラエルをかき乱しているのではない。主の戒めを捨て、バアルなどに従っている、あなたとあなたの父の家こそがそうなのだ。》（「列王記上」一八・一八）と書かれています。イスラエル王国ではバアル神を崇めている人たちがいて、けしからん、ということです。

このバアル神というのは、フェニキア人の神です。フェニキア人はユダヤ人と同じセム語族の海洋交易民族で、地中海の東岸、エルサレムの少し北にあるティルスという都市を拠点に、手広く商業活動を行っていました。各地に進出して、植民地を建設したことでも知られています。なかでも有名なのが北アフリカのカルタゴですが、カルタゴといえば第二次ポエニ戦争（前二一八～前二〇一）でローマを圧倒した将軍ハンニバルです。このハンニバルの名前も「ハンニ・バアル」、つまりは「バアル神の恵み」という意味でした。

このフェニキア人の神が、なぜイスラエルに入ってきたかといえば、ソロモン王の繁栄の時代にフェニキア人との交易もさかんになり、一緒にバアル信仰も持ちこまれたということのようです。いずれにせよ、エリヤの言葉は、モーセが十戒を授けられ、ヤハウェと契約を結び、他の神を信じることを拒否したはずのイスラエルの人のなかに、自分たちの神ヤハウェもいるが、フェニキアにはバアルという神もいるという認識、いいかえれば多神教の世界観が入りこんでいたことを示唆しています。

この有様が何を導くかといえば、預言者エリヤから百年後の、前七二二年のことでした。強大な帝国を築いていたアッシリアに、イスラエル王国は滅ぼされてしまいます。この出来事が、イスラエル王国の民がバアルを信仰してしまい、ヤハウェに対する義務を果たさなかった、それで神の怒りを蒙《こうむ》ったと解釈されるわけです。

南のユダ王国は何とか存続しました。こちらは、ユダ王国にもバアル信仰がなくはなかったけれど、イスラエル王国ほどひどくはなかったので、ヤハウェは手心を加えたという解釈になります。どちらの場合も、神は常に正しく、罪があるのは人間です。ここに人間の罪、原罪という意識が生まれます。ヤハウェは役に立たないからバアルに乗り換えてやる、というような発想もありえるわけですが、イスラエル人はそういう風には考えない。預言者が警告していたのに聞かなかった、やはり人間が悪いのだというユダヤ教に特有の思考も、起点はこのイスラエル王国の滅亡に求められる気がします。

裏を返せば、イスラエル人、あるいはユダヤ人の自意識の強さでもあります。自分たちはアッシリアという国に負けたのではない、神から選ばれた特別な民族なので、他の民族などに負けるわけがない、ただ神に罰せられたのだという論理ですね。

いずれにせよ、イスラエル王国の滅亡はユダヤ教にとって大きな転機になりました。『旧約聖書』のなかでも、預言者ホセア、イザヤあたりから、バアルなど他の神の名前が出てこなくなります。振り返れば、アッシリアというのは、ヤハウェがイスラエルの民を罰するためによこしたもの、つまりは神の道具です。アッシリアを道具にできたからには、ヤハウェはイスラエルのみならず、アッシリアの神でもある。というより、ヤハウェは世界の神なのです。ここに多神教のなかの一神教ではなく、絶対的な一神教の意識も芽生えたのです。

バビロン捕囚とは何か

イスラエル王国が滅びておよそ百年後、ユダ王国のヨシヤ王（在位前六四〇頃～前六〇九）は徹底的な宗教改革を行いました。いわゆる〈申命記（的）改革〉です。『旧約聖書』によれば、神殿修復中に発見された「律法の書」に基づくものです。具体的には各地に散在していた礼拝所や神殿を全て廃止し、祭儀をエルサレムの神殿、ソロモン王が建てた神殿に集中させる改革でした。

当時はエルサレムの他にも、サマリアはじめ各地に神殿があり、そこに雑多な神が入りこんで、純粋なヤハウェ信仰がなされていませんでした。そこで《（ヨシヤ）王は大祭司ヒルキヤと次席祭司たち、門衛たちに命じて、主の聖所からバアルとアシェラ、および天の万象のために作られたすべての祭具を運び出させた。そしてエルサレム郊外のキドロンの野で焼き払い、その灰をベテルに運んだ。／またユダの王たちが、ユダの各地の町やエルサレム周辺の高き所で香をたくために任じた神官たち、およびバアルや太陽と月、星座と天の万象に香をたく者たちをやめさせた。／アシェラ像は、主の神殿から、エルサレム郊外のキドロンの谷に運び出し、キドロンの谷で焼き払い、砕いて灰にし、共同墓地にまき散らした。》（「列王記下」二三・四―六）のでした。

徹底した改革、それこそエジプトのアクエンアテンのそれさえ彷彿とさせる改革を断行したわけですが、そのヨシヤ王も志半ばで亡くなり、改革は中途で頓挫してしまいます。ちょうど同じ頃、あのアッシリアが、カルデア人が興した国、新バビロニアに滅ぼされてしまいました（前六〇九）。その新バビロニアのネブカドネザル二世（在位前六〇五〜前五六二）が、ユダ王国に攻め入ります。紀元前五九七年に行われたのが、王族や有力者を含む住民数千人を新バビロニアの首都バビロンへ連行、移住させてしまうという、いわゆる〈バビロン捕囚〉でした。

ユダ王国は新バビロニアの勢力下に置かれたわけですが、なお王国は半独立のような形で存続し、王位もゼデキヤ（在位前五九八〜前五八七頃）が継ぎました。このユダ王に側近として仕えたのが、三大預言者のひとり、エレミヤでした。

エレミヤは、隷属に耐え、新バビロニアと戦うべきではないといいます。なぜなら、神に《しかし、あなたがたは私に聞き従わなかった――主の仰せ。あなたがたは自分の手で造ったもので私を怒らせ、災いを招いた。》（「エレミヤ書」二五・七）と伝えられていたからです。さらに《私は北のすべての氏族を私の僕バビロンの王ネブカドレツァル（ネブカドネザル）のもとに呼び寄せ、この地とその住民、および周りのすべての国民を攻めさせる――主の仰せ。こうして、私は彼らを滅ぼし尽くし、彼らを恐怖と嘲りの的、とこしえの廃虚とする。》（同二五・九）のだとも。

自分たちを罰しようとするヤハウェの意思に背くことになるから、新バビロニアと戦ってはいけないというわけです。ところが、エレミヤの意見は通らず、好戦派によって戦争が始められてしまいます。あげくが前五八六年、ユダ王国は滅ぼされ、エルサレム神殿も炎上を余儀なくされました。このときも大勢が連行され、再度の〈バビロン捕囚〉となりました。

ヤハウェ信仰もさすがに揺らぐかと思いきや、やはり選ばれた民ユダヤ人です。人に負けたとは認めません。神に罰されたのだから、神に許されなければならないと、バビロンでヤハウェ信仰を続けます。そうするうちに前五三八年、新バビロニアもペルシャに滅ぼされてしまいます。そのアケメネス朝ペルシャの王、キロス（キュロス）二世（在位前五五九～前五二九）によって帰還が許され、バビロンのユダヤ人たちはカナンの地に戻ることができました。

それもこれもヤハウェ信仰の賜物だと、イスラエル王国の滅亡で芽生えた絶対神的な一神教が、いっそう確固たるものとなります。それを示すのが、「イザヤ書」の四〇～五五章です。同じ「イザヤ書」に入れられていますが、一～三九章のイザヤは紀元前八世紀の預言者で、四〇～五五章のイザヤは紀元前六世紀頃の預言者、つまりは別人だというのが定説で、「第二イザヤ」とも呼ばれます。さておき、第二イザヤはヤハウェが唯一神であることを繰り返し強調するのです。それを『旧約聖書』から引けば、

《イスラエルの王なる主／イスラエルを贖《あがな》う方、万軍の主はこう言われる。／私は初めであり、終わりである。／私のほかに神はいない。》（「イザヤ書」四四・六）

《天を創造された方、すなわち神／地を形づくり、造り上げ／固く据えられた方／地を空しくは創造せず／人の住む所として形づくられた方／主はこう言われる。／私は主、ほかにはいない。》（同四五・一八）
《告げよ、証拠を示せ、協議せよ。／誰がこれを昔から聞かせ／昔から述べていたのか。／主である私ではないか。／私のほかに神はいない。／正しき神、救い主は私をおいてほかにはいない。》（同四五・二一）
《いにしえから続くこれまでのことを思い起こせ。／私は神、ほかにはいない。／私のような神はいない。》（同四六・九）
　というような言葉になります。
　こうしてみてくると、ユダヤ教はユダヤ人の民族的体験と不可分なのだとわかります。ユダヤ人のように、再三の苦難のなかでも自意識を失わず、逆にそれを高めていくような民族でなければ、こうした一神教は形作られなかったのではないかと思います。

ハスモン朝、ヘロデ朝とは何か

　故地カナンに戻れることになったとはいえ、全員が一時に戻ったわけではありません。前五三八年の第一次帰還から、何次かに分けて帰りました。たびたび引いてきた『旧約聖書』ですが、その編纂はバビロン捕囚からカナン帰還にかけた時代に行われました。

広大な領土を治めたペルシャ帝国ですが、その支配の形は比較的ゆるやかなもので、ある程度までは各民族の自治や宗教を認めていました。そうした体制のなかで、バビロンのユダヤ人たちも神に与えられた戒律や自らの歴史を成文化しておこうと、動き出したのです。

この『旧約聖書』の編纂に重要な役割を果たしたのが、「エズラ記」に《王の王であるアルタクセルクセスより、天の神の律法の書記官、祭司エズラに挨拶を送る。》（七・一二）と書かれるエズラです。エズラはバビロンからの第一次（あるいは第二次？）帰還から八十年後、前四八五年に「モーセの律法」を携えてエルサレムへ帰還し、律法を拠り所とした信仰生活の再建に大きく寄与しました。

カナンで新時代を迎えられたと思うも束の間、前三三〇年にはマケドニアのアレクサンドロス三世が、ペルシャを滅ぼします。世界征服で名高い、アレクサンドロス大王のことです。カナンの地も呑みこまれてしまいます。今度はギリシャ人の支配下になったわけです。大王自身は志半ばの三十二歳にして亡くなりました。残された広大な領土は「ディアドコイ」と呼ばれる後継者たちに分割されます。というより、遺領の分捕り合戦が始まるわけですが、最終的にはプトレマイオス朝エジプト、セレウコス朝シリア、アンティゴノス朝マケドニアの三国に落ち着きました。

ユダヤ人のカナンは、プトレマイオス朝エジプトに組み入れられました。このプトレマイオス朝は非常に寛大な王朝で、ユダヤ人の信仰についても手厚く保護しました。そうした宗教的寛容政策の成果のひとつが、プトレマイオス二世フィラデルフォス（在位前二八三～前二四七）の御代に完成した、『旧約聖書』のギリシャ語訳です。これは「七十人訳聖書（セプトゥアギンタ）」と呼ばれています。

コラム3　**七十人訳聖書と旧約聖書外典・偽典**

「セプトゥアギンタ」とはギリシャ語で七十を意味し、初代キリスト教会がユダヤ教から受け継いだギリシャ語版の『旧約聖書』の書名「七十人訳」として知られる。その名の由来は、『旧約聖書』偽典の一書「アリステアスの手紙」による。そこには、アリステアスがアレクサンドリアの王立図書館長デメトリオスの願いを王（プトレマイオス二世）に取り次ぎ、王命でエルサレムのユダヤ教の大祭司エレアザルの許に赴き、ヘブライ語の律法の巻物と七十二人（ヨセフスの『古代史』によれば七十人）のギリシャ語翻訳者をファルロス島へ連れて行き、七十二日間で「モーセ五書」の翻訳を完成させたと記されている。しかし、これはあくまでも伝説である。事実としては、この著作のなされた頃には「アリステアスの手紙」が権威づけをした聖書の部分訳が他のギリシャ語版諸版と共に存在していて、その後、ギリシャ語訳はヘブライ語聖書各書にわたって行われ、一括して「七十人訳」の名で呼ばれるようになったと考えられる。しかし近年の研究においては、「七十人訳聖書」という確定した「原本」があるわけではなく、様々なギリシャ語訳が共存、混在していたというのが実情らしい。

ともあれ、この「七十人訳」は先の「マソラ本文」とは多少構成が異なっている。

律法（トーラー）

創世記／出エジプト記／レビ記／民数記／申命記

預言者（ネビーイーム）

前預言者

ヨシュア記／士師記／サムエル記（上下）／列王記（上下）

後預言者

イザヤ書／エレミヤ書／エゼキエル書／十二預言者

諸書（ケトゥービーム）

詩歌

詩編／箴言／ヨブ記

メギロート（巻物）

雅歌／ルツ記／哀歌／伝道の書／エステル記

歴史書

ダニエル書／エズラ・ネヘミヤ記／歴代誌（上下）

また、この七十人訳には先のヤムニア会議の正典化から外され「マソラ本文」には含まれていない文書があり、それらは「外典」（カトリックでは「続編」「第二正典」）

とされている（但し、七十人訳は写本によって文書が異なり、完全に一致するものではない）。「外典」とされる文書は次の通り。

第一マカベア書／第二マカベア書／第一エズラ書／トビト書／ユディト書／ダニエル書への付加／マナセの祈り／エステル記への付加／エレミヤへの手紙／バルク書／ベン・シラの知恵／ソロモンの知恵／詩篇一五一篇

正典、外典にも含まれないものは「偽典」とされる。「偽」という字が冠されてはいるが、ヘレニズム・ローマ時代にユダヤ人によって書かれた文書で、「年代的にも、成立地や言語の点からも、旧約外典と相違はなく、初期ユダヤ教と新約聖書と初期キリスト教を理解するための資料としての価値の点では、偽典は外典と何らかわることはない」という。「偽典」とされる文書は次の通り。

アリステアスの手紙／スラヴ語エノク書／十二族長の遺訓／ソロモンの詩篇／シリア語バルク黙示録／第四エズラ書／第三マカベア書／第四マカベア書／エレミヤ余録／預言者の生涯／ギリシア語バルク黙示録／モーセの遺訓（モーセの昇天ギリシア語断片）／アダムとエバの生涯、モーセの黙示録／アブラハムの遺訓／ヨブの遺訓／ヨセフとアセネテ／ヨベル書／第一エノク書／聖書古代誌（偽フィロン）／イザヤの殉教と昇天／シビュラの託宣（引用及び外典・偽典の書名は土岐健治『旧約聖書外典偽典概説』による）

その後、プトレマイオス朝とセレウコス朝との間に数次にわたるシリア戦争が起こり、その所産としてカナンは、前一九八年にセレウコス朝の支配下に入ります。セレウコス朝はプトレマイオス朝とは違い、寛容とはほど遠い政策を取ります。ユダヤ人に対してギリシャ化（ヘレニズム化）を押しつけたのです。たとえばエルサレム神殿にゼウスを祀《まつ》れなどと求めてくる。ユダヤ人としては到底認められません。憤懣《ふんまん》やるかたないユダヤ人は前一六八年、とうとうセレウコス朝に対して蜂起の挙に出ます。

反乱の中心がハスモン家の家長マタティアと五人の息子で、五人の息子の一人、ユダ・マカバイ（マカベア）の活躍で、セレウコス朝シリアを撃退することに成功します。そのため、このシリアとの戦争は「マカバイ戦争」とも呼ばれ、『聖書』の「マカバイ記」（「マカベア書」）には、その詳しい経緯が記されています。

マカバイ戦争の勝利で生まれた新たなユダヤ人の王国が、ハスモン（シモン）朝です。前一四二年、マカバイの弟シモンを王として独立を果たしました。しかし、またしても侵略者がやってきます。今度はローマ人でした。前六三年（六四年とも）、カエサル、クラッススとの第一回三頭政治で知られるポンペイウスが侵攻、エルサレムを占領して、カナンをローマの属州と定めてしまいます。ハスモン朝は廃され、かわってローマに統治を任されたのがヘロデでした。オクタウィアヌス、レピドゥスとの第二回三頭政治で知られるアントニウスを、うまく後ろ盾にしてのことで、ヘロデは一種の傀儡《かいらい》として、ユダヤ王に即位します。有名なヘロデ大王（在位前三七～前〇四）のことですが、それも紀元前四年には亡くなります。

このユダヤ人の王国がヘロデ朝とも呼ばれるのは、大王の死後にもヘロデ・アルケラオス、ヘロデ・フィリッポス、ヘロデ・アンティパスという三人の息子に受け継がれたからです。王国は三分割され、一番上のヘロデ・アルケラオスはユダヤ、イドマヤ、サマリアを治めました。都市でいうと、北はカエサレアからエルサレム、ヘブロンなど、地中海沿岸部を含んで、昔からのユダヤの国の中心地といっていいでしょう。

次男のヘロデ・フィリッポスは、やや内陸のベタニア、ガウラニティスというような北東部を治めました。ヘロデ・アンティパスは、二人の兄の間に挟まれるようなかたちの土地、内陸のガラリヤ、南の飛び地でペレアといったところを治めていました。

この紀元前四年には、もうひとり、後にユダヤの王と騒がれる人物も生まれています。もっとも〈イエス・キリスト〉の名前で、ユダヤの国どころか、世界中で知られるようになるのですが……。

第二章　キリスト教の成立

うちの子供は二人とも、キリスト教系の幼稚園に通っていました。毎年クリスマス会がありましたが、年長組だけは定番で出し物が決まっていて、それが生誕劇でした。

十二月二十五日というのはイエス・キリストの誕生を祝う日なわけで、そこを押さえないで、ただ騒ぐわけにはいかない。さすが教育の柱にキリスト教を掲げる幼稚園だと思いましたが、さておき、十二月になると、役も決まり、練習が始まります。そうすると子供たちは、家に友達を呼んで、好きに遊んだりしつつも、大きな声で劇の台詞やナレーションを読み上げるものでした。私は聞くでもなく聞いていて、今も覚えている幕開けの言葉が、こうでした。

「ユダヤの国のナザレの土地に、マリアという神さまが大好きな女のひとがいました」

ちょっとドキッとした、というより首を傾げました。それはキリストの生誕劇なはずです。マリアはイエスの母親で、これはいいのですが、ユダヤの国にいたといわれると違和感を覚えます。だって、ユダヤ教の話じゃないだろうと。

いや、ナザレは確かにユダヤの国、今のイスラエルにある地名です。そこに生まれて、ああ、そうか、イエスはユダヤ人ということになるんだなと、私は今さらのように自明の話を確認する羽目になり――で話は終わりません。

下の子は男の子で、ちょっと暴れん坊だったものですから、「ユダヤの暴君ヘロデ王」なんて役をもらってきていました。そうすると、また私は首を傾げさせられます。うちに遊びに来ていた息子の友達は「僕はローマの兵隊なんだよ」みたいなことをいうわけです。

えっ、今度はローマだって。シナリオをみせてもらうと、確かにローマ兵は登場するし、ローマ皇帝の命令も届けられています。私はといえば、全体どうなっているんだと、いよいよ頭が大混乱です。

イエス・キリストの話なのに、そこはユダヤの国で、それなのにローマ人まで出てくる。ユダヤの王がいるのに、ローマ皇帝が支配している。イエス・キリストを描いた映画は『ジーザス・クライスト・スーパースター』（一九七三）、『ナザレのイエス』（一九七七）、『最後の誘惑』（一九八八）、『パッション』（二〇〇四）、『サン・オブ・ゴッド』（二〇一四）、『復活』（二〇一六）、『マグダラのマリア』（二〇一八）と数ありますが、どれをみても混乱は同じことです。なんとなくみてしまいますが、何がどうして、こうなっているのか、わかっている人なんて、どれだけいるのでしょうか。あるいはキリスト教徒なら全員、しっかり理解しているのか。それまた怪しいんじゃないかと、私は密かに疑っているのですが……。

イエスはどんな人だったのか

西暦は別に「キリスト紀元」ともいわれます。イエスの生年を基本とした紀年法で、今年はキリスト生誕二〇二一年目というわけです。であれば、イエスは紀元一年に生まれていなければならないのですが、今日の研究では紀元前四年生まれというのが、ほぼ定説になっています（紀元前六年という説もありますが）。どこで生まれたかといえば、前で触れたようにヘロデ朝のユダヤ王国、より詳しくはベツレヘムです。

ベツレヘムはエルサレムから南に十キロほど、ヘロデ・アルケラオスの領地に含まれるユダヤ王国の中心近くです。しかしながら、このあたりはイエスが生まれて十年ほどで、ローマ帝国に取り上げられ、その直轄領である「ユダヤ属州」になりました。このとき置かれた州都がカエサリア（カイサリア）で、ローマ帝国の初代皇帝アウグストゥス（ガイウス・ユリウス・カエサル・オクタウィアヌス・アウグストゥス。在位前二七～紀元一四）の「カエサル」から命名されたものです。

さておき、イエスが後に生活したのはガリラヤという土地です。それが、どうしてベツレヘムで生まれているのか。後で詳しく触れますが、イエスについては『新約聖書』から多くを引くことになります。今の問題についても『新約聖書』では、皇帝アウグストゥスから全領土の住民に住民登録をせよとの勅令が出て、イエスの両親であるヨセフとマリアも、住んでいたガ

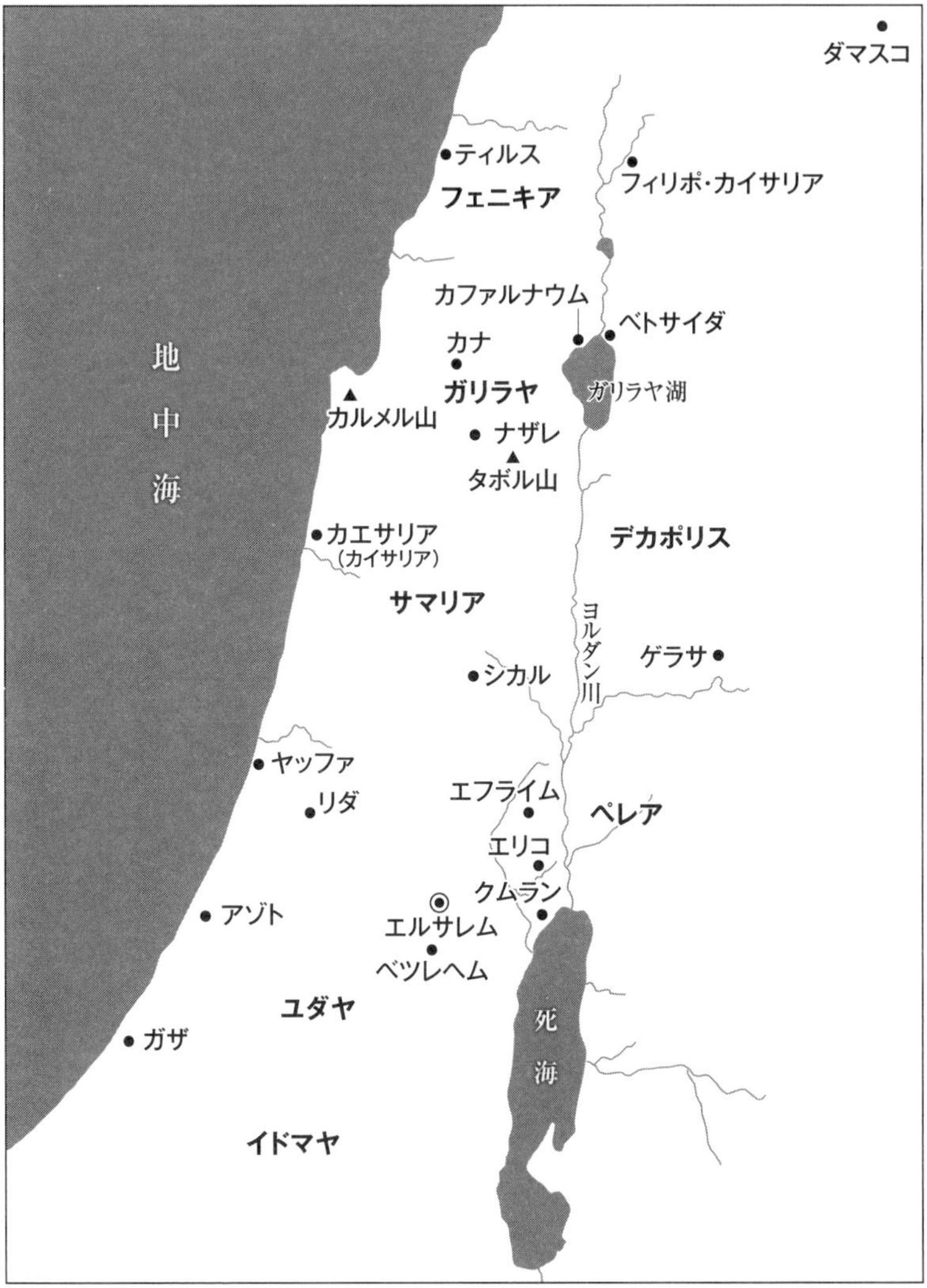

イエス時代のパレスチナ

リラヤのナザレからヨセフの本籍地があるベツレヘムの町へ行き、《彼らがそこにいるうちに、マリアは月が満ちて、／初子の男子を産み、産着にくるんで飼い葉桶に寝かせた。宿屋には彼らの泊まる所がなかったからである。》（「ルカによる福音書」二・六―七）としています。『旧約聖書』で預言者ミカが《エフラタのベツレヘムよ／あなたはユダの氏族の中では最も小さな者。／あなたから、私のために／イスラエルを治める者が出る。》（「ミカ書」五・一）といっているので、本当はガリラヤなのに、後付けでベツレヘムにしたのではないかという説もあります。ところが、再び『新約聖書』によると、「マタイによる福音書」には《イエスがヘロデ王の時代にユダヤのベツレヘムでお生まれになったとき、東方の博士たちがエルサレムにやって来て、言った。「ユダヤ人の王としてお生まれになった方は、どこにおられますか。私たちは東方でその方の星を見たので、拝みに来たのです。」》（「マタイによる福音書」二・一―二）とあり、きちんとベツレヘムで生まれています。もっともヘロデ王の時代に生まれたならば、生年は紀元前四年より前になりますが……。

まあ、古代の話ですから、出生を詳しく特定できないということは珍しくありません。イエスについては、母親のマリアが処女で懐胎したとか、ダヴィデ王の末裔だったとか、様々な伝説も伝えられていますが、やはり真偽はわかりません。それどころか、イエスが布教活動を行うようになるまで、どのような生活をしていたのか、それすら確かなところは知れないのです。かろうじて『新約聖書』の「ルカによる福音書」に、少年時代のことが書かれています。《さて、両親は毎年、過越祭にはエルサレムへ旅をした。／イエスが十二歳になった時も、両親は祭りの慣習に従って都に上った。／祭りの期間が終わって帰路に着いたとき、少年イエスはエルサレムに残っておられたが、両親はそれに気付かなかった。／道連れの中にいるものと思い込んで、一日分の道のりを行ってしまい、それから、親類や知人の中を捜し回ったが、／見つからなかったので、捜しながらエルサレムへ引き返した。／三日後にようやく、イエスが神殿の境内で教師たちの真ん中に座って、話を聞いたり質問したりしておられるのを見つけた。／聞いている人は皆、イエスの賢さとその受け答えに驚嘆していた。／両親はイエスを見て驚き、母が言った。「なぜ、こんなことをしてくれたのです。御覧なさい。お父さんも私も心配して捜していたのです。」／すると、イエスは言われた。「どうして私を捜したのですか。私が自分の父の家にいるはずだということを、知らなかったのですか。」／しかし、両親には、イエスの言葉の意味が分からなかった。／それから、イエスは一緒に下って行き、ナザレに帰り、両親にお仕えになった。母はこれらのことをみな心に留めていた。／イエスは神と人から恵みを受けて、知恵が増し、背丈も伸びていった。》（「ルカによる福音書」二・四一—五二）

同じ「ルカ」には《イエスご自身が宣教を始められたのは、およそ三十歳の時》（同三・二三）とも書かれ、宗教活動を始めた頃の様子も知ることができます。《皇帝ティベリウスの治世の第十五年、ポンティオ・ピラトがユダヤの総督、ヘロデがガリラヤの領主、その兄弟フィリポがイトラヤとトラコン地方の領主、リサニアがアビレネの領主、／アンナスとカイアファが大祭司であったとき、神の言葉が荒れ野でザカリアの子ヨハネに臨んだ。／ヨハネはヨルダン川沿いの地方一帯に行って、罪の赦しを得させるために悔い改めの洗礼（バプテスマ）を宣べ伝えた。》（「ルカによる福音書」三・一―三）ともあります。ローマ帝国第二代皇帝ティベリウス（紀元一四～三七）の「治世の第十五年」は、紀元二八年ないしは二九年になります。イエスはこのヨハネ（洗礼者ヨハネ）の洗礼を受けて宗教活動を始めたのです。

これがキリスト教の始まり、というわけではありません。イエスはユダヤの国に生まれた、ユダヤ人のひとりであり、さしあたりはユダヤ教のなかでの活動です。当時のユダヤ教は、律法を守ることを重視するファリサイ（パリサイ）派、エルサレム神殿での祭儀を重視するサドカイ派、神殿から離れ、荒野での禁欲生活、集団生活を送るエッセネ派、ユダヤ人の独立を目指す熱心党（ゼロテ派、ゼーロータイ）など、いくつかのグループが独自の活動を展開していました。先ほどの洗礼者ヨハネは、《らくだの毛衣を着、腰に革の帯を締め、ばったと野蜜を食べ物としていた。》（「マタイによる福音書」三・四）と書かれているように、エッセネ派として宗教生活を行っていました。その洗礼を受けたイエスも、エッセネ派の流れで宗教活動に入っていったといえるでしょう。

ただヨハネは既存のエッセネ派に収まっていませんでした。独自の活動というのが他でもない、イエスも受けた「洗礼」です。神殿で祭儀を行わなくても、ヨルダン川の水で身体を清めるという象徴的な行為で罪は救われるという、新しい考え方を実践していたのです。それにイエスも共鳴し、ヨハネの洗礼を受け、ヨハネの活動にも加わりましたが、一年も経たずに離れて、独自の活動を展開するようになります。後に「十二使徒」と呼ばれる弟子たちを自ら従えるようにもなりますが、それではイエスの教えとは、どのようなものだったのでしょうか。

イエスは何を説いたのか

前章でも触れましたが、ユダヤ教ではエルサレム神殿が非常に重要で、特にサドカイ派は神殿の権威を重くみるあまり、そこでの祭儀しか認めないほどでした。けれど、重要であり、人が多く集まるがゆえに、俗に塗《まみ》れてしまった部分も目につきました。神殿には大変な人数が詣《もう》でますから、それら目当ての市場が立ったり、両替商が店を開いたりしたのです。商活動が日常のものとなれば、そこに利権が発生し、さらに醜い争いも起きてしまう。そうした現状にイエスは、神殿は神聖でなければならないと異を唱えました。

《ユダヤ人の過越祭が近づいたので、イエスはエルサレムへ上って行かれた。／そして、神殿の境内で、牛や羊や鳩を売る者たちと両替人たちが座っているのを御覧になった。／イエスは縄で鞭を作り、羊や牛をすべて境内から追い出し、両替人の金をまき散らし、その台を倒し、／鳩を売る者たちに言われた。「それをここから持って行け。私の父の家を商売の家としてはならない。」》（『ヨハネによる福音書』二・一三―一六）と書かれるとおりで、イエスの「宮清め」といわれるものです。

ユダヤ教の他方の柱である律法主義については、どう考えていたでしょう。イエスは有名な「山上の垂訓」のなかで、次のようにいっています。

《「私が来たのは律法や預言者を廃止するためだ、と思ってはならない。廃止するためではなく、完成するためである。／よく言っておく。天地が消えうせ、すべてが実現するまでは、律法から一点一画も消えうせることはない。／だから、これらの最も小さな戒めを一つでも破り、そうするようにと人に教える者は、天の国で最も小さな者と呼ばれる。しかし、これを守り、また、そうするように教える者は、天の国で大いなる者と呼ばれる。／言っておくが、あなたがたの義が律法学者やファリサイ派の人々の義にまさっていなければ、あなたがたは決して天の国に入ることができない。」》（「マタイによる福音書」五・一七—二〇）

律法は否定しないが、その遵守を掲げるはずのファリサイ派は否定するわけです。イエスとファリサイ派は鋭く対立していきます。《その頃、ファリサイ派の人々と律法学者たちが、エルサレムからイエスのもとに来て言った。／「なぜ、あなたの弟子たちは、長老たちの言い伝えを破るのですか。彼らは食事の前に手を洗いません。」／イエスはお答えになった。「なぜ、あなたがたも自分の言い伝えのために、神の戒めを破っているのか。／神は、『父と母を敬え』と言い、『父や母を罵る者は、死刑に処せられる』と言っておられる。／それなのに、あなたがたは言っている。『父または母に向かって、「私にお求めのものは、神への供え物なのです。」と言う者は、／父を敬わなくてもよい』と。こうして、あなたがたは、自分の言い伝えのために神の言葉を無にしている。》（「マタイによる福音書」一五・一—六）といった具合です。

また別な場面も引いておきましょうか。

《イエスは言われた。「あなたがた律法の専門家にも災いあれ。あなたがたは、人には背負いきれない重荷を負わせながら、自分ではその重荷に指一本も触れようとしない。／あなたがたに災いあれ。あなたがたは、自分の先祖が殺した預言者たちの墓を建てているからだ。／だから、あなたがたは先祖の仕業の証人であり、それに同意しているのだ。先祖が殺し、あなたがたが墓を建てているからである。／それゆえ、神の知恵もこう言っている。『私は預言者や使徒たちを遣わすが、人々はそのうちのある者を殺し、ある者を迫害する。』／それで、天地創造の時から流されたすべての預言者の血について、今の時代が責任を問われることになる。／それは、アベルの血から、祭壇と聖所の間で殺されたゼカルヤの血にまで及ぶ。そうだ、言っておくが、今の時代はその責任を問われる。／あなたがた律法の専門家にも災いあれ。あなたがたは、知識の鍵を取り上げ、自分が入らないばかりか、入ろうとする人々まで妨げてきた。」／イエスがそこを出て行かれると、律法学者たちやファリサイ派の人々は激しい敵意を抱き、イエスの言われたことをあれこれ口に出しては、／何か言葉尻を捕らえようと狙っていた。》

（「ルカによる福音書」一一・四六―五四）

律法というと、「モーセの十戒」のような、生きていくうえでの規範といったイメージです。ところが、実際のユダヤ教の律法は、口伝によって生活の隅々にまでわたっていました。このような口伝の律法は、後に『タルムード』という書にまとめられますが、一冊の本になってしまうくらい事細かな決まりが沢山あったのです。

ファリサイ派にいわせると、かかる律法を遵守することが信仰の実践なのです。とはいえ、それら全てを覚えることから、すでにして大変ですし、ましてや全てを守るなんて、まさに困難を極めます。できるとすれば、よほど生活に余裕のある人、つまりは裕福な人だけです。

日々の仕事に追われる庶民には、はじめから無理なのです。裕福な人＝選ばれた人になり、最後の審判においても救われる。そういう選民思想にもつながっていくわけです。

対するイエスはといえば、既得権を重んじる組織ないしは人々は非常に厳しく弾劾しますが、そうでない普通の人々には、ただ神を信じなさいというだけでした。何をしなければいけない、といったようなことはあまりいわない。たとえば、『新約聖書』にはマグダラのマリアという女性が出てきます。「ルカによる福音書」の「罪深い女」（七・三九）と同一視され、娼婦だったとされることも多いのですが、それが本当だとすれば、ユダヤ教では絶対に救われない存在です。それどころか、神殿に入ることもできない。ところがイエスは、そういった社会的弱者に対しても赦しを与えていったのです。

それを閉鎖的で選民的なユダヤ教から、開放的な、人を選ばないユダヤ教への進化ということができましょうか。律法に縛られず、洗礼にもこだわらず、もっぱら隣人愛や、どこにでもいるような人々への救いを説くという、当時としては前衛的な改革で、非常に新しい形を目指したものだと思います。

コラム4

福音書のなかのマリア

『新約聖書』の四福音書には何人かのマリアが登場する。もっとも有名なのはイエスの母「聖母マリア」だろう。マリアという名前は当時かなり一般的な名前で、ヘブライ語ではマリアム（Miriam）と綴られ、マリア（Maria）はギリシャ語化した語形。

「マルコによる福音書」に、イエスが処刑された際に三人の女性が立ち会ったと記されている。《マグダラのマリア、小ヤコブとヨセの母マリア、そしてサロメ》（一五・四〇）である。先に触れたマグダラのマリア、そしてイエスの弟、小ヤコブとヨセフの母、つまり聖母マリアと二人のマリアの名前が出てくる。「マタイ」では、《マグダラのマリア、ヤコブとヨセフの母マリア（注：聖母マリアのこと）、ゼベダイの子らの母》（二七・五六）、「ルカ」は《マグダラのマリア、ヨハナ、ヤコブの母マリア、そして一緒にいたほかの女たち》（二四・一〇）、そして「ヨハネ」は、《その母（注：聖母マリアのこと）と母の姉妹、クロパの妻マリアとマグダラのマリア》（一九・二五）と微妙に違っている。「ヨハネ」の記事は聖母マリア、その姉妹、クロパの妻マリア、マグダラのマリアと四人の女性が登場するように読めるが、その姉妹＝クロパの妻とする読み方もあり、その場合はそこにいた三人の女性の名前がすべてマリアということになる。

福音書にはもう一人「マリア」が登場する。「ルカ」と「ヨハネ」に出てくるマルタの妹のマリアだ。イエスは、エルサレム近郊のベタニアのマルタとマリア姉妹の家を訪れる。そこで、《マルタは、いろいろともてなしのために忙しくしていたが、そばに立って言った。「主よ、妹は私だけにおもてなしをさせていますが、何ともお思いになりませんか。手伝ってくれるようにおっしゃってください。」》（「ルカ」一〇・四〇）と、マルタは何もしない妹のマリアのことをイエスに訴える。するとイエスは、

《「マルタ、マルタ、あなたはいろいろなことに気を遣い、思い煩っている。／しかし、必要なことは一つだけである。マリアは良いほうを選んだ。それを取り上げてはならない。」》（同一〇・四一―四二）とイエスの話にじっと耳を傾けるマリアを擁護している。「ヨハネ」には、有名な「ラザロの復活」のラザロの姉妹としてマリアが登場する。病死した弟のラザロを蘇らせてほしいというマルタとマリアの願いを聞き入れたイエスが（目を上げて）いう。《「父よ、私の願いを聞き入れてくださって感謝します。／私の願いをいつも聞いてくださることを、私は知っています。しかし、私がこう言うのは、周りにいる群衆のためです。あなたが私をお遣わしになったことを、彼らが信じるようになるためです。」／こう言ってから、「ラザロ、出て来なさい。」と大声で叫ばれた。／すると、死んでいた人が、手と足を布で巻かれたまま出て来た。》（「ヨハネ」一一・四一―四四）

ラザロの復活後、このマリアは非常に高価なナルドの香油をイエスの足に塗り、自分の髪でその足を拭う。それを見たイスカリオテのユダが、《「なぜ、この香油を三百デナリオンで売って、貧しい人々に施さなかったのか。」》（同一二・五）と文句を付けるが、これは《貧しい人々のことを心にかけていたからではない。自分が盗人であり、金入れを預かっていて、その中身をごまかしていたからである。》（同一二・六）と書かれている。このように、イエスの周辺にはこれらマリアたちをはじめとする女性たちが登場し、重要な役割を果たしている。

イエスはユダヤの王なのか

言葉について、少し触れておきましょう。イエス・キリストとか、キリスト教とかいいますが、この「キリスト」というのはギリシャ語で、ヘブライ語、アラム語の「メシア」から来ています。「油注がれた者」の意味で、誰かを祝福するとき、その人の頭に香油を注ぐ慣習があり、それが後に王の選定、王の即位に用いられるようになり、その王からさらに転じて、「救世主」を意味するようになったのです。ギリシャ語の「キリスト」(Christos) は chrio (注ぐ) という動詞の受動分詞 (注がれた者) ですから、まさに「メシア」の直訳ですね。

そこでユダヤの国の救世主です。「マタイによる福音書」に《王は祭司長たちや民の律法学者たちを皆集めて、メシアはどこに生まれることになっているのかと問いただした。／彼らは王に言った。「ユダヤのベツレヘムです。預言者がこう書いています。」》(「マタイによる福音書」二・四―五) とあります。その過激な言説、とかく人の耳目を引くような行動をみるにつけても、ユダヤの人々の間にイエスこそ伝説の救世主だという噂が広がっていったようです。それは救世主だと思いたい気持ちのほうが、先にあっての話だったかもしれません。というのは、当時のユダヤの国では、救世主待望論が非常に強くなっていたからです。

ユダヤ人は長い歴史のなかで度重なる苦難を余儀なくされ、今またローマ帝国という強大な力の支配下に置かれていました。重税を課せられ、司法権、行政権と全てローマに奪われていたのです。なかでも、紀元二六年に赴任してきた属州総督ポンテオ・ピラト（ポントゥス・ピラティス。在任二六〜三六）は、《ちょうどその時、ピラトがガリラヤ人の血を彼らのいけにえに混ぜたことを、イエスに告げる者たちがあった。》（「ルカによる福音書」一三・一）とされるほど、ユダヤ人に対する態度が厳しかったといわれます。

ピラトを引き立てたのは、皇帝の親衛隊長のセイヤヌスで、ティベリウス帝の側近という立場を利用して、ピラトに総督のポストを融通してやりました。このセイヤヌスからして、ユダヤ人に対する態度が過酷そのもので、これを承《う》けてピラトも厳しい統治を行ったのです。もちろんユダヤ人には堪《たま》ったものではないわけで、この苦境から抜け出させてくれる者が神から遣わされてこないかと夢想した、つまりは救世主待望論を高くしていったのです。

結果的には、イエスはユダヤ人たちが望むような救世主ではありませんでした。とはいえ、ローマに対する反感は消えて霧散するどころか、日増しに強まっていくばかりで、イエスが死んで三十年ほど後の紀元六六年、ついにローマに対して蜂起します。ユダヤ戦争（〜七〇年。第一次ユダヤ戦争）という大戦争です。これもローマ軍にエルサレム神殿が破壊されて、ユダヤ人の惨敗に終わるのですが、結果はどうあれ、ほどなく戦争を起こすほどの鬱々たるエネルギーが、まさにイエスが活動した時代に蓄積していたのです。

ユダヤ教の救世主というのは、宗教的な指導者＝俗世の指導者＝王のイメージですから、それが抵抗運動の指導者と目されるのは自然の成り行きです。ユダヤの国の独立を目指す熱心党はじめ、虐げられたユダヤ人は期待を膨らませますが、体制側、権力側のほうは逆に警戒を高めずにはおれません。前で触れた洗礼者ヨハネなども、実は救世主候補のひとりでした。「マルコによる福音書」によると、ヨハネは支配者ヘロデ・アンティパスの結婚（兄弟の妻との結婚）を違法と告発して逮捕されます。マカイロス要塞に監禁されたのが紀元二八年頃、そのまま処刑されたのが三一年と伝えられています。これから触れるイエスの処刑が三三年ですから、それはユダヤの国の体制側が、「救世主狩り」に力を入れた時期だったといえるかもしれません。

イエスはといえば、目をつけられないよう自重するどころか、いっそう世人に騒がれるような真似をします。「神の子」であることを証明するといって奇蹟を起こす——海を割ったモーセではないですが、普通ありえないような超常現象——たとえば死者を甦らせる奇蹟といったものを人々の目に見せていくわけです。目撃した多くのユダヤ人が、イエスを信じるようになります。《そこで、祭司長たちとファリサイ派の人々は最高法院を召集して言った。「この男は多くのしるしを行っているが、どうすればよいか。／このままにしておけば、皆が彼を信じるようになる。そして、ローマ人が来て、我々の土地も国民も奪ってしまうだろう。」》（「ヨハネによる福音書」一一・四七—四八）といった具合に、体制側は危機感を募らせるのです。奇蹟を起こし、救世主とみなされる男が、反体制運動の指導者になって、ローマに反旗を翻してしまった日には、その下で権力をふるっている自分たちの立場が危うくなってしまう。それは拙いと、とうとうイエスを捕まえることにしたのです。

長老たちは代々大祭司を司ってきたアンナス家のカイファの家に集まります。過越祭の最中に逮捕すれば、人々は黙っていないだろう。祭りが終わったら、イエスを捕らえて、殺してしまおうと決議しますが、だからといって簡単には捕まえられません。そこでイエスの側近に内通者を求めて、銀貨三十枚で裏切らせようとします。白羽の矢を立てられたのが、有名なユダです。イエスが裏切り者がいると予告する「最後の晩餐」は、過越祭の食事ということになります。

イエスは捕らえられました。とはいえ、ようやく逮捕しても、大祭司カイファたちに裁判権はありません。逮捕する権限すらローマに取り上げられています。そこで自分たちが動くと同時に訴え出て、ローマの属州ユダヤ総督のピラトに差し出す形にします。ピラトは「お前がユダヤ人の王なのか」と尋問すると、イエスは「それは、あなたが言っていることです」と答えます。ピラトは「この男には何の罪も見つからない」といい、過越祭には、誰か一人を釈放するのが慣例となっているが、イエスを釈放してほしいかと続けました。ところが、そこにいたユダヤ人たちは、イエスではなく、暴動と殺人の廉《かど》で投獄されていたバラバを釈放してほしいと答えます。そこでイエスは十字架刑に処されることになったのです。

十字架刑、磔刑《たつけい》というのは非常に過酷な刑です。磔《はりつけ》にされてもすぐには死なず、長い時間苦しまなければならないからです。イエスも午前八時頃に十字架を背負わされ、それを刑場まで歩いて運んで、それから磔にされましたが、息を引き取ったのは午後の三時といわれています。なぜこんなに酷《むご》いかというと、十字架刑というのは、伝統的にローマが国家に反逆した人間に科した刑だからです。

紀元前七三年に、南イタリアのカプアで、スパルタクスという剣闘士奴隷が、仲間を率いて起こした反乱がありました。この「スパルタクスの乱」が失敗に終わると、カプアからローマに至るアッピア街道の沿道に、剣闘士奴隷たちを磔にした十字架が、延々と並んだと伝えられています。国家に反逆するとこういう目に遭うのだという、要するに見せしめです。イエスも同じように、反逆者として処刑されました。「カエサルのものはカエサルに返せ」といったイエスに、ユダヤ人の王になる意図など皆無だったのですが……。

十二使徒とは何か

イエスの十字架刑は、当時のユダヤ社会にかなりなインパクトを与えたと思われます。『新約聖書』によれば、イエスは死後に復活します。超自然的な展開、またしても奇蹟が起こるわけですが、そうした一切を含めて、その後におけるキリスト教の発展に寄与したわけではありません。というより、未だユダヤ教の話に留まります。イエス自身、新しい宗教を興すといった意識は、恐らくなかったでしょう。イエスの存命中にキリスト教というものがあったわけではないのです。

それではキリスト教は、いつ、どこで、どんな風にできたのでしょうか。鍵となったのは、イエスの弟子たちの働きだったように思います。「最後の晩餐」に並んでいるように、イエスには生きているうちに十二人の直弟子がついていました。イスカリオテのユダは裏切りましたが、そのあとにマティアが入ったとされるので、やはり十二人ということです。この「十二使徒」と呼ばれる弟子たちは、イエスの隣人愛に重きを置いた教え、神殿にも律法にもこだわらない、非常に開放的で新しい教えを、虚しく廃れさせるわけにはいかないと、師の死後も積極的に伝道活動を展開したのです。

コラム5 十二使徒

『新約聖書』のなかで「十二使徒」という言葉が出てくるのは、「ヨハネの黙示録」のみだが《都の城壁には十二の土台があり、そこには小羊の十二使徒の十二の名が刻みつけてあった。》（二一・一四）、「マルコ」「マタイ」「ルカ」の三福音書と「使徒言行録」（使徒行伝）には次の十二人の名前が挙げられている。

「マルコ」 シモン（ペトロ）／ゼベダイの子ヤコブとヤコブの兄弟ヨハネ／アンデレ／フィリポ／バルトロマイ／マタイ／トマス／アルファイの子ヤコブ／タダイ／熱心党のシモン／イスカリオテのユダ。このユダがイエスを裏切ったのである。（三・一六―一九）

「マタイ」 ペトロと呼ばれるシモン／その兄弟アンデレ／ゼベダイの子ヤコブ／その兄弟ヨハネ／フィリポ／バルトロマイ／トマス／徴税人のマタイ／アルファイの子ヤコブ／タダイ／熱心党のシモン／イエスを裏切ったイスカリオテのユダ（一〇・二―四）

「ルカ」 ペトロと名付けられたシモン／その兄弟アンデレ／ヤコブ／ヨハネ／フィリ

ポ／バルトロマイ／マタイ／トマス／アルファイの子ヤコブ／熱心党と呼ばれたシモン／ヤコブの子ユダ／後に裏切り者となったイスカリオテのユダ（六・一四―一六）

「使徒言行録」 ペトロ／ヨハネ／ヤコブ／アンデレ／フィリポ／トマス／バルトロマイ／マタイ／アルファイの子ヤコブ／熱心党のシモン／ヤコブの子のユダ／イエスを捕らえた者たちの手引きをしたユダ（一・一三―一六）

このうち、「使徒言行録」には、イスカリオテのユダが死んだためにそのかわりとして、《バルサバと呼ばれ、ユストとも言うヨセフと、マティアの二人を立て》（一・十九―二〇）、くじを引いたところ、マティアに当たったので十二使徒に加えられたと記されている。しかし、このマティア、この箇所以外に名前が出てくることはなく、その詳細は一切不明である。

十二使徒の個々についての経歴は諸説あるが、一般的なものを左に紹介しておく。

①シモン・ペトロ　「使徒の頭《かしら》」といわれるイエスの最初の弟子。イエスの死後においては、残された教団のリーダー的な存在として特別な地位を占め、最後はローマで処刑される。「初代のローマ教皇」という位置付けをされている。

②アンデレ　ペトロの弟。もともとは洗礼者ヨハネの弟子だったが、ヨハネがイエスのことを「神の小羊だ」（「ヨハネによる福音書」一・三六）といったのを聞いて、イエスに従った。黒海沿岸で伝道活動をして、最終的にはギリシャのパトラで殉教したという伝説もある。

③ゼベダイの子ヤコブ（大ヤコブ）　スペインで六年間布教をしてエルサレムに戻ってきたところでヘロデ王（アグリッパ一世）に捕らえられ斬首刑に処せられた。最初の殉教者とされ、その遺体はエルサレムに葬ることができず、弟子たちが亡骸を石の船に乗せて海をさまよいながら行き着いたのが、巡礼地として有名なスペインのサンティアゴ（聖ヤコブ）・デ・コンポステラだという伝承がある。

④ヨハネ　ヤコブの弟。初期エルサレム教会の指導者の一人。伝統的には、この使徒ヨハネが「ヨハネによる福音書」「ヨハネの手紙」「ヨハネの黙示録」を書いたとされてきたが、現代の学問的見解では四人すべて異なる人物だという説が有力。

⑤フィリポ　初期エルサレム教会のヘレニスト（ギリシャ語話者）。サマリア、エチオピア方面で伝道を行った。

⑥バルトロマイ　詳細は不明。伝承では、インド（エチオピアとも）に伝道したとされる。

⑦トマス　詳細は不明。伝承では、パルティアやインドで伝道を行ったとされる。

⑧マタイ　徴税人出身で「マタイによる福音書」の作者とされてきたが、これも近年では疑問視されている。

⑨アルファイの子ヤコブ（小ヤコブ）　イエスの弟（「マルコによる福音書」六・三）。初期エルサレム教会の指導者、「義人」と称えられた。

⑩タダイ（ヤコブの子ユダ）　メソポタミア地方で伝道を行ったとされる（「ルカによる福音書」六・一四―一六の十二使徒のなかには名前がない）。

⑪**熱心党のシモン**　反ローマ抵抗運動を展開していた「熱心党」の党員で、イエスに反ローマ抵抗運動の政治的リーダーとして立ってほしいと願っていた。イエスの死後、エジプト、アルメニア方面で伝道を行った。

⑫**イスカリオテのユダ**　イエスを裏切って銀貨三十枚を手にした後に死ぬ。その死に方は「マタイによる福音書」と「使徒言行録」では異なる。「マタイ」によれば、《その頃、イエスを裏切ったユダは、イエスに有罪の判決が下ったのを知って後悔し、銀貨三十枚を祭司長たちや長老たちに返そうとして、／「私は罪のない人の血を売り渡し、罪を犯しました」と言った。しかし彼らは、「我々の知ったことではない。お前の問題だ」と言った。／それで、ユダは銀貨を神殿に投げ込んでそこを離れ、出て行って、首をくくった。》（二七・三―五）ことになっている。一方の「使徒言行録」では、《この男（ユダ）は不正を働いて得た報酬で土地を手に入れたのですが、そこに真っ逆様に落ちて、体が真っ二つに裂け、はらわたがみな出てしまいました。》（一・一八）とある。簡単にいえば、「マタイ」のほうでは明らかに自殺だが、「使徒言行録」では事故死とも読める。

右記からわかるように、イスカリオテのユダを除く全員が伝道に関わっています。使徒たちはエルサレムやユダヤの国に留まらず、イエスの教えを各地に広げていったのです。「使徒」という言葉からして、元は「使者」とか、「派遣された者」とかの意味で、マルコやマタイの福音書では、そうした普通の言葉として使っています。それを神に遣わされた特別な存在、いうところの〈使徒〉の意味で使うのが「ルカによる福音書」と「使徒言行録」です。二書が共通するのは、どちらも同じ作者の手になるからですが……。

キリストの直弟子である「十二使徒」の他にも、使徒と呼ばれる人が何人かいます。そのひとりがパウロです。パウロは異邦人への伝道を精力的に行ったことで、「異邦人の使徒」と呼ばれます。さらに挙げれば、カンタベリーのアウグスティヌスはイングランド（イギリス）の使徒、聖パトリック（パトリキウス）はアイルランドの使徒、フランシスコ・ザビエルは東洋の使徒といった具合です。それまでキリスト教が伝わっていなかった土地に伝えた人のことを「使徒」と呼ぶわけで、未踏の地に伝道した功労者ともいえるでしょう。

それはそれとして、イエスの弟子たちは最初から異邦への伝道に取り組んだのかといえば、どうもそうではないようです。

イエスの死後、ペトロをはじめとする十二使徒たちは、活動の中心をエルサレムに置きました。そこで「エルサレム教会」ができます。この時点ではユダヤ教から分離した新たな教団としてというより、まだユダヤ教の枠内での活動だったと思われます。もうひとつ、小アジアのアンティオキアにもイエスの教えを信奉するユダヤ人たち、「ディアスポラ（散らされたもの）」と呼ばれるカナンから離散したユダヤ人たちが、「アンティオキア教会」を建てていました。最初期には、この二教団がそれぞれ活動していたわけです。

パウロの伝道とは何か

大きな転機はイエスが処刑された二年後、紀元三四年に訪れました。パウロ（ヘブライ名、サウロ）という人物が、アンティオキア教会に加わったのです。パウロ自身はイエスと会ったこともなく、イエスの教えを知ったのもその死後のことでした。パウロは厳格なファリサイ（パリサイ）派で、はじめはイエスの信者たちを迫害していた立場でした。それが突然信者になったので、この出来事は「サウロ（パウロ）の回心」と呼ばれます。

では、パウロはなぜ回心したのか。「使徒言行録」には、こう書かれています。

《旅の途中、ダマスコに近づいたとき、突然、天からの光が彼の周りを照らした。／サウロは地に倒れ、「サウル、サウル、なぜ、私を迫害するのか」と語りかける声を聞いた。／「主よ、あなたはどなたですか。」と言うと、答えがあった。「私は、あなたが迫害しているイエスである。／立ち上がって町に入れ。そうすれば、あなたのなすべきことが告げられる。」／同行していた人たちは、声は聞こえても、誰の姿も見えないので、ものも言えず立っていた。》（九・三―七）

要するに、一種の超常体験です。これを境にパウロは迫害する側から伝道する側になり、アンティオキア教会の伝道活動に加わります。というのには、パウロ自身が小アジアのタルソスに生まれた、ディアスポラの民でした。ユダヤ人ではあるけれど、ユダヤの国でユダヤ人に囲まれて生活してきたわけではない。エルサレムに住んでいないので、サドカイ派のように神殿にこだわる頭もない。パウロはユダヤの国、あるいはエルサレムに縛られる発想が、もともと希薄な人物でした。

もうひとつ、厳格なファリサイ派だったことから、かなり裕福だったことがわかります。加えるに、パウロの家はローマ市民権を獲得していました。ローマ市民はローマ帝国内を自由に移動できます。いいかえれば、ユダヤ人ならざる異邦人が暮らしている土地で、広く伝道活動を展開することができたのです。

実際のところ、パウロは三度にわたり長期の伝道旅行に出かけています。第一回が四六～四八（あるいは四七～四九）年で、サラミス、パフォス、アンティオキア（シリア）、イコニア（イコニオン）、デルベと回りました。第二回が四八～五一（あるいは四九～五二）年で、エルサレム、アンティオキア（ピシディア）、フィリピ、テサロニケ、アテネ、コリント、エフェソス（エフェソス）、第三回が五三～五五（あるいは五六）年で、エルサレム、アンティオキア、エフェソス（エフェソ）、コリント、マケドニア（76～77ページ地図参照）と周遊し、先々でイエスの教えを伝えたのです。もちろん、拠点のアンティオキアでも人を選ぶようなことはしなかったので、この頃の教会にはユダヤ人よりもユダヤ人でない人、つまりは異邦人のほうが多かったといわれています。

さて、ここではキリスト教はいつ、どこでできたのかと問うているわけですが、ユダヤ教から脱してキリスト教が成立したのは、ここ、すなわちアンティオキア発のパウロの伝道だったと思います。イエスの教えにはユダヤ人以外の入信が増え、またカナンの地、ユダヤの国を離れて、より大きな世界にリンクしていく。もはやユダヤの国におけるユダヤ人のためのユダヤ教ではなく、世界宗教として力強い歩みを始めたといえるのです。

世界宗教だから「キリスト教」と呼ばれることになった、ともいえます。前で触れたように、「キリスト」はヘブライ語の「メシア」をギリシャ語にしたものです。キリスト教とは救世主教の意味なわけですが、それならなぜメシア教にならなかったのか。ローマ帝国が支配していた時代ですが、当時の国際語はローマ人のラテン語ではなく、実はギリシャ語でした。マケドニアのアレクサンドロス大王の世界征服このかた、国際語の地位を確立したギリシャ語は、共通語を意味する「コイネー」と呼ばれていたのです。ディアスポラのユダヤ人も、普段からコイネーを使っていました。パウロも然りで、イエスの教えを異邦に伝えるにあたって、コイネーを用いることに、何の迷いもなかったと思われます。

パウロが属したアンティオキア教会で、イエスの教えが世界宗教＝キリスト教としての飛躍を始めた頃、他方のエルサレム教会は何をしていたでしょうか。ペトロたち十二使徒には、ユダヤ人の他にイエスの教えを広めるという、発想そのものがありませんでした。それどころか、パウロによる異邦人への伝道には批判的でした。転機が訪れたのは、四四年です。ユダヤの国の統治者ヘロデ・アグリッパは、大ヤコブ（ゼベダイの子ヤコブ）を斬首刑に処し、次いでペトロを捕らえます。ペトロも処刑されると思われましたが、危うく難を逃れました。が、このままエルサレムにいたのでは、いつ何時逮捕されるかわからないので、アンティオキア教会へ逃れることにしました。それでペトロはパウロの活動を理解するようになり、自らも異邦人

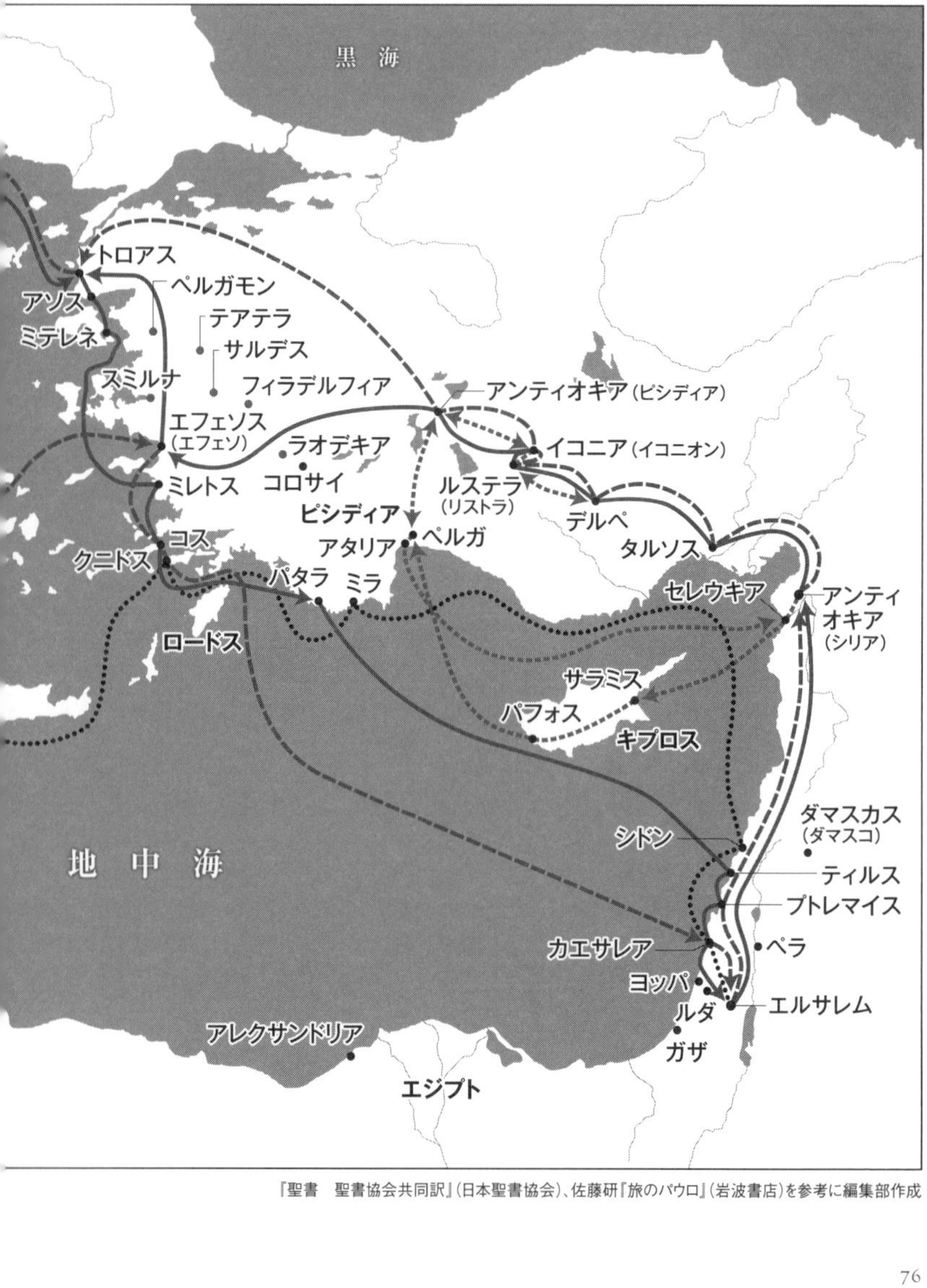

『聖書　聖書協会共同訳』（日本聖書協会）、佐藤研『旅のパウロ』（岩波書店）を参考に編集部作成

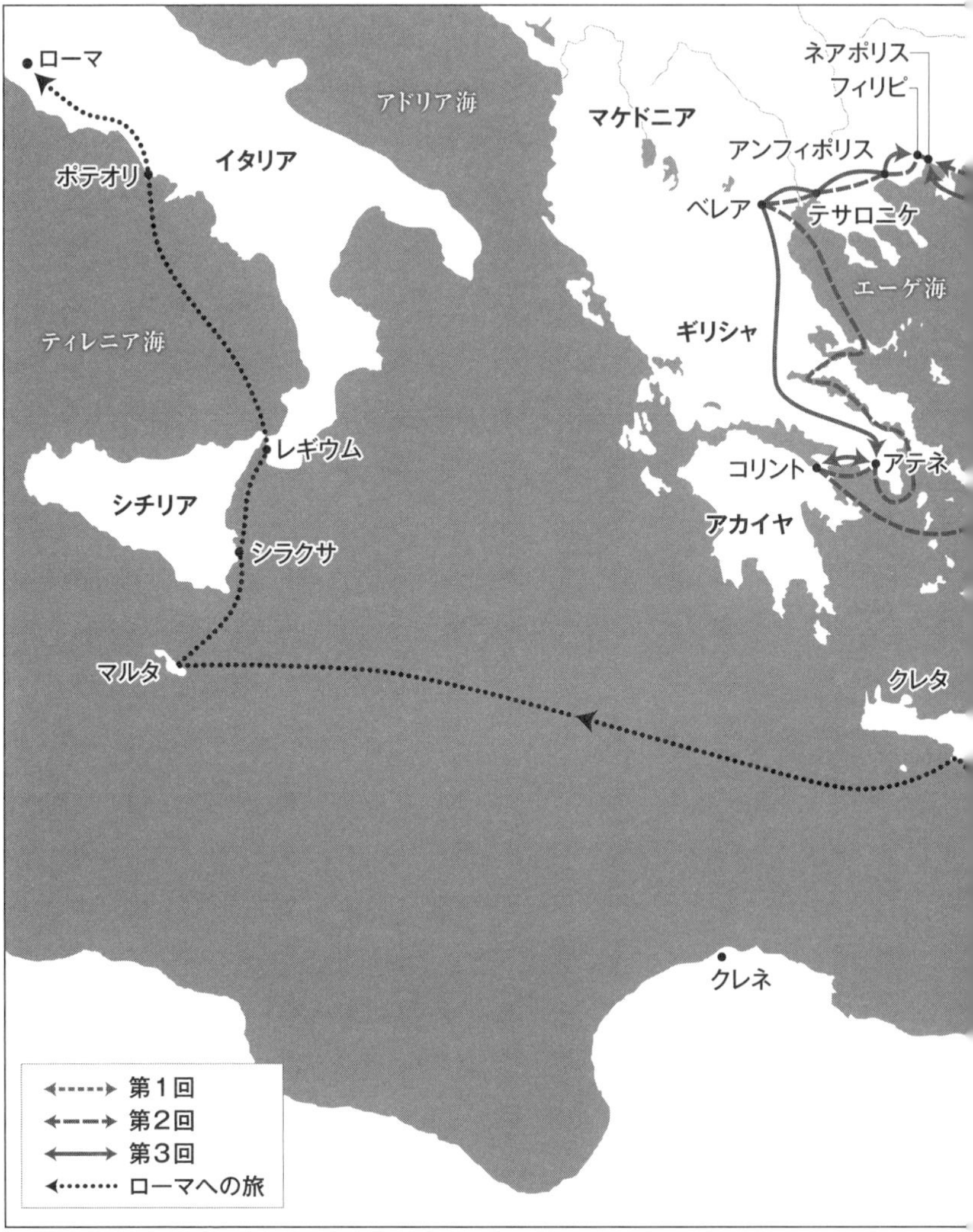
ローマ
アドリア海
マケドニア
ネアポリス
フィリピ
アンフィポリス
イタリア
ポテオリ
ベレア
テサロニケ
エーゲ海
ティレニア海
ギリシャ
レギウム
コリント
アテネ
シチリア
アカイヤ
シラクサ
マルタ
クレタ
クレネ
第1回
第2回
第3回
ローマへの旅

使徒パウロの伝道の旅

への伝道に乗り出します。

ペトロがいなくなると、エルサレム教会の中心になったのが小ヤコブです。イエスの弟とされる人ですが、この小ヤコブは亡き兄の良き理解者とはいえませんでした。ユダヤ教の伝統を守ろうとする、守旧派ともいえる人物で、異邦人に積極的に伝道するパウロとは、対立的な立場にあったのです。パウロは三度目の伝道旅行の後にエルサレムを訪れたのですが、《ユダヤ人の数々の陰謀によってこの身に降りかかって来た試練》（「使徒言行録」二〇・一九）に見舞われます。エルサレムでは、パウロがモーセの律法や習慣を無視するよう人々を煽動していると噂になっていたのです。小ヤコブの反動的な姿勢もあって、誰も庇《かば》う者はいません。怒ったユダヤ人の群衆が神殿からパウロを引きずりだし、今にも殺しそうになりますが、騒ぎを聞きつけたローマ軍の千人隊長がやってきて、パウロは危うく救出されます。

ユダヤ人から逃げられたかわりに、パウロは今度はローマの最高法院で取り調べを受けることになります。これがいかにもローマ的な話で、ユダヤ人たちがいくらパウロを引き渡せと求めても、当局はパウロにはローマ帝国の市民権があるから正当な裁判を受ける権利があると拒否するわけです。パウロもローマ市民である自分は皇帝に直接裁いてもらう権利があると、ローマ総督に上訴したので、とうとうローマへ行くことになりました。

ローマで《パウロは、自費で借りた家に丸二年間住んで、訪問する者は誰彼となく歓迎し、／全く自由に何の妨げもなく、神の国を宣べ伝え、主イエス・キリストについて教え続けた。》（同二八・三〇―三一）のです。パウロがローマに護送されたのが六〇年前後といわれますから、イエスが死んで三十年足らずで、ローマまでイエスの教えが伝わったことになります。災い転じて――というわけでもないですが、守旧派のユダヤ人たちのおかげといったところでしょうか。

『新約聖書』とは何か

話を先に進める前に、ここで『新約聖書』に触れておきたいと思います。そこに収められている文書はイエスの死後、百年から二百年のうちに書かれたもので、すでに二世紀にはキリスト教徒の間に定着していたといわれます。同時に、「七十人訳聖書」のようなギリシャ語（コイネー）訳がヘレニズム世界には行きわたっていましたから、その『旧約聖書』もキリスト教徒は自分たちの正典とみなしました。とはいえ、ユダヤ教の正典は神との旧い契約で、自分たちの正典こそ「新しい契約」（英語でニュー・テスタメント New Testament、ラテン語のノーウム・テスタメントゥム Novum Testamentum）なのだと、『旧約聖書』と『新約聖書』を区別しました。

『新約聖書』は全二十七章、「福音書」「使徒言行録」「手紙」「ヨハネの黙示録」で構成されています。

「福音書」はイエスの生涯とイエスの言葉、「使徒言行録」は主にペトロとパウロを中心に、エルサレムからローマへ至る布教活動の様子が描かれ、「手紙」はパウロが各地の教会や個人に宛てたもの（パウロ書簡）、パウロに擬された書簡（第二パウロ書簡、擬似パウロ書簡）、特定の教会や個人宛てではなく教会全体へ宛てたもの（公同書簡）、そして最後に終末論的色彩の色濃い幻視の書「ヨハネの黙示録」が置かれています。

『旧約聖書』が何世紀にもわたるユダヤ民族の歴史を書いたものであるのに対して、『新約聖書』が扱う歴史はイエスの生涯を中心とした一世紀に満たない短い期間のそれということになりますが、キリスト教徒はこの二つの歴史を連続して捉えていると思われます。例えば『旧約聖書』の「ダニエル書」によれば、バビロン帝国、メディア帝国、ペルシャ帝国、ギリシャ帝国の四つの帝国が滅びたあとに神の審判があり、そこで苦難の歴史が終わって永遠の国が訪れ、苦難の歴史のなかで死んでいったユダ

福音書	マタイによる福音書、マルコによる福音書、ルカによる福音書、ヨハネによる福音書
使徒言行録	
手紙（パウロ書簡／第二パウロ書簡）	ローマの信徒への手紙、コリントの信徒への手紙一、コリントの信徒への手紙二、ガラテヤの信徒への手紙、エフェソの信徒への手紙、フィリピの信徒への手紙、コロサイの信徒への手紙、テサロニケの信徒への手紙一、テサロニケの信徒への手紙二、テモテへの手紙一、テモテへの手紙二、テトスへの手紙、フィレモンへの手紙、ヘブライ人への手紙
手紙（公同書簡）	ヤコブの手紙、ペトロの手紙一、ペトロの手紙二、ヨハネの手紙一、ヨハネの手紙二、ヨハネの手紙三、ユダの手紙
ヨハネの黙示録	

『新約聖書』の構成

ヤ人が復活すると預言されています。
《あなたの民と聖なる都について／七十週が定められている。／それは、背きを終わらせ／罪を封印し、過ちを償い／永遠の義をもたらすためであり／また幻と預言を封じ／最も聖なるものに油を注ぐためである。／あなたはこれを知って、悟れ。／エルサレムを復興し再建せよとの言葉が／出されてから／油注がれた君が来られるまでが七週。／また六十二週たつと、その苦しみの時代に／広場と堀は再建される。》（「ダニエル書」九・二四―二五）
ここに記された油を注がれる者こそメシアなのだとは先述のとおりですが、このメシアがキリスト教ではイエスに同定されています。同じような終末観を有していても、ユダヤ教では永遠の国に行けるのはユダヤ人だけで、一方のイエス・キリストはといえば「世界の救い主（サルバトール・ムンディ）」であるがゆえに、ユダヤ民族の枠を超える。終末の風景そのものは似通っていても、救われる対象が全く違う。やはりといおうか、そこが両宗教で決定的に異なります。

コラム6　共観福音書とQ資料

『新約聖書』の四福音書のうち、マルコ、マタイ、ルカの三福音書は、全体的な構成と扱われている個々の記事において共通点が多く、この三つを一括して「共観福音書」と呼んでいる。三つのうち最初に書かれたのは「マルコによる福音書」で、成立時期は諸説あるが五〇年代から六〇年代とされている。マタイ、ルカにはマルコを参照したと思われる記事が多く見られるが、マルコにはなくマタイ、ルカに共通するものがあり、それはQ資料といわれている（Qはドイツ語の「資料 Quelle」という単語による）。とはいえ、Q資料というまとまった文書があるわけではない。
「それらのすべてが文書資料なのか、一部は口伝伝承なのか、それらのすべてが最初からギリシャ語で書き下ろされたのか、もともとはアラム語の伝承であったものがギリシャ語に訳されたのか、後者であるとしてその場合、そのすべてがアラム語の伝承に由来するのか、一部だけがアラム語伝承に由来し、一部はギリシャ語のキリスト教の段階になってはじめて作られたものなのか、アラム語から訳されると言っても、すでにアラム語Q資料が存在していたのをギリシャ語に訳したのか、アラム語の段階ではまだ『Q資料』などと呼べるようなまとまったものではなかったか、そもそもマタイが見ているQ資料とルカが見ているQ資料がまったく同じものなのか、かなり相違していたのか、一部分はまったく同じであるが、他の部分はかなり相違していたのか、等々のことは、すべて、確かなことはわからない」（田川建三『新約聖書　訳と註』第一巻）
因みに、「マタイ福音書」の成立は八〇年代から九〇年代、「ルカ福音書」は七〇年代から八〇年代、「ヨハネ福音書」は七〇年代から八〇年代（ただし元の文書に後から手を加えられている可能性が高く、その年代は九〇年代から一〇〇年代）と推定されている（年代はいずれも田川建三『新約聖書　訳と註』第一、第二、第五巻による）。

なぜキリスト教は弾圧されたのか

パウロの伝道がローマに達した——その続きに戻ります。伝道はユダヤの国を越えて広がりましたが、そのローマ帝国内でキリスト教がすんなり受け入れられたわけではありません。スエトニウスの『ローマ皇帝伝』（国原吉之助訳、岩波文庫）に、クラウディウス帝（在位四一～五四）のときに「ユダヤ人は、クレストゥス（キリスト教徒）の煽動により、年がら年中、騒動を起こしていたのでローマから追放される」と書かれています。ローマ社会のなかでキリスト教徒は騒動を起こす連中、反政府の厄介な連中と考えられていたようなのです。

どうしてかといえば、ひとつには一般のローマ市民にとって、キリスト教徒たちは少し気味が悪いというか、得体の知れない存在だったことがあります。ギリシャ・ローマの宗教は基本は神殿型ですから、丘の上に大きな神殿があったり、あるいは街角でも祠《ほこら》に人々が捧げ物を持ってきたりと、とてもオープンでわかりやすい。ところがキリスト教は教会型の宗教ですから、信者は建物の中で神に祈ります。悪さを企んでいるのでないにせよ、その様子が外からは見えないのです。今でこそキリスト教徒が増えたので、誰も怪しく思いませんが、これが社会の少数派であったら、やはり何か企んでいるのではないかと疑いたくなるでしょう。かくて弾圧が厳しくなると、官憲の目から免れるために、それこそカタコンベ（カタコーム）のような地下墳墓で礼拝するようになるので、ますます怪しげにみえてしまいます。

こうしたなか、ネロ帝（在位五四〜六八）のときの六四年に、ローマ大火が起こります。歴史家のタキトゥスは『年代記』（国原吉之助訳）で「民衆は『ネロが大火を命じた』と信じて疑わなかった。そこでネロは、この風評をもみけそうとして、身代りの被告をこしらえ、これに大変手のこんだ罰を加える。それは、日頃から忌わしい行為で世人から恨み憎まれ、『クリストゥス信奉者』と呼ばれていた」と書きます。「野獣の毛皮をかぶされ、犬に噛《か》み裂かれて倒れる。〔あるいは十字架に縛りつけられ、あるいは燃えやすく仕組まれ、〕そして日が落ちてから夜の灯火代りに燃やされ」るといった残酷な処刑を科しました。なぜネロがそれほどまでにキリスト教徒に激しい迫害を加えたのかというと、「放火の罪というよりむしろ人類敵視の罪と結びつけられた」からだとも。キリスト教徒たちは人類敵視の反社会的集団、非常に危険な集団とみなされていたというのです。

もっとも、ローマ大火とキリスト教徒迫害を直接結びつけたのはタキトゥスだけで、スエトニウスなどは二つを別々に記しています。他の史書も然りで、タキトゥスの記述を疑問視している研究者も多いようです。

余談ながら、ネロ帝の大迫害のときにパウロもローマにいたとされます。78ページで触れた経緯からですが、ここでパウロは逮捕され、斬首刑に処されたのだと。またペトロもパウロを追いかけるようにローマに来ていて、やはり大迫害のなかで十字架刑に処されたといわれます。蓋然性《がいぜん》が低く、伝説に近いという説もありますが、いずれにせよ、それを元にした小説がヘンリク・シェンキェヴィッチの『クオ・ヴァディス』（一八九六）です。

迫害を逃れるべく、ペトロはローマを離れてアッピア街道に向かいますが、そこにイエスが現れる。驚いたペトロは「クオ・ヴァディス、ドミネ（主よ、どこに行かれるのですか）」と尋ねます。イエスは「おまえがわたしの民を見捨てるから、わたしはふたたびローマに行って十字架にかけられるのだ」と答えました。そこでペトロはローマに引き返して、官憲に捕らえられるまま殉教を遂げる。その殉教の地が、現在のサン・ピエトロ（聖ペトロ）大聖堂だというのです。

その後のキリスト教徒ですが、度重なる迫害に挫けることなく、粘り強く伝道を続けていきます。ローマはといえば、イエスの時代に共和政から帝政に移行していますが、九六年からは五賢帝（ネルヴァ、トラヤヌス、ハドリアヌス、アントニヌス・ピウス、マルクス・アウレリウス）時代（～一八〇）という安定期を迎えて、トラヤヌス帝のときには帝国の最大版図も築きます。ところが、領土が大きくなるということは、それだけ外敵も増えるということです。西からはゲルマン民族が国境を侵犯する、東からはパルティア、さらにササン朝ペルシャが来るといった風で、国境防衛に大忙しになっていきます。そうすると、幅を利かせるようになるのが軍人で、皇帝の位に軍人が就く軍人皇帝時代（二三五～二八五）に進みます。

この軍人皇帝時代は、五十年間に二十六人の皇帝が立つという、政治的不安定が慢性化した時代でした。これを収拾したのが、二八四年に即位したディオクレティアヌス帝（在位二八四～三〇五）です。一人の皇帝で巨大な帝国を治めるのは、もはや無理だと考えた帝は、分割統治を始めます。帝国を東西に分割して、それぞれに正帝と副帝を置く、つまりは全部で四人の皇帝を置くという苦肉の策です。ディオクレティアヌス帝のもうひとつの施策が、ドミナートゥス（専制君主）制への移行でした。共和政の残滓《ざんし》を整理して、皇帝の絶対権力を確立したわけですが、それと同時に試みられたのが皇帝崇拝です。そのものはアウグストゥスの時代からありましたが、ディオクレティアヌス帝は全ローマ帝国民に強制したのです。これがキリスト教徒にとっての、新たな火種になります。

迫害されながらも、かれこれ二百五十年も続いていたので、キリスト教はローマ帝国各地に広まっていました。キリスト教の用語も当初のギリシャ語からラテン語に訳されるようになります。『クオ・ヴァディス』のなかにもありましたが、「主イエス・キリスト」の「主」は「ドミヌス（主格、その呼格が前出のドミネ）」です。キリスト教徒たちにとって「ドミヌス」といえば神のこと、あるいは神の子イエスのことなのです。そこにいきなり、ローマ皇帝がドミヌスだ、皇帝を崇拝せよと求められたわけで、キリスト教徒としては断じて認められません。自分たちの神とローマ皇帝を並び立たせるなんて、絶対にできない。ディオクレティアヌスに反抗せざるをえなくなり、そこで大迫害の嵐が再び吹き荒れることになるのです。

この三〇三年から三一三年までの大迫害で、教会は破壊され、集会は禁止、聖書聖訓なども焼かれ、キリスト教徒は官職からも、軍職からも追放されてしまいました。まさに徹底的な弾圧でしたが、それでもキリスト教は生き残りました。ユダヤ教もそうですが、どんな迫害を加えられても棄教しない。一神教には、そうした強さがあるようです。

なぜキリスト教は広まったのか

苦難続きのキリスト教でしたが、大きな転機が訪れます。ここで登場するのが、ディオクレティアヌス帝の後を継いだ、コンスタンティヌス帝（在位三〇六～三三七）です。ディオクレティアヌス帝の没後、帝国はたちまち混乱に陥り、東西正副の四帝が四分割する体になります。西の正帝に就任したコンスタンティヌスは三一二年、他の三人の皇帝との戦いに勝利して、帝国の再統一を果たしました。これに先駆けて出されたのが、三一三年に発した「ミラノ勅令」です。この勅令でキリスト教はローマ帝国において公認されたのです。

少し前まで迫害していたのに、なぜ急に公認したのか。結論からいうと、それはキリスト教が一神教だったからではないかと思います。一神教においては神という頂点はひとつであり、その頂点の下に世界は一つにまとまっていく――それがキリスト教の世界観です。対するローマは多神教でしたから、その世界観では複数の頂点がありえます。それが帝国の分裂を準備する。一神教の世界観をローマ帝国の一元的な支配原理と重ね合わせることで、統一の一助とすることはできないかと、そうコンスタンティヌス帝は考えたようなのです。

コンスタンティヌス帝がキリスト教に注目した、より具体的なきっかけをいえば、帝の母親ヘレナ（後の聖ヘレナ、二五〇頃～三二九頃）が熱心なキリスト教徒だったことがあります。このヘレナは三二六年にエルサレムを訪ね、そこでイエスが磔刑された十字架を発見し、「ゴルゴタの丘」の場所を特定しました。コンスタンティヌス帝はそこに礼拝堂を建てましたが、これが後の聖墳墓教会になります。これをきっかけに、キリスト教におけるエルサレムの聖地化も始まります。初期キリスト教は「脱エルサレム」を志向したわけですが、三百年後に再びエルサレムに回帰するとは皮肉なものです。またヘレナの旅行は、エルサレム巡礼の始まりともいわれています。

ともあれ、公認を機にキリスト教はますます広がっていきます。ところがローマ帝国のほうは、コンスタンティヌス帝が死んでしまうと、また政争に見舞われました。その渦中で父親（コンスタンティヌスの弟）を殺されたのが、ユリアヌス帝（在位三六一〜三六三）です。ユリアヌスは、公認されたキリスト教を廃し、ローマ本来の多神教に戻そうとしました。そのことでキリスト教徒からは「背教者ユリアヌス」と呼ばれます。この一時代は揺り戻しの時期となりましたが、それでもキリスト教の勢いが止まることはありませんでした。

再度帝国統一に取り組んだのが、テオドシウス帝（一世。在位三七九〜三九五）でした。やはり精神的な支えが必要だということで、帝もキリスト教に期待します。公認で足りないならばと、三八〇年に今度はキリスト教を国教化する勅令を出します。キリスト教大発展の礎《いしずえ》ができたといえますが、他方、ローマ帝国と不可分のパートナーとなったことの影響も被らざるをえなくなります。

その影響の最たるものは、正統と異端が定められたことでしょう。テオドシウス帝による国教化までに、キリスト教は四百年近い時間を経ていました。宗教として成熟するとともに、教義の解釈も深まり、その過程で生じた考え方の違いで、いくつかの派に分かれることにもなっていました。四世紀初め頃でいえば、アタナシウス（アタナシオス）派、アリウス（アレイオス）派、ネストリウス（ネストリオス）派などです。教義の解釈が分かれるというのは、ある意味では自然なのですが、これでは拙いと問題視する人もいます。他でもない、ローマ皇帝です。帝国の一元的支配に役立てるべく、キリスト教を認めたというのに、そのキリスト教が諸派に分かれては、求心力を発揮できなくなるというのです。

事実、最初に動いたのは、キリスト教を公認したコンスタンティヌス帝でした。帝国の統一を遂げた直後の三二五年、開催したのがニカイア（ニケーア）公会議です。各地から二百五十人を超える主教を召集し、議論させたのが父なる神と子なるイエスの位置づけでした。簡単にいえば、イエス・キリストは神なのか人間なのかということです。ここで正統とされたのが、「（イエス・キリストは）父なる神の本質（ウーシア）から生まれた、真の神からの真の神、生まれたものであり造られたものではなく、父なる神と同一本質の者（ホモウーシオス）」（『岩波キリスト教辞典』）としたアタナシウス（アタナシオス）派です。これに聖霊を加えて、「父と子と聖霊の御名において、アーメン」と唱える三位一体説になっていくわけですが、三八〇年に国教として認められたのも、このアタナシウス派のみでした。かたわら、「先在の言（ロゴス）が肉体をとったイエスは受難・死を被ったのであるから不受苦（アパテイア）の神と同一本質ではありえない」（同前）と主張したアリウス（アレイオス）派は、異端として帝国から追放されることになります。

ここに正統と異端が生まれました。以後、キリスト教は公会議（ラテン語のコンキリウム、英語のカウンシル）において正しい教義や解釈を統一し、異質な考えを組織的に排除していく宗教になります。

とはいえ、このキリスト教とは、どのキリスト教か。統一したといいながら、キリスト教には今日いくつもの組織があります。この時代、さしあたりローマ・カトリック教会とギリシャ正教会が分かれます。正統と異端の問題ではありませんが、やはりローマ帝国の都合でした。三九四年九月、テオドシウス帝は西のエウゲニウス帝（在位三九二～三九四）を打ち破り、念願の東西統一を果たします。ただひとりの皇帝にもなるのですが、翌三九五年一月、自らの死に際して息子二人を東西それぞれの皇帝に指名してしまいます。テオドシウス帝は兄弟だから仲良く協力する、版図を二分することにはならないとでも思ったか、いずれにせよ現実の歴史としては、ここにローマ帝国の東西分裂が決定的になってしまいます。これがキリスト教の組織をも、西方教会と東方教会に分かれざるをえなくしたのです。またいったん分かれるや、互いに激しく対立するようにもなったのです。

帝国の都合といえば、その帝国がなくなることさえありました。四七六年、傭兵隊長オドアケルがロムルス・アウグストゥルス帝（在位四七五～四七六）を廃したことで、西ローマ帝国は滅びました。キリスト教は残りますが、この事態に西方教会はどう対処していったでしょうか。

古代におけるキリスト教の三大総司教区は、アンティオキア、アレクサンドリア、ローマの三つで、これに四世紀後半、コンスタンティヌス帝が建てたコンスタンティノポリス（コンスタンティノープル）が加わり、五世紀半ばにエルサレムが加わって、五大総大司教区が定められます。ローマ以外は全て東ローマ帝国内です。コンスタンティノポリスは東ローマ帝国の首都ですし、エルサレムはキリスト教の発祥の地ですから、自らのほうが本流だという意識が強い。東方教会は当然のように、西方教会に従えと求めます。そして教会を再統一すべきだといいますが、西方教会もおとなしく「はい」とはいわない。ローマ総司教座は、ローマはたとえ帝国が滅んでもローマであり、また国教という意味では自分たちこそ本流なんだと思うわけです。西ローマ帝国がなくなっても、教会の東西対立は続きました。

そうしたなかで決定的だったのが、七二六年に当時の東ローマ皇帝のレオン三世（在位七一七〜七四一）が発布した「聖像（崇拝）禁止令」でした。文字通り教会で聖像を崇拝することを禁じたもので、東方では各地で聖像破壊運動（イコノクラスム）が起こりました。しかし、西方教会のほうは、これを拒否します。以後、東方教会と西方教会は自らを正統、相手を異端と呼びながら、教義の問題においても対立するようになっていきます。

聖像（崇拝）禁止令に関していえば、レオン四世（在位七七五〜七八〇）の皇后で、その帝位を継いだエイレーネ（イレネ、在位七九七〜八〇二）によって、ほどなく廃止にされます。火種が消えたようですが、エイレーネは前例のない女性皇帝だったので、その即位に今度は西方教会が異議を申し立てます。対立を収めるつもりはなく、それどころか向こうの東ローマ皇帝に対抗するため、こちらでは西ローマ皇帝を復活させようとも画策します。八〇〇年、かくて実現させたのが、ゲルマン民族のひとつ、フランク族の王カール一世（カール大帝／シャルルマーニュ）の戴冠でした。西ローマ皇帝並びにローマ・カトリック教会が、東ローマ皇帝並びにギリシャ正教会と対立するという元々の図式が、中世という次なる時代の形を見出したということです。

第三章　イスラム教の出現

イスラム教というものを初めて意識したのは、「アラビアンナイト　シンドバットの冒険」というアニメ番組だったと思います。古い話で恐縮ですが、一九七五年から七六年にかけて放映されたもので、まだ私は小学校に入ったばかりでした。

　主人公のシンドバット（本当はシンドバッドのようですが）が丸顔の少年と、親しみやすいキャラクターだったこと、それに巨鳥ロックなど、有名な冒険が洩れなく盛りこまれたことで、八世紀のバグダードなんて馴染みのない舞台だったにもかかわらず、とても楽しくみることができました。

　さらに「アラビアンナイト」のタイトルに偽りなしで、『千一夜物語』の他の話、「アリババと四十人の盗賊」や「アラジンと魔法のランプ」なども扱われて、まさに盛り沢山の内容になっていたのですから、なおのこと夢中になります。

　ただ、そうするために少し無理したといいますか、たとえばアラジンなどはシンドバットの相談相手、「アラジンじいさん」として登場することになっています。若気の至りを後悔して、敬虔なイスラム教徒になったと性格づけられて、なかなかに意味深長なキャラクターでもあったのですが、その口癖というか、決め台詞のように連発した言葉がありました。

「インシャラー、全てはアラーの神の思《おぼ》し召し」

なんだか妙に耳に残って、小学生のときに聞いたものを、まだ覚えています。

その「インシャラー」というのは実際の発音を文字にしたもので、正しくは「イン・シャー・アラー」です。「アラーの神がお望みなら」とか、「それがアラーのご意志であるなら」とかの意で、つまりは「全てはアラーの神の思し召し」というわけです。アニメでは同じ言葉を繰り返していたことになります。アラビア語の雰囲気も出したいし、また意味も伝えずにはいられないという、苦肉の策だったのでしょう。

さておき、今もムスリム＝イスラム教徒はよく「インシャラー」というそうです。ただ意味合いとしては、もう少し軽いとも。

「明日、九時に来られる？」

「インシャラー」

という感じで使う。そのつもりだけど神様次第とか、もっと砕いて訳せば、わからないけど多分ねとか、ともすると責任回避のニュアンスさえあるようです。アニメでは大仰な訳し方をしてしまったのか、あるいは時代とともに軽くなったのか。仮に軽くなったのだとしても、ムスリムは今も頻繁に「インシャラー」というわけです。

神の存在が常に意識されている。私が子供ながらにアラジンじいさんに感じたのも、それでした。イスラム教徒のような信仰、常に唯一の神とともにあり、その神が生活に密着している、しかもその神に絶対服従、そういった信仰は身のまわりにはないなあと、まだ言葉にはできないものの、ちょっとしたカルチャーショックでした。

ムハンマドはどんな人だったのか

ここからは一神教の最後のひとつ、イスラム教について話したいと思います。創始したのはムハンマドという人物で、正式にはムハンマド・イブン＝アブドゥッラーフ・イブン＝アブドゥルムッタリブムといいます。英語でマホメットと呼ばれてきた人なわけですが、その生年は西暦にいう五七〇年頃とされています。

六世紀といえば、ユダヤの国はとうの昔になくなって、ユダヤ人はユダヤ教だけを頼りに、全てディアスポラ＝離散の民になっています。キリスト教はローマ帝国の国教となって繁栄を謳歌していますが、それでも教会は東西に分裂してしまった後です。ここでイスラム教の歴史は、ようやく始まるというのです。

さておき、ムハンマドが生まれた場所はというと、メッカ（アラビア語ではマッカですが、ここでは慣例に従って、以下でもメッカと表記します）です。メッカはアラビア半島の紅海沿岸、ヒジャーズといわれる地方にある都市です。地域では大きな都市ですが、当時の人口は五千人から、せいぜい一万人ぐらいだったといわれています。

現在の国でいえばサウジアラビアに含まれますが、ムハンマドが生まれた当時、このあたりに国といえるようなものは実質ありませんでした。周囲にはササン朝ペルシャ、さらにビザンツ帝国（東ローマ帝国）といった大国がありましたが、いずれの本拠地からも離れていたので、たまの遠征で軍隊が通るくらいで、支配するとか管理するとかはなかったのです。ヒジャーズ地方は一種の無政府状態であり、ただいくつかの部族があって、人はその部族単位で暮らしていました。部族間の闘争が絶えなかったことも想像に難くありません。

このような環境でしたが、ムハンマドはまずまず恵まれた生まれだったようです。父親はメッカを支配していたクライシュ族の一員で、ハーシム家の長でした。しかし、ムハンマドの生前に亡くなってしまいます。母親のアーミナが育ててくれましたが、それもムハンマドが六歳のときに亡くなってし

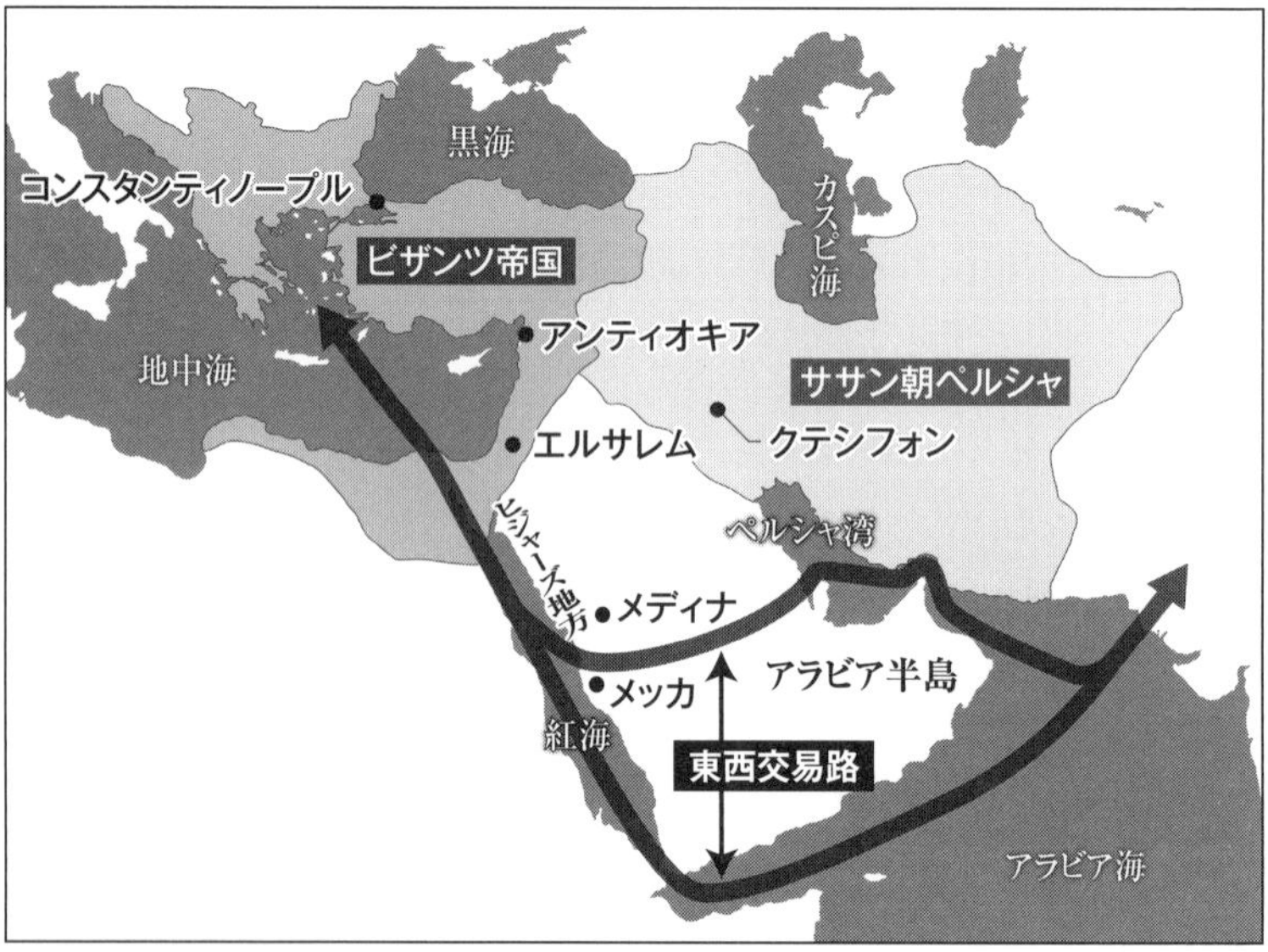

ムハンマドが生まれた頃（7世紀）のアラビア半島

まいます。孤児になったムハンマドは祖父に、祖父の死後は伯父のアブー・ターリブに育てられることになります。

ときにムハンマドが育ったヒジャーズ地方は、ほとんどが砂漠でした。大国が食指を動かしたくなる魅力に乏しく、それで放置されてきたともいえます。こうした生産性の低い土地で、人々は何を生業《なりわい》としていたかといえば、専ら商業です。砂漠というのは、ただ渡るだけでも大変なので、砂漠を渡って商品を運んでいくことには、非常な付加価値がつくのです。アラブ人は、砂漠にラクダによるキャラバン＝隊商を往来させることで稼いでいました。もとよりシリアからアラビア半島にかけて住んでいたカルタゴ人、ユダヤ人、それからアラブ人は、いずれも商いの民として名高いセム語族です。砂漠でなくても、やはり商売をしていたかもしれません。

商売が儲かる時代でもありました。遠くにいたササン朝ペルシャとビザンツ帝国ですが、この二大国が対立していたので、地中海からメソポタミア・シリアを通り、中央アジアのシルクロードにつながる交易ルートが使えなくなっていました。かわりにアラビア半島の南側、ヒジャーズ地方を通るルートが重宝されたので、メッカの商業が栄えたのです。

商業が栄えるのは結構ですが、それによって、ある程度均質だった部族社会に、貧富の差が生まれます。また儲かれば、その富を巡って他の部族と争うことも多く、戦死者や戦傷者も多くなります。結果として孤児や未亡人の数も増大し、それがメッカのような大都市には余所からも流れこんでくるのです。それは従来の部族社会の形が、少しずつ崩れ始めた時代だったともいえます。

　ムハンマドも商人になり、シリアへのキャラバン貿易で生計を立てていました。二十五歳のときには、ハディージャという女性と結婚します。ハディージャはムハンマドを雇っていたキャラバン貿易の経営者で、ムハンマドより十五歳も年上でした。しかも三度目の結婚ということでしたが、ハディージャは非常に裕福で、この結婚でムハンマドは雇われる側から雇う側になれました。夫婦の間には二男四女が生まれますが、二人の男の子はどちらも、幼いうちに亡くなってしまいます。

　そうした不幸はありましたが、ムハンマドは平凡ながら、まずまずの人生を歩んでいたといえるでしょう。が、四十歳になってから啓示を受け、それが一変します。イスラム教の歴史が始まったわけですが、そ

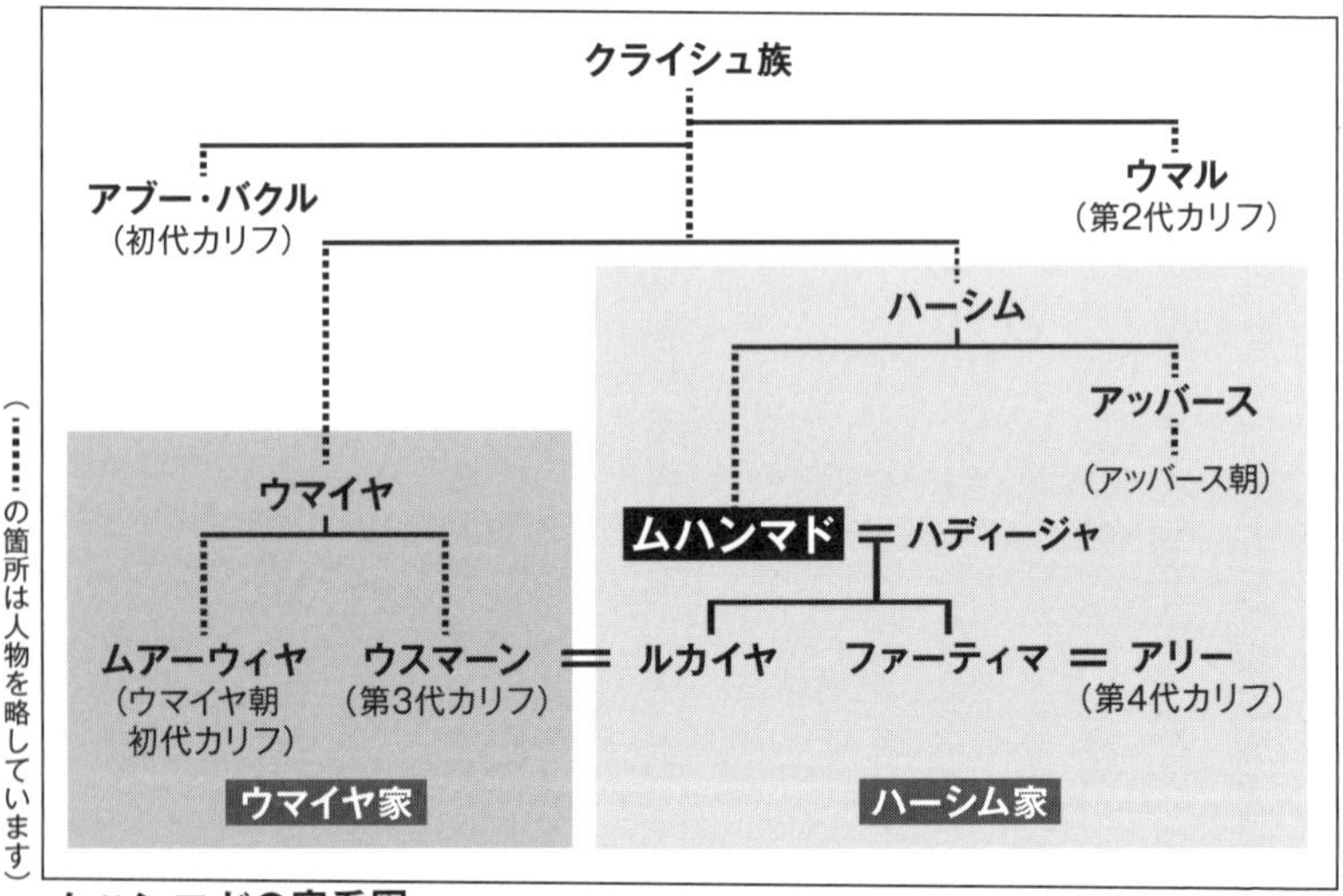

ムハンマドの家系図

ちらを詳しくみる前に、まずは当時の宗教の状況を確認しておきましょう。

その時代のことを、イスラム教では「ジャーヒリーヤ」と呼んでいます。「無明時代」という意味で、イスラムの布教がなされる前の世界には、光がないということです。アラビア半島の人々が信仰していたのは、アラビア語にいう「ジン」でした。普通は「精霊」と訳されますが、超自然的な存在の総称です。ヴィクトル・ユゴーの詩は『魔神（ジン）』と訳されていました。ディズニー・アニメの『アラジン』に出てくるランプの魔神「ジーニー」も、この「ジン」から来ています。ジンは、風呂、井戸、便所などいろいろなものに宿っていると信じられていました。つまり、多神教の世界における一種のアニミズム信仰です。

ムハンマドも若い頃はごく普通のアラブ人として、そうした多神教の世界に生きていました。四十歳になる数年前から、メッカ郊外にあるヒラー山の洞窟に籠《こ》もり、瞑想をしたり、集まってきた貧者や孤児に施しをしたりするようになっていましたが、それもジンより他の存在を求めていたわけではありません。それでも、その日はやってきました。

ムハンマドはなぜ信仰に目覚めたのか

ムハンマドが四十歳の頃、六一〇年のラマダーン月（九番目の月、断食月）のときでした。ヒラー山で瞑想していると、突然、大天使ジブリール——キリスト教でいう大天使ガブリエル、聖母マリアに受胎告知したあの天使と同じ天使——がムハンマドの前に現れて、神の啓示が下されたのです。『クルアーン』(従来は『コーラン』と表記されていましたが、近年はこの表記が一般的になってきましたので、本書でも『クルアーン』と表記します)とともに、イスラムの聖典とされるムハンマドの言行録『ハディース』には、このときのことが書かれています(『ハディース』については、後述します)。

《ヒラーの洞窟に籠もっている時に、真理が訪れました。天使が彼〔ムハンマド〕を訪れ、「読みなさい!」と言いました。彼は「私は読む者ではありません」と答えました。彼〔ムハンマド〕はこう語っています――すると、彼〔天使〕は私〔ムハンマド〕を捕らえ、私が力尽きるまで締めつけました。……〔天使が三度締めつけた後〕そして私を放つと、「読みなさい! 創造なされたあなたの御名によって。かれは人間を凝血から創造なされた。読みなさい! あなたの主はもっとも尊いお方」と言いました。》(小杉泰編訳『ムハンマドのことば――ハディース』以下『ハディース』に略)

大天使から直に言葉をもらう――まさに超自然的な体験です。ムハンマドは最初うろたえたようです。ジブリールに締めつけられて、いきなり「読みなさい!」と言われたわけですから、無理もありません。引用した訳では「読」という漢字が使われていますが、普通は声に出していうという意味を持つ「誦」が使われます。ムハンマドは読み書きができなかったので、声に出して誦《よ》めというわけです。

ムハンマドが何を誦むのでしょうかと訊くと、そこでアッラーの言葉、神の言葉が下りてきて、自分の口からその言葉が流れ出てくる。その一番最初の言葉が『クルアーン』の第九六章

「凝血」にあります。ちなみに「クルアーン」とは、「読誦されるもの」という意味です。

本書では『クルアーン』の一番新しい訳（『クルアーン』の「翻訳」については、後ほど詳しく説明します）である『日亜対訳　クルアーン』（中田考監修、以下『クルアーン』に略）を用いることにします。この訳は「アラビア語の原文に可能な限り忠実に逐語的に訳す」ことを基本方針にしているので、アラビア語の『クルアーン』の姿がよく伝わってきます。

《誦め、おまえの主の御名において、〔森羅万象を〕創造し給うた〔主の御名において〕、〔つまり〕彼は人間を凝血から創造し給うた。》（『クルアーン』九六・一―二）

なにしろ最初の体験ですから、まだまだ狼狽は収まりません。再び『ハディース』を引きましょう。

《彼（ムハンマド）は〔妻の〕ハディージャのもとに帰ると、「衣で私を覆ってくれ！　覆ってくれ！」と叫び、彼女が夫を衣で覆うと、やがて恐れがおさまりました。彼は自分の身に何が起きたかをハディージャに対して語り、「私は自分がおかしくなったかと心配した」と言いました。すると彼女は、「決してそんなことはありません。……あなたは子宮のつながり〔血縁〕を大事にし、困苦に耐え、貧窮者を支え、弱者を助け、災難に遭った人に優しくしているのですから」と言いました。》（『ハディース』）

それからハディージャは、父方の従兄でキリスト教徒のワラカ・イブン・ナウファルのところに相談に行きます。ワラカはキリスト教の『聖書』に馴染んでいたので、ムハンマドの話を聞くと、《これはアッラーがムーサー〔モーセ〕にくだした天使でしょう》（同前）といいます。

その後もムハンマドは、ヒーラー山で啓示を受けます。たびたびトランス状態になって、以後十数年にわたって神の言葉を伝えられることになるのです。しかし、初めの二年間は、ハディージャとワラカの二人以外に自分の体験を打ち明けることはありませんでした。そのハディージャとワラカですが、そのうちムハンマドが啓示されたのは神の言葉に違いない、ムハンマドは預言者に選ばれたのだと確信を強めていきます。やがてムハンマドも、自分は預言者に選ばれたことを自覚します。

ユダヤ教の章でも触れましたが、預言者とは神の言葉を預かる人、神の啓示を受ける人、啓典を伝える人のことです。『クルアーン』に出てくる預言者は全部で二十五人います。アダムから始まって、ノア、アブラハム、モーセ……洗礼者ヨハネ、イエス・キリスト、そして最後の二十五人目の預言者に選ばれたのがムハンマドです。つまりユダヤ教、キリスト教に現れる預言者たちの系譜に連なるという認識なのです。イスラム教徒がユダヤ教徒、キリスト教徒のことを「啓典の民」と呼ぶのも、それゆえです。ただムハンマドは最後の、いいかえれば最も新しい預言者であり、最善の教えを与えられたのだと位置づけています。同じ啓典でも、最新のアップグレードバージョンということですね。

ムハンマド自身、突然指名された戸惑いはありましたが、商売で旅をしているときにユダヤ教徒やキリスト教徒と交流があったので、それらを通して唯一神や預言者の予備知識を得ていました。そのため、ひとたび預言者に選ばれたと自覚してからは、自らの役目について、さほど迷わずに済んだようです。

ユダヤ教、キリスト教と同じといえば、イスラム教も現世で神の教えを守って暮らしていけば最後の審判で天国に行くことができる、そこで永遠に幸せに生きられると教えます。イスラム教では、現世をさほど肯定的には捉えていないのです。その一方で『クルアーン』には、現世における様々な教えや戒律が出てきます。ひとつ挙げれば、孤児や未亡人に関する教えがあります。

《またもし、おまえたちが孤児に対して公正にできないことを恐れるなら、女性でおまえたちに良いものを〔女性とのおまえたちに良い婚姻を〕、二人、三人、四人娶《めと》れ。それでもし、おまえたちが公平にできないことを恐れるならば、一人、またはおまえたちの右手が所有する者（女奴隷）を。それがお前たちが規を越えないことにより近い。》（『クルアーン』四・三）

	預言者名
1	アーダム（アダム）
2	イドリース
3	☆ ヌーフ（ノア）
4	フード
5	サーリフ
6	☆ イブラーヒーム（アブラハム）
7	ルート（ロト）
8	イスマーイール（イシュマエル）
9	イスハーク（イサク）
10	ヤアクーブ（ヤコブ）
11	ユースフ（ヨセフ）
12	シュアイブ
13	アイユーブ（ヨブ）
14	ズルキフル
15	☆ ムーサー（モーセ）
16	ハールーン（アロン）
17	ダーウード（ダビデ）
18	スライマーン（ソロモン）
19	イルヤース
20	アルヤスウ
21	ユーヌス（ヨナ）
22	ザカリーヤー
23	ヤフヤー（ヨハネ）
24	☆ イーサー（イエス）
25	☆ ムハンマド

『クルアーン』に登場する預言者
※（　）は聖書での名称　☆は五大預言者

イスラム教徒の男性は四人まで妻を持つことができるというのは、よく知られています。しかしながら、ムハンマドの時代には孤児や未亡人を救済しなければならないという、しごく切実な理由があったわけです。

ヒジュラとは何か

預言者であるとの自覚、そして覚悟から、ムハンマドが布教を始めるのは、六一二年頃だといわれています。近親者や一族の者から始めて、徐々に周囲に広げていったのですが、当初の布教活動は思うようには進まなかったようです。

まずもって、メッカを含むヒジャーズ地方が多神教の世界だったことがあります。いきなり一神教の教義を持ちこんでも、簡単には受け入れてもらえません。どうして先祖伝来の宗教を捨てて、得体の知れない神様に祈らなければいけないのかと、反発されてしまったのです。

ここで言葉を押さえておきますと、「イスラム」とは「絶対帰依すること」、つまりは「唯一神アッラーとその使徒であるムハンマドを信じ、聖典クルアーンの教えに従って生きること」(『岩波イスラーム辞典』)を意味します。また「ムスリム」は「帰依する者」の意で、「広義には……アッラーの教えに帰依する者をすべてムスリムと呼ぶ。……通常はイスラームに帰依する者のみ」(同前)を指します。ムスリムの信仰共同体のことは「ウンマ」といいます。これがムハンマドの布教活動で形作られていきますが、ウンマの構成員には「ザカート」という喜捨が課せられます。

《まことに（法定）喜捨は、貧者たち、困窮者たち、それを行う者たち〔喜捨の徴収、登録、保管、分配などに従事する者〕、心が傾いた者たちのため、また奴隷たちと負債者たち、そしてアッラーの道において、また旅路にある者のみに。》（『クルアーン』九・六〇）

この「ザカート」が、また問題視されます。メッカの古くからの住民たちにすれば、余所から流れて来た者たちに自分たちの私財を投じて施さなければならないなどというのは、全く腑に落ちない話なのです。メッカは基本的にクライシュ族が造った都市です。そこでは血縁的な結びつきによる部族社会の論理が尊重されます。余所者である孤児や貧者が疎まれたのも、それゆえです。対するにウンマのほうは、部族も血縁も関係なく、ただ同じ唯一神アッラーを信ずる者たちの共同体です。存在そのものが血族社会、部族社会のアンチ・テーゼ、ある種の挑戦状ですらあったのですから、歓迎されるわけがないのです。

現にメッカでのムハンマドの布教は、二百人ぐらいまで信者が増えたところで行き詰まります。当時のメッカはおおよそ五千人規模、そこで二百人ほどのムスリムが迫害を受けることになります。ムスリムとは結婚させない、ムスリムには食料を売らない等々、さらにいえば《（クライシュ族のウマイヤ家の一員が）預言者（ムハンマド）が（カアバ聖殿で）礼拝しているところに来て彼の首に自分のシャツを巻き付けて、思い切り首を絞めた》（『ハディース』）と書かれるように、ムハンマドの命まで脅かされるようになったのです。

六一九年にはムハンマドを支えてきた二人、妻ハディージャ、伯父アブー・ターリブが、相次いで亡くなってしまいます。絶望するムハンマドに、ある夜、大天使ジブリールが現れます。ブラークという天馬に乗せて、空を飛んでいかせたのです。いわゆる「夜行（夜の旅）」です。《称えあれ、その僕《しもべ》を夜に（マッカの）禁裏モスクから、われらがその周囲を祝福した最遠のモスク（エルサレム）へと、われらが彼にわれらの諸々の徴を見せるために夜行させ給うた御方こそ超越者。まことに彼は全聴にして全視なる御方。》（『クルアーン』一七・一）

エルサレムに旅したムハンマドは、光の梯子《はしご》を登って昇天し、神の御座に平伏しました。この神秘体験で、やはりアッラーの信仰を捨てるわけにはいかないと、決意を新たにしたのでしょうか。ほどなくムハンマドは重大な決断をします。

メッカの北四百キロほどにヤスリブという都市があります。メディナ（アラビア語ではマディーナですが、これもメディナの表記で通します）の名前のほうが知られているかもしれません。

通商ルートにある町なので、かねてムハンマドは行き来があり、ここにもイスラムの教えを広めていました。部族・血族にこだわらない布教の賜物ですが、さておき、このヤスリブないしはメディナの信徒を頼り、ムハンマドはメッカの信徒を移住させることにしたのです。

決行が六二二年、ムハンマドは数次の移住で信徒たちを送り出し、西暦にいう六二二年七月十六日、最後に自らもメッカを離れました。この移住を「ヒジュラ（聖遷）」といいます。イスラム暦をヒジュラ暦といいますが、それはヒジュラの六二二年七月十六日を元年元日とするものです。ヒジュラ暦がイスラム国家の公式な暦となったのは、ややあって六三八年のことでした。また聖遷先のメディナも、メッカ、エルサレムと並ぶイスラム教の聖地となります。

メディナがメッカより都合がよかったというのは、人口の三分の一ほどがディアスポラのユダヤ人、つまりはユダヤ教徒で、一神教に対する拒否感が比較的薄かったからでした。ムハンマドの信徒たちも、メッカほど苛酷な扱いは受けずに済んだのです。

ユダヤ教徒とは親しく話す機会もあり、ムハンマドはユダヤ教の聖典つまりは『旧約聖書』の話なども聞いたようです。「創世記」には、預言者アブラハム（イブラーヒーム）とハガルという女奴隷の間にイシュマエル（イスマーイール）という子がいて、このイスマーイールこそアラブ人の祖であると書かれていました。またイブラーヒームとイスマーイールは、荒廃していたカアバ神殿を再建したともされていました。アラブ人はユダヤ教の預言者アブラハムとつながっていたわけで、やはりユダヤ教徒は「啓典の民」であるとの意識が培われます。エルサレムの方角に祈るようになったのも、この頃からです。

一神教の土壌があるメディナでは、布教活動は順調でしたが、経済的には苦境を強いられます。ここで数字を挙げると、メッカに二百人ほどいたムスリムたちのうち、メディナに移住したのは七十人ほどでした。信仰を貫くか、部族社会に留まるか、悩んだ者はやはり少なくなかったのです。他方、メディナに元々いたムスリムは百人ほどでした。メッカからの移住者を受け入れて、「アンサール（援助者）」と呼ばれますが、七十人もの面倒を僅《わず》か百人でみるわけです。いくら喜捨＝ザカートが神の教えだといっても、もともと豊かな土地でなし、援助は並大抵のことではないのです。

限界が訪れるのは、すぐでした。ムハンマドたちも働くしかありません。しかし、それも何をするのか。当時のアラブ世界では困窮時をしのぐ手段として、「ガズウ」と呼ばれる略奪行為がよく行われていました。砂漠を行き交うキャラバン（＝隊商）を襲い、家畜や積荷の商品を奪って、換金する――現代の感覚からすると犯罪行為ですが、当時は商業と略奪行為は紙一重みたいな面がありました。襲われるリスクもあって運んできたから、その商品の値段は高くつくのであって、何の危険もないところを運んでも価値は上がらない。だから自分たちが運んでいるときに襲われるのも覚悟の上だ。逆に襲う側に回っても、それはおかしな振る舞いではない。と、そういった感覚です。

ムハンマドたちもガズウを積極的に行いました。誰を狙うかといえば、わけても自分たちを迫害したメッカのキャラバンです。意趣返しというか、復讐心もあったのかもしれませんが、当時のメッカは交易ルートのなかでも屈指の豊かな都市でしたから、ガズウを働くにはうってつけだったわけです。

無論、メッカのほうもやられっぱなしではいませんので、メディナとメッカの抗争というような事態になっていきます。それはヒジュラから二年後、六二四年の三月でした。ムハンマドに率いられた《（メディナへの）移住者六十数人、援助者（アンサール）が二百四十数人》（『ハディース』）、つまりは全部で三百人ほどの徒党、いや、すでにして軍勢というべきでしょうか、とにかくムスリムの一団がメッカのキャラバンを襲います。ところが、メディナのユダヤ教徒が密かにメッカに内通していて、メッカのほうは千人の軍勢を用意していました。両軍は、バドルの泉の畔で激突します。因んで「バドルの戦い」と呼ばれますが、それは三百人対千人という劣勢を覆し、メディナ側の圧勝に終わりました。

この勝利によって、ムハンマドは自分たちは神から祝福されていると確信します。《おまえたちがおまえたちの主に助けを求めた時のこと。彼はおまえたちに答え給うた、「われは列をなす千の天使たちでおまえたちを増強する者である」。》(『クルアーン』八・九)

このときメッカから略奪した戦利品で、ムスリムたちは大いに潤いました。みていたメディナの人々の間では、ムハンマドの仲間になると儲かるというような話になり、実際に仲間になる、つまりはムスリムになる者も増えます。ウンマは部族共同体ではありませんから、アッラーを信じるなら、どこの生まれかも、誰の血筋かも関係なく、どんどん受け入れていくのです。バドルの戦いにおける勝利は、イスラム共同体が大きくなるきっかけにもなりました。

なぜメッカに巡礼するのか

この「バドルの戦い」の一カ月前、ムハンマドはキブラ＝礼拝方向を変更せよと啓示を受けていました。

《人々の中の愚か者たちは言うであろう。「なにが彼らに、彼らの向いていたキブラから背を向けさせたのか」。言ってやれ、「東も西もアッラーのもの。御望みの者をまっすぐな道に導き給う」。……そしてわれらが、おまえが向いていたものをキブラと定めたのは、使徒に従う者を踵《きびす》を返す者から識別するためにほかならない。……そこでまさにわれらはおまえが満足するキブラにおまえを向かせる。それゆえ、おまえの顔を禁裏モスク〔そこでの戦闘などが禁じられたモスク〕の方に向けよ。おまえたちがどこにいようと、おまえたちの顔をその方向に向けよ。》（『クルアーン』二・一四二―一四四）

これまで「おまえが向いていたもの」、つまりはエルサレムから、「おまえが満足する」であろう「禁裏モスク」、すなわちメッカに変えよというのです。

エルサレムは「啓典の民」であるユダヤ人、そしてユダヤ教に覚える親近感から定めたキブラ＝礼拝方向でした。メディナに移住した当初は親しく接したものの、ユダヤ人たちはイスラム共同体が勢力を増すにつれて、自分たちの地位を脅かされるのではないかと危機感を抱き始めます。様々な形でムスリムに敵対するようになり、それはバドルの戦いでもメッカと内通していたとおりです。ムハンマドたちもユダヤ人たちの敵意はすでに感じていて、その警戒感がキブラの変更にも表れているといえるでしょう。ともあれ、ここでイスラム教徒が祈るのは、メッカの方向と決まりました。

そのメッカとは戦いが続きます。メッカはバドルの戦いの復讐戦に挑みます。六二五年三月、クライシュ族の有力商人アブー・スフヤーンを指導者に立てると、三千の軍勢でメディナ郊外ウフド山付近に進軍してきたのです。ムハンマドはこれを迎え撃ちます。ところが、こたびは途中でムハンマド戦死の噂が流れるなどしたために、非常な苦戦を強いられました。兵七百で臨んだメディナは、そのうち七十五人も殺されてしまいましたが、メッカのほうも攻めきれず、最後は退却となりました。この「ウフドの戦い」でも、メディナのユダヤ人たちは開戦直前になって、戦線を離脱しています。ムスリムたちとの対立は、ますます深くなりました。

メディナとメッカは、その後も小競り合いを繰り返しました。最終的な決着がつけられたのが、六三〇年の一月でした。一万まで膨れ上がったムハンマドの兵士たちは、威風堂々の進軍でメッカに攻め上ります。この大軍にメッカのクライシュ族は戦意喪失、戦うことなく城門を開きました。無血開城、無血占領というわけです。

すでにキブラはメッカに、それもカアバ神殿に定められていました。とはいえ、カアバ神殿はメッカの部族共同体の神殿、つまりは多神教の神殿とされたままでした。そこで《預言者がマッカ征服の日のマッカに入ると、館〔カアバ聖殿〕の周りには三六〇体の偶像がありました。彼は「真理が到来し、虚偽は消え去った」、「真理が到来し、虚偽は始まることも戻ることもない」と言いながら、手に持った杖で一体ずつ倒していきました。》（『ハディース』）

さらにムハンマドは、アブラハムがカアバ神殿を建てたとき大天使ジブリール（ガブリエル）から預かったとされるカアバの黒石に触れて、「アッラーフ・アクバル（アッラーは偉大なり）」と叫んだのです。カアバ神殿はアブラハムが建てたが、その後で多神教の信者たちが偶像を持ちこんだ。それら偶像をムハンマドは全て打ち倒し、アダムとイヴに遡るという黒石だけを残しました。要するにカアバ神殿を聖地として、改めて整えたわけです。

ムハンマドは、このあと一度メディナに戻ります。そこから二年後の六三二年、メッカへの巡礼を行いました。このムハンマドの巡礼こそが、〈メッカ巡礼〉の始まりだとされています。ムハンマドにとっても最初で、また同時に最後の巡礼になりました。イスラム教の預言者は、この年に亡くなっています。およそ六十二年の生涯でした。

『クルアーン』とは何か

ムハンマドの死によって、イスラム教は新たな局面を迎えることになります。その影響は多方面に及びますが、ひとつが『クルアーン』で、その文書としての編纂が始まるのです。

前で述べたように『クルアーン』とは、「読誦されるもの」という意味です。声を出して誦むというのが、あくまでも基本なのです。『クルアーン』の朗誦を聴くとすぐわかりますが、独特の節をつけられます。神の言葉を音楽に似た感覚で覚えることで多くの人に共有され、伝えられたということですが、その『クルアーン』がムハンマドの死後、文章にまとめる必要に迫られたのです。というのも、イスラムの信仰共同体であるウンマは拡大の一途を辿りました。人数も増え、空間的にも広がり、そうすると全て同じであるべき『クルアーン』が、地方によって、あるいは暗唱者によって、細かい言葉の使い方であるとか、章の配列であるとかに、違いが生じるようになったのです。

こうした事態に危機感を覚えたのが、ウスマーン・イブン・アッファーンでした。クライシュ族の裕福な商人の家に生まれたウスマーンですが、早くからムハンマドの教えに従いました。いうところのサハーバ＝教友で、ムハンマドの教えを直接受けたムスリムの第一世代です。またムハンマドの娘婿であり、第三代のカリフ――「カリフ」については後で触れます――にも選出されます。このウスマーンが七世紀半ば、それまで各地で口承されていた『クルアーン』を文書として編纂しました。このウスマーン版の『クルアーン』（ムスハフ・ウスマーニー）を正典とし、その他の文書化されたものは全て焼却させましたので、以後今日にいたる全ての『クルアーン』は、このウスマーン版と全く同じ内容になっています。

『クルアーン』は、ムハンマドを通じて人間に伝えられた神の言葉の集大成です。ムハンマドがアラブ人なので、アラビア語で語られています。イスラム教が広まるにつれて、アラビア語を話さないイスラム教徒も増えるのですが、『クルアーン』はアラビア語のままです。祈りの場で『クルアーン』の翻訳が誦まれることはありません。もちろん日本語も含め各

1	開端	39	集団	77	送られるものたち
2	雌牛	40	赦す御方	78	消息
3	イムラーン家	41	解説された	79	引き抜く者たち
4	女性	42	協議	80	眉をひそめ
5	食卓	43	金の装飾	81	巻き上げ
6	家畜	44	煙霧	82	裂けること
7	高壁	45	蹲った群れ	83	量りをごまかす者たち
8	戦利品	46	砂丘	84	割れること
9	悔悟	47	ムハンマド	85	星座
10	ユーヌス	48	勝利	86	夜の訪問者
11	フード	49	部屋	87	至高者
12	ユースフ	50	カーフ	88	覆い被さるもの
13	雷	51	撒き散らすもの	89	暁
14	イブラーヒーム	52	山	90	国
15	アル＝ヒジュル	53	星	91	太陽
16	蜜蜂	54	月	92	夜
17	夜行	55	慈悲あまねき御方	93	朝
18	洞窟	56	かの出来事	94	広げること
19	マルヤム	57	鉄	95	イチジク
20	ター・ハー	58	抗弁する女	96	凝血
21	預言者たち	59	追い集め	97	決定
22	大巡礼	60	試問される女	98	明証
23	信仰者たち	61	戦列	99	地震
24	御光	62	金曜集合礼拝	100	駆けるもの
25	識別	63	偽信者たち	101	大打撃
26	詩人たち	64	相互得失	102	数の競い合い
27	蟻	65	離婚	103	時
28	物語	66	禁止	104	中傷者たち
29	蜘蛛	67	王権	105	象
30	(東)ローマ	68	筆	106	クライシュ(族)
31	ルクマーン	69	必ず実現するもの	107	什器
32	跪拝	70	階梯	108	豊饒
33	部族連合	71	ヌーフ	109	不信仰者たち
34	サバァ	72	幽精(ジン)	110	援助
35	創始者	73	包まる者	111	棕櫚
36	ヤー・スィーン	74	身を包んだ者	112	純正
37	整列	75	復活	113	夜明け
38	サード	76	人間	114	人々

『クルアーン』の章名

中田考監修『日亜対訳　クルアーン』より

国語に訳されてはいるのですが、それは「翻訳」された『クルアーン』そのものではなく、あくまで『クルアーン』の理解を助ける「注釈書」の位置づけなのです。『クルアーン』がアラビア語なのは、ムハンマドがアラブ人だったからというより、神がアラビア語で伝えたものだからで、それを人間の都合で別な言葉に置きかえてはいけないのです。『クルアーン』を誦むには、アラビア語を覚えなければならないということです。

コラム7

『クルアーン』

『クルアーン』は全部で一一四章から成るが、各章の構成はムハンマドが決定したとされる。全一一四章には、前頁にあるように慣例としてそれぞれに章名が付けられている。

各章の長短もまちまちで、もっとも短い第一〇八章「豊饒」はわずか三節、もっとも長い第二章は二八六節。

章の並びは、おおむね章の内容の長い順に配列されているが、『クルアーン』の全成立過程を次の三段階に大別するのが今日の見解となっている（以下、井筒俊彦訳『コーラン』「解説」より）。

一、初期——メッカ時代（第三四章〜第一一四章）

二、中期——メッカ・メディナ時代（第一一章〜第三三章）

三、後期——メディナ時代（第一章〜第一〇章）
　最初期の啓示には異常な緊張感が漲《みなぎ》っていて、「ぽつんぽつんと短い鋭角的な語句を吐き棄て、投げ出して行く、……何かは知らぬ不気味な存在の息づまる圧力がありと感じられ」、中期になるとその緊迫感は薄れ、「切れ目のない、連綿と続く言葉の流れが、ゆっくりと何かを語っている」ような調子に変化している。つまり「神憑《がか》り独特の発話法」から「物語的な筋の展開を中心とする説話体」への移行が見られるという。そして後期になると、宗教運動の指導者の政治的、立法的な現実問題を捌《さば》くべく現実主義《リアリズム》に移っていく。ただし、これはおおまかな区分けで、各章が時系列にきちんと並べられているのではなく、したがって、後に置かれている章が必ずしも年代的に古いわけではない。またひとつの章にいくつかの年代のものが混在している場合もあるので、あくまでも目安だという。

　その章名からもわかるように、『クルアーン』では箇条書き的に具体的な状況が説明され、信仰の指針、あるいは生活の規範、モラルなどがはっきり明示されます。ユダヤ教の『旧約聖書』、キリスト教の『新約聖書』と比べると、その内容が非常にわかりやすくなっています。この正典のわかりやすさも、イスラム教が世界宗教として普及した一因になっていると思います。
　わかりやすいといいながら、それでも一般の人が『クルアーン』の内容を十全に理解するのは、やはりハードルが高い。そこでウラマーという知識人の存在が必要になります。ユダヤ教にいうラビ＝律法学者の役割に相当するもので、イスラムの諸学を修めた人たちのことです。各時代のウラマーによって、イスラムの教義が徐々に確立していくことにもなります。

学ぶべき第一は『クルアーン』ですが、もうひとつには『ハディース』があります。前にも引いたようにムハンマドの言行録で、キリスト教におけるイエスの福音書（「マタイ」「マルコ」「ルカ」「ヨハネ」）に相当します。『ハディース』はムハンマドの言葉と、それを伝承するものの二つから成っています。ムハンマドと直に接したサハーバ＝教友の『ハディース』、その教友から『ハディース』を聞いた世代――という具合に口承で受け継がれていきますから、様々な伝承が存在してしまうことになります。その真偽を確定するべく、ハディース学というものも起こります。主なものとして、九～十世紀初頭に成立したスンナ派（スンニー派ともいいますが、本書ではスンナ派で統一します）の「六大ハディース集（六書）」、十～十一世紀に成立したシーア派の「四大ハディース集（四書）」があります。

『クルアーン』と『ハディース』、この二つを合わせて解釈・研究することで、イスラムの教義は確立されました。たとえばイスラム教徒の男性は顎ひげを生やしていますが、この顎ひげについては『クルアーン』ではなく、『ハディース』のなかに書かれています。

《イブン・ウマルは、預言者が次のように言ったと伝えている――多神教徒と違うようにしてください。あごのヒゲはそのままに〔伸ば〕して、鼻ヒゲは刈って下さい。》

またイスラム女性はヒジャーブと呼ばれるヴェールを着用しています。この女性の服装については、《また女の信仰者たちに言え、彼女らの目を伏せ、陰部を守るようにと。また、彼女らの装飾は外に現れたもの以外、表に現してはならない。》（『クルアーン』二四・三一）とか、《預言者よ、おまえの妻たち、娘たち、そして信仰者の女たちに言え、己の上に長衣を引き寄せるようにと。そうすることは、彼女らが見分けられ、害を受けないことに一層近い。》（同三三・五九）というような、『クルアーン』の文章に基づいています。

六信五行とは何か

日常の生活についてではなく、イスラムの信仰箇条と義務行為を端的にまとめたものが、いわゆる「六信五行」です。六信というのは、六つの信じるべきもの。五行は、五つの行うべきことです。六信が内面的な課題だとすると、五行は外面的な義務、ムスリムが実行すべき義務ということになります。

こうした六信五行が成立するのは、ムハンマドの没後百年というあたり、後で出てくるウマイヤ朝（六六一～七五〇）の後期、八世紀の初頭から半ばにかけての頃です。『クルアーン』『ハディース』が書物としてまとめられると、それを解釈し、解釈した当の知識人や学僧らがまとめて、固定化していったのです。

六信

第一	唯一絶対神(アッラー)	アッラーは唯一神ではあるが、さまざまな属性を有している。『クルアーン』や『ハディース』ではいくつもの美称で呼ばれ、その数は99ある(慈愛あまねき者、比類なき強力、優しき者、生を与える者、死を与える者、悔悟の受容者、栄光と恩寵の主……)。このアッラーを信じること。
第二	天使(マラーイカ)	神と人間のあいだを仲介してくれる超自然的存在。ジブリール(ガブリエル)のような神の言葉を持ってくる天使、あるいはイスラーフィールという最後の審判のときにラッパを吹き鳴らすという役割の天使など。
第三	啓典(クトゥブ)	『クルアーン』を始めとして、モーセの律法、イエスの福音書など、言葉が伝えられたもの。
第四	使徒(ルスル)	預言者の中でもアッラーから送られた預言者で、アダーム(アダム)に始まり、ヤフヤー(ヨハネ)、イーサー(イエス)など、ムハンマドへ至る25人(預言者=ナービーとするものもあり)。
第五	来世(アーヒラ)	最後の審判のあとに訪れる来世。
第六	定命《ていめい》(カダル)	神があらかじめ定めた運命。神は人間の全てを知り尽くしており、人間が行うこと全ての行為は神が定めたことなのだということを受け入れて信じる。

五行

第一	信仰告白(シャハーダ)	一番目のシャハーダは「アッラー以外に神はなし」、二番目が「ムハンマドはアッラーの使徒である」、このふたつを唱える。
第二	礼拝(サラート)	日の出前、昼過ぎ、遅い午後の日没前、日没後、就寝前の1日5回、メッカに向かって祈る。
第三	喜捨(ザカート)	財産に余裕のある者が、アッラーの命により、その財産から一定の金銭や現物を支払うこと。
第四	断食(サウム)	イスラム暦の第九月(ラマダーン月)の1カ月間、日の出から日没までは断食しなければいけない。
第五	メッカ巡礼(ハッジ)	五行の中で一番緩い義務で、可能であれば一生に一度メッカへ巡礼すること。巡礼を実行できる財力、財産がある者だけが行えばよい。

コラム8　ジハードとは

ジハードはイスラム教徒の義務だといわれることがあるが、先の五行には入っていない。ジハードは本来の意は「奮闘する」こと。

《信仰し、移住し、自分たちの財産と命を捧げてアッラーの道で奮闘《ジハード》した者はアッラーの御許で一層大いなる位階にある。そしてそれらの者、彼らこそは成功者である。》（『クルアーン』九・二〇）

『ハディース』では、次のように書かれている。

《預言者は「どの行為がもっとも優れていますか」と訊かれて、「アッラーとその使徒を信じることとです」と答えました。「その次は（何ですか）」と訊かれると、「アッラーのためのジハードです」と答えました。》

《信徒たちの母アーイシャは、次のように伝えている――（ある時）彼女（アーイシャ）はこう尋ねました。「おお、アッラーの使徒よ。ジハードがもっとも優れたおこないだとされています。私たち（女性）もジハードをすべきでしょうか」。すると彼は「あなたたちにとっては、もっとも優れたジハードは純粋な大巡礼です」と答えました。》

《アブー・サイード・フドリーは、アッラーの使徒が次のように言ったと伝えている――もっとも優れたジハードは、不義の統治者のもとで正義のことば（を発すること）です。》

また、スーフィズム（イスラムにおいて内面を重視する思想・運動）においては、自己の信仰を深める個人の内面的努力を「大ジハード」として、武器を取っての戦いを「小ジハード」と区別している。これらのことから、「武力による戦闘」というイメージは、「ジハード」の一部の意味にすぎないことがわかる。

三宗教は、なぜひとつになれないのか

ここでユダヤ教、キリスト教、イスラム教という三つの一神教の根は同じで、しかもエルサレムという同じ場所を聖地としていることの意味を考えてみたいと思います。

ユダヤ人には、エルサレムはもともと神に与えられた土地だという思いがあります。エルサレムに神殿を造り、神とつながることが大事なのであり、だからこそソロモン王が造った最初のエルサレム神殿が破壊されても、ヘロデ王の時代に第二神殿を再建します。このあと触れるように、それもローマ帝国に破壊されてしまうのですが、その一部が残り、「嘆きの壁」として今日まで信仰の対象になっています。ユダヤ人はディアスポラで散り散りになってしまった後でも、エルサレムに対する思いを、ずっと持ち続けてきたわけです。

キリスト教徒にとってのエルサレムはというと、神の子であるイエスが処刑された場所であり、そのイエスが復活した場所でもあります。現在エルサレムの旧市街にある聖墳墓教会は、

前に述べたように、コンスタンティヌス帝の母ヘレナがイエスの墓と特定した場所に建てられたものです。以後、エルサレムは聖地とみなされ、エルサレム巡礼が行われるようになります。

イスラム教においては、ムハンマドが最初に啓示を受けたときから、自分に語りかけてくる神は、ユダヤ教、キリスト教の神と同じ唯一神だと認識されていましたから、それらの聖典にも、聖地にも、相応の敬意が払われました。またムハンマドは先述の「夜行（夜の旅）」において天使に連れられ、エルサレムまで天馬で飛行したことがあり、この体験からエルサレムを聖地として礼拝するようになりました。その後、キブラ＝礼拝の方向はメッカのカアバ神殿に変更されましたが、イスラム教徒にとってエルサレムが聖なる場所であることには、何の変わりもありません。

もうひとつ、ムハンマドが亡くなった六年後の六三八年に、それまでビザンツ帝国の支配下にあったエルサレムにムスリムが攻めこみ、この聖地がイスラムの治下に入れられたことを見落とすわけにはいきません。以来数百年、千数百年もの長きにわたって、イスラムの土地であり、ムスリムの生活圏だったわけですから、後になってキリスト教の聖地だから返せとか、ユダヤ教の聖地だから国を建てさせろとかいわれても、それは簡単に容れられるわけがありません。このあたりについては、後で詳しく触れようと思います。

とにかくユダヤ教、キリスト教、イスラム教は、同じエルサレムを聖地とし、呼び名こそ異なるものの、同じ神を信じています。それなのに、どうしてひとつの宗教でなく、別々の三つの宗教になったのか、そこも考えてみなくてはいけないと思います。例えば仏教には非常に多くの宗派がありますが、それでも仏教という大きな枠から出ることはありませんから、なんだか不思議なくらいです。

ひとつになれない理由を考えてみるに、まず民族宗教か、世界宗教かの違いがあります。ユダヤ教は民族宗教で、キリスト教とイスラム教は民族の枠を超えた世界宗教です。ユダヤ人の宗教であるユダヤ教は、民族を問わないキリスト教やイスラム教を認めることができないのです。キリスト教では神の子とされ、イスラム教では預言者とされているイエスですが、これもユダヤ教では認めていません。ムハンマドのことも「偽預言者」であるといって、やはり認めない。三宗教のなかで最も古く、つまりは最初に成立して、オリジンの自信があるといいますか、自分たち以外に神の言葉が伝えられるはずがない、自分たちの信仰だけが正しい信仰なのだと、これがユダヤ教の根本的な考え方なのです。

それは自分たちユダヤ人はアブラハムの息子、イサクの正嫡《せいちゃく》であり、神からカナンの地を与えられた民族なのだ、要するに神に選ばれた民族なのだという選民思想に下支えされています。かかる自負をもって、自ら世界宗教たろうともしないし、世界宗教となったキリスト教、イスラム教も、自分たちとは関係ないものだとして否定する。やはり、ひとつの宗教にはなりえないだろうと思います。

一方でキリスト教はユダヤ教をどうみているかというと、イエスを殺した者たちだとして敵視します。イスラム教はといえば、ユダヤ教の『旧約聖書』も啓典として認めています。とはいえ、ユダヤ教の教義を認めているわけではないのです。

では、ともに世界宗教であるキリスト教とイスラム教は、どうでしょうか。この二宗教は似ているのか、ひとつになれるのかというと、これまた難しいように思われます。宗教の性格や特徴からいえば、かなりな違いがあるからです。この点からいえば、むしろ近いのはユダヤ教とイスラム教で、キリスト教だけが特異なのです。

ユダヤ教の特徴のひとつが律法主義です。イエスの時代にも、ファリサイ（パリサイ）派という律法を重んじる宗派がありました。ユダヤ教において『旧約聖書』に続く聖典とされる『タルムード』は、ラビ＝律法学者たちにより、ユダヤ人の生活の規範となる口伝律法（ミシュナ）とその注解（ゲマラ）が集大成されたものです。これに準じようとする律法主義は、内面的な精神のありようより、まずもって行為としての形を重んじるところがあります。

そんな律法を型通り守ることより、隣人愛など内面的な価値を大事にせよと、強く打ち出したのがイエスでした。加えるに、『新約聖書』ですね。イエスや使徒たちの言行、活動の様子は記録されていますが、神の言葉そのものが出てくるわけではありません。キリスト教の教義というのは、読み取らなければならないものなのです。その主体は、当然ながら人間です。ですから人間中心主義といいますか、神のメッセージを読み取るのは、あくまで人間であり、それは人間の都合で読み取られざるをえないのです。

ユダヤ教やイスラム教では、そうはいきません。それが苦痛であれ、理不尽であれ、ほとんど不可能に思われたとしても、神の言葉である限り、人間は従わなければなりません。例えば、『旧約聖書』でアブラハムは息子のイサクを生贄《いけにえ》として捧げろと神に命じられますが、その是非は論じられません。ユダヤ教では人間の都合は関係なく、神の言葉だけが絶対なのです。イスラム教で男性が四人まで妻を娶ることができるのは、これも『クルアーン』にそうあるからです。不条理でも、不合理でも、それは曲げられない。心より形、内面より外面ということに通じるわけで、やはりイスラム教とユダヤ教は似ているのです。キリスト教が人間中心主義だとすると、イスラム教とユダヤ教は神中心主義ということになります。

聖典ということでいえば、イスラム教の『クルアーン』は全てアラビア語で、他の言語の『クルアーン』というものは認められません。ユダヤ教の聖典も、ヘブライ語で語り継がれています。神の言葉は絶対に変えてはいけない、変わってしまう恐れがあるから翻訳も許されない、神の言葉は意味や是非を考えることすら許されない、もしやれば瀆神《とくしん》的な行為であるというように、ユダヤ教もイスラム教も原理主義的な傾向が強いわけです。

この点でもキリスト教は一線を画します。その『聖書』は最初はギリシャ語で、その後ラテン語に訳され、後で触れるルター以降は、各国語に積極的に翻訳されていきます。やはり人間の都合で、読みやすいように変えられていくのです。

もうひとつ挙げれば、聖職者の位置づけに違いがあります。ユダヤ教のラビ、イスラム教のウラマー、どちらも宗教的指導者ですが、聖職者というより学者、法学者の性格が強い。ラビは『タルムード』の編纂執筆を行いましたし、ウラマーは『クルアーン』や『ハディース』を解釈したり、「シャリーア」と呼ばれるイスラム法を定めたりします。とはいえ、それは『旧約聖書』なり『クルアーン』なり絶対的に聖なるものがある前提での解釈であって、ラビやウラマー自体が聖なる存在ということではありません。

対するにキリスト教では、『聖書』は翻訳という形で相対化されていますから、そこから神のメッセージを読み取ることが聖なる行為になります。したがって、それを読み取る人間も、また聖なる存在になります。神と一般信徒の間に、聖職者という存在が介在し、その聖職者の集合体である教会も、また聖なるものになる。聖職者たちの解釈で教義に違いが出てくるというのも、いわば当然の帰結であり、それを認めまいとすれば、正統と異端という問題も発生します。これもキリスト教に特有の問題で、教義（や学説）をめぐる正統と異端の問題はユダヤ教にもイスラム教にもありません。というより、神の言葉が解釈で変わるなどということは、はじめからありえないのです。

違いはまた、ユダヤ教徒、キリスト教徒、イスラム教徒、つまりはそれぞれの宗教を受け入れた人にも求められるように思います。あるいは社会といったほうがよいのか。三宗教とも砂漠地帯に発生し、最初はセム語族の人々に担われました。それは前でも触れたように、農耕社会というより商業社会です。ユダヤ人はディアスポラの民になりますが、砂漠を離れ、散り散りに暮らすようになっても、いや、散り散りになったからこそ、商業的性格を持ち続けます。それは諸国に拡がる交易ネットワークを持っているようなもので、ユダヤ人同士の助け合いが商業利益に直結する仕組みなのです。

イスラム教は十一世紀から広い範囲に拡大していきますが、やはり商業的性格は失いません。イスラム教徒であること自体がパスポートだといわれるほど、さかんに域内を移動し、その先々で商業民に特有の互助精神を働かせていくのです。喜捨＝ザカートがムスリムの義務になっているのも、無関係ではありません。方々を行商して回っている人々にしてみれば、いつ旅の途次で倒れるかわからないし、どこの海で船が沈没して遭難するかわからない。そうしたときには助けてもらわなければならない、余裕のある者が施すのは当然だ、そうした必要からザカートは正当化されるのです。

キリスト教はといえば、発祥の砂漠地帯から、いち早く西方に伝播していきました。そこは商業社会というより、むしろ農耕社会です。農民であるキリスト教徒は、ユダヤ教徒、イスラム教徒と生き方からして違うことになります。たとえば商業は移動しなければ始まりませんが、農業は定住が基本です。定住農耕社会では外からやってくる人に警戒心を抱きます。困っていても助けるのが当たり前とは考えません。逆に何をするかわからない連中だと排除するのです。

かかる考え方の違い、価値観の違いは、今日の難民問題にもつながっていると思います。助けてもらうのが当たり前だからと、国境などお構いなしに移動してくる人間と、ここは自分たちの国だと線を引いた中を動かず、そこに決して他者を入れようとしない人間——キリスト教徒と、ユダヤ教徒、イスラム教徒の違いは、皮肉にも時代が近代、現代と進むほど浮き彫りになっていくようです。

第二部

中世の一神教

第一章　祖国なきユダヤ人

ずいぶん前になりますが、『大草原の小さな家』というアメリカのテレビドラマがありました。（西部）開拓時代のインガルス一家をめぐるファミリードラマですが、吹き替え版がNHKテレビで放映されていたので、私も子供の頃によくみていました。いや、シリーズ展開で大河化するにつれ、お馴染みのキャラクターに愛着が湧いたこともあり、なんとなくですが、中学生になっても見続けていました。

そのシーズン6です。舞台の田舎町ウォルナット・グローブの名士が、雑貨店を営むオルソンさんで、このご主人は良い人なのですが、奥さんのハリエットが非常識なくらいに高慢ちきといいますか、とにかく強烈なキャラクターでした。その奥さんに可愛がられていたのが娘のネリーで、これまた我儘《わがまま》で、怠惰で、意地悪。いつもヒロインのローラを窮地に追いこむ、まあ、今にして思えば作られすぎなくらいの憎まれ役でした。

そのネリーですが、学校を出たので、仕事をしようということになります。甘やかしのオルソンの奥さんはレストランを開いてやるのですが、怠け者のネリーですから全然うまくいかない。そこで経営コンサルタントを雇うことにする。やってきたのがパーシバル・ダルトンという若者で、その指導がめっぽう厳しかった。これが甘やかされて育ったネリーには新鮮だったらしく、たちまちポーッとなってしまう。あとはドタバタコメディの王道で、僕と結婚してほしい、あなたと結婚するわ、という流れになるのですが、そこでパーシバルは確かめたのです。

「実はユダヤ人なんだけど」

構わないわ、とネリーが答えて、ハッピーエンドはハッピーエンドなのですが、中学生だった私は腑に落ちませんでした。ユダヤ人なんだけどって、わざわざ断ることなのか。というか、ユダヤ人て、なに？

パーシバルは、顔つきも、肌の色も、目の色だって、アメリカ人と違うようには思われませんでした。吹き替えだったけれど、周囲の人とも普通に会話を交わして、恐らくは英語を話せないわけでなく、もとより外国人の設定でもない。ぜんたい何が問題なのだろうと。

釈然としないまま、『大草原の小さな家』はシーズン7に入りました。結婚したネリーは、めでたく妊娠します。そこで現れたのが、パーシバルの父のコーエンさんでした。

ここでパーシバルの「ダルトン」は偽名だったとわかります。が、本名を隠さなければならない理由が、またも私はわかりませんでした。やはりユダヤ人が関係しているのかと考えているうちに、テレビではコーエンさんとオルソンの奥さんが揉め出します。喧嘩の種というのが生まれてくる子の宗教で、コーエンさんはユダヤ教徒にするといい、オルソンの奥さんはキリスト教徒でないと駄目だとがんばり、どちらも譲らないのです。

男の子ならユダヤ教徒、女の子ならキリスト教徒と妥協が成立して、かくて生まれてきたのが男女の双子だったから、めでたし、めでたし。私のほうも、ああ、そうか、ユダヤ人というのはユダヤ教徒なのか、大半がキリスト教徒という他のアメリカ人とは宗教が違うから大変なのかと、いくらかは納得することができました。が、なおひっかかりがないではなく……。

なぜユダヤ人でいられたのか

これまでも度々触れてきましたが、故地のカナンを離れたユダヤ人のことを「ディアスポラ」といいます。ディアスポラとはギリシャ語で、直訳は「散らされた者」ですが、普通は「離散の民」と訳されます。キリスト教の礎を築いたパウロもカナン居住ではなく、小アジアのタルソス出身のディアスポラのユダヤ人でした。その時代には、すでに地中海沿岸部をはじめ、各地に多くのディアスポラ＝離散の民がいたということです。

このディアスポラですが、いつから始まったかといえば、「バビロン捕囚」が解かれた紀元前五三八年からです。バビロニアから解放されたユダヤ人は、断続的にカナンに戻るわけですが、当然ながらといいますか、そのままバビロニアに残ったユダヤ人もいました。これらの人々はカナン居住でないわけで、ディアスポラということになったのです。

バビロニアはその後ペルシャに征服され、そのペルシャを倒したマケドニアのアレクサンドロス大王が、一帯に大帝国を築きます。ユダヤの国というものはなくなりましたが、ユダヤ人については手厚く保護されました。活動も自由だったので、ユダヤ人は帝国の版図拡大に乗じて、広範な交易を展開しながら、黒海沿岸やエジプトに植民地や居留区を作っていきます。これらに暮らしたユダヤ人も、ディアスポラになります。皆が広大な帝国の民でよさそうなものですが、あくまでも故地はカナンであり、そこを離れればディアスポラなのです。

その後にローマが帝国を築きます。ローマ軍には、征服した土地の人々を捕虜にすると、それを奴隷として売るという慣習がありました。占領地からローマに連れていかれたユダヤ人の奴隷を、すでにディアスポラとしてローマにいる裕福なユダヤ人が買う。買われたユダヤ人が解放奴隷になってローマに住み着く、あるいはさらに各地に散らばっていく。そうやってカナンを離れるユダヤ人は、また増えていく。ディアスポラの拡大に、ローマも一役買ったのです。

とはいえ、当時のローマ帝国は多神教でした。キリスト教と同じように、ユダヤ教のことも快くは思いません。わけても属国の境涯とはいえ、ユダヤの国を再興していたカナンの地です。もとより圧政は苦しく、さらにユダヤ教まで弾圧されて、ユダヤ人の憤懣は募ります。紀元六六年、とうとう勃発したのが対ローマを掲げる反乱、ローマがいう「ユダヤ戦争」でした。カナンに送りこまれたのがウェスパシアヌスという軍司令官で、苛烈な掃討も躊躇しませんでした。このウェスパシアヌスがローマ皇帝（在位六九～七九）になると、今度は息子のティトゥスが乗りこんできて、エルサレムを占領し、さらに神殿も破壊（西壁だけ残され、後に「嘆きの壁」になります）してしまいます。七〇年のことで、これで「ユダヤ戦争」は終結となりました。

その後もユダヤ人のローマに対する反感はなくなりません。とりわけ高まるきっかけとなったのが、一三〇年に行われたハドリアヌス帝（在位一一七～一三八）のエルサレム巡行でした。帝は破壊されたエルサレムの再建を計画しますが、ユダヤ人の反乱だけは許さないと、徹底した反ユダヤ政策を断行したのです。まずエルサレムの地名を、自分の名前プブリウス・アエリウス・トラヤヌス・ハドリアヌスの一部と、ローマのカピトリヌスの丘から取って、「アエリア・カピトリナ」と改称します。さらにユダヤ暦を廃止し、割礼を違法とし、トーラーを公の場で教えることやラビを叙任することなども禁止して、いうなればユダヤ教そのものを否定する施策を次々に打ち出したのです。エルサレム神殿跡にユピテル神殿を建てるつもりだと知るに及んで、ユダヤ人は再び我慢の限界を超えました。

一三二年、「第二次ユダヤ戦争」が始まります。指導者の名前から「バル・コクバ（コホバ）の乱」とも呼ばれます。バル・コクバ（?～一三五）は、当代最高の律法学者とされるラビ・アキヴァ（アキヴァ・ベン・ヨセフ　五〇～一三五）から「メシア」と認められ、人々の支持を集めていました。蜂起から二年半ほどは各地でローマ軍を打ち破りますが、ハドリアヌスがユリウス・セウェルス将軍を送り出すと、さすがの反乱軍も勝てなくなります。一三五年、バル・コクバは戦死に追いやられ、ラビ・アキヴァも処刑されてしまいます。

ハドリアヌス帝はユダヤ人に、よほど腹に据えかねたとみえます。エルサレムからユダヤ人を一掃してしまい、街も全て更地にしてから、新たに植民地を造りなおしたのです。「ローマ属州パレスチナ」の設立ですが、ここまで徹底した破壊はローマ史上、このカナンの地と、あとは第二次ポエニ戦争でハンニバルに煮え湯を飲まされた、かのカルタゴしかありません。

ユダヤ人の立場でいえば、ここでヤハウェに約束されたカナンの地を失いました。否応なく故郷を追われて、以後は祖国なき民となります。全てのユダヤ人がディアスポラ＝離散の民となったのです。同時代のキリスト教徒なども、すでに多くがエルサレムからもカナンからも離れてしまって、ディアスポラといえばディアスポラなのですが、そういう意識は持ちません。エルサレムにも、カナンの地にもこだわらない、世界宗教たる所以です。対するユダヤ教は、やはり民族宗教なのです。ユダヤ人はユダヤ教徒で、あくまで神ヤハウェに選ばれ、カナンの地を与えられた民だという意識が強くあるので、その地を失ったディアスポラになるのです。

カナンの地を追われたユダヤ人はどこへ行ったのか。世界中に散らばったといえば散らばったのですが、さしあたりは比較的近い、有縁の土地が多かったものと思われます。すでにディアスポラとなっていた同胞を頼りにしたとすれば、かつてのバビロニア、つまりはペルシャであるとか、黒海沿岸、小アジア、そしてローマ帝国の版図が続く限りにも流れていったでしょう。中近東のあたりにも多くのユダヤ人が向かいました。そこでユダヤ教を守っていた人たちが、やがてムハンマドと接触し、イスラム教が生まれる一助となるわけです。

さておき、全てのユダヤ人がディアスポラになったということで、ユダヤ教そのものも影響を被らざるをえません。最大の問題は、祭儀の場であるエルサレム神殿を失くしたことでした。神殿の祭儀を重んじるサドカイ派は、退潮せざるをえなくなります。といって、熱心党のユダヤ民族の独立の夢も潰《つい》えてしまいました。エッセネ派の禁欲主義は、キリスト教のほうに受け継がれていきます。そうすると、残るのはファリサイ（パリサイ）派の律法主義です。以後のユダヤ教は、この律法主義を核に続いていくことになります。

その律法を学ぶ拠点が「シナゴーグ」というユダヤ教会堂でした。シナゴーグの起源に関しては諸説ありますが、バビロン捕囚の時代、やはりエルサレムにいないわけですから、神殿に代わる場所として発達したとされています。かくて建てられるようになったシナゴーグで、ユダヤ人たちはラビから律法を学びました。また異邦にあっても、そのシナゴーグを中心にユダヤ人のコミュニティーができていきます。キリスト教の黎明期の話で、ローマにはすでに十二カ所のシナゴーグがあったと報告されています。神殿型の宗教から教会型の宗教に変わりつつあったわけで、キリスト教の教会＝ギリシャ語やラテン語のエクレシア、フランス語のエグリース、英語のチャーチですが、その手本になったともいえるでしょう。

まとめると、律法とシナゴーグによって、ユダヤ教はユダヤ教として、ユダヤ人はユダヤ人として、あり続けられたというわけです。各地にシナゴーグができると、次はシナゴーグとシナゴーグをつなぐネットワークが形作られていきます。とはいえ、広い範囲に分散していますから、日常使われている言語が別々という事態が当然起こります。ギリシャにいればギリシャ語、ローマにいればラテン語という風に、それは母語でさえあるのですが、余所のユダヤ人と話すための言語、ネットワークの言葉として、別にヘブライ語がありました。

ユダヤ人にとってヘブライ語は、基本的には『聖書』の言葉であり、祈りの言葉なのですが、それは互いに離れたコミュニティーとコミュニティーさえ通じ合わせる、一種の共通語としても使われたのです。このヘブライ語もユダヤ人としてのアイデンティティーを支えているといえるでしょう。もちろんユダヤ教のためにもなります。ラビ同士の情報交換も容易になりますから、互いに離れているという不利にもかかわらず、口伝律法＝タルムードの整備なども進めることができたのです。

なぜユダヤ人は差別されたのか

力強く存続していくユダヤ教ですが、それだけに様々な苦難にもさらされました。多神教のギリシャ人やローマ人による弾圧については、前で触れました。しかしながら、ユダヤ教は同じ一神教からも冷遇され、不当な扱いを受けたのです。すなわち、キリスト教による差別迫害です。イスラム教は違います。ムハンマドの時代はメディナのユダヤ人を激しく攻撃しましたが、それはメッカに内通するなど自らに敵対してきたからです。同じ神を祀る啓典の民として親近感を有していましたし、また政治的に支配下に置いたときでも、人頭税さえ支払えばユダヤ教徒にも、キリスト教徒にも寛容な態度を貫きました。

なぜキリスト教だけが、ユダヤ教を差別迫害したのでしょうか。前述したように、まずもって三位一体のイエス・キリストが、ユダヤ人に殺されたということがあります。しかし外野からすれば、そのイエスも、使徒のペトロやパウロにしても、みんなユダヤ人ではないかと思ってしまいます。そこは、やはり世界宗教の感覚とされるべきなのでしょうか。キリスト教徒といえばキリスト教徒なのであって、そのときはフランス人、ドイツ人、イギリス人、アラブ人というような国民意識、民族意識は入ってこない。イエスもキリスト教徒である限り、たとえユダヤの地に生まれても、ユダヤ人であるとは思わない。だからイエスを殺したユダヤ人に、まっすぐ反感を抱くことができるわけです。

もっとも、それは反感でしかありません。同じ根から出てきた宗教ほど、互いに反感を抱いて争うということは、あることなのだと思います。それが一方から他方への差別迫害になったという文脈で決定的だったのは、やはりキリスト教がローマ帝国に公認され、さらに国教化されたことだと思います。キリスト教は社会のマジョリティになっていきます。数の力で圧倒できるのみならず、反ユダヤ感情に国家の御墨付きが与えられた格好にもなりました。それまでは、例えば同じローマ市民権を有していれば、ユダヤ教徒とキリスト教徒との間に差はありませんでした。ところが、キリスト教の公認、さらに国教化の後は、ユダヤ教徒の市民権が制限されるようになり、いわば二級市民の位置に貶《おとし》められていくのです。

この場合のキリスト教とは三二五年のニカイア公会議で正統とされたキリスト教、アタナシウス派のキリスト教であって、異端とされたアリウス派のキリスト教ではありません。ローマ帝国外に追放されたアリウス派は、以後ゲルマン人に布教していきます。このゲルマン人が国境を侵すようになり、ついで西ローマ帝国を滅ぼし、その版図に自らの王国を建てていくのです。アリウス派のキリスト教徒として、ゲルマン人にユダヤ教に対する偏見はありません。そのまま次の時代を担うようになれば、もうローマ帝国も、帝国の国教もなくなっているわけですから、ユダヤ教の差別迫害もなくなっていたかもしれません。

ところが、ゲルマン人のなかでも、遅れてやってきたフランク族は、四九六年、クローヴィス一世（メロヴィング朝の創始者。在位四八一～五一一）のときに正統とされたアタナシウス派のキリスト教に改宗します。このフランク族が他を圧し、広大な王国を建設し、新しい時代、いうところの中世ヨーロッパの主役になったので、正統のキリスト教は社会のマジョリティたる地位を引き続き確保することができたのです。ユダヤ教に対する差別迫害も、次なる時代に受け継がれていくことになりました。

とはいえ中世初期においては、ユダヤ人に対する差別迫害は、それほど激しくありませんでした。様々な身分的制約が課されはしましたが、一方でユダヤ人は必要とされる人材でもあったのです。というのも、ヨーロッパ世界とイスラム世界の交易は、長い間ユダヤ人によって担われるものでした。先ほど述べたシナゴーグのネットワークが役に立ったからで、こうした商活動で富を蓄えたユダヤ人の富裕層もできてきます。キリスト教徒としては、交易で何か手に入れたいと思えば、ユダヤ人を頼るしかなかったため、徹底的に差別弾圧するわけにはいかなかったのです。

ユダヤ人に対する態度が大きく変化するのは、十一世紀末に始まる十字軍の時代からでした。十字軍については後でも触れますが、簡単にいえば聖地エルサレムをイスラム教徒から奪還しようという運動です。これを進めていくなかで、キリスト教徒の社会では、異教徒は敵だ、倒さなければいけない相手だという考え方が強まりました。このときイスラム教徒だけでなく、ユダヤ教徒も異教徒だ、自分たちの敵なのだと意識されるようになったのです。

例えば第一回十字軍が始まる一〇九六年には、ドイツのラインラント諸都市に築かれていたユダヤ人のコミュニティーを、十字軍に志願した者らが襲撃したという記録があります。フランスのマルセイユ、南イタリアのブリンディジといった港から船出した十字軍は、東方に向かう道々でユダヤ人の共同体を襲ったともいわれています。

十字軍が下火になっても、ヨーロッパは十四世紀半ばから断続的に、「黒死病」と呼ばれたペストの大流行に見舞われます。一説には人口の三分の一が死んだといわれますが、ユダヤ人が井戸に毒を入れたからだというデマが広範囲に流れ、このときは各地で「血の中傷」と呼ばれるユダヤ人集団虐殺が起きています。

かねてユダヤ人は「儀式殺人」をしている、などともいわれていました。キリスト教徒の少年を誘拐し、その生き血を祭儀に用いるという告発です。もちろん根も葉もないデマですが、かかる非難――血の中傷――が十二世紀半ばから急速に各地に広まっていたのです。キリスト教には聖餐式のパン（種なしパン、ホスチア）とワインは、キリストの身体と血（聖体）に変化するという「化体説」がありますが、ユダヤ人はそのパンに血を混ぜたり、赤い黴《かび》を生やしたりして、聖体を冒瀆する所業を企んでいるとの中傷もありました。それらが根づいてしまっていたので、ペストが襲来したときにも、ユダヤ人が井戸に毒を入れたというデマに結びついたのです。

コラム9　ペストとユダヤ人

ヨーロッパを襲ったペストについては様々な病因論が考えられたが、村上陽一郎

『ペスト大流行』では、そのひとつに、ユダヤ人たちが世界に毒をまいているのだという説を紹介している。なんとも荒唐無稽に思えるが、コルドバのアルフォンソという医師は、ペストの原因として「キリスト教徒の敵たちが、意図的に空気、水、食物、ブドウ酒などに毒を投入している、という『事実』」を挙げている。こうしたうわさが核になり、やがて大きな悲劇を生むことになる。

一三四九年一月、アルザスの小さな町で、ユダヤ人が悪疫（ペスト）流行の張本人であるという告発がなされた。犯人とされたユダヤ人が処刑されたことを皮切りに町民らによるユダヤ人狩りが始まり、ゲットーは焼き討ちにされ多くのユダヤ人が殺害された。ストラスブールでも同様の事態が生じ、二千人以上のユダヤ人が殺戮《さつりく》されたという。おまけに、キリスト教徒のユダヤ人に対する借財や負債は一切免除というお触れも発せられた。こうしたユダヤ人迫害の波は各地に広がり、ドイツのマインツでは一万二千人以上のユダヤ人が殺害され、自殺したという。

ユダヤ人迫害が猛威を振るうなか、時のローマ教皇クレメンス六世（在位一三四二〜一三五二）は、ユダヤ人迫害を弾劾する回勅を出し、当時教皇庁のあったアヴィニョン周辺のユダヤ人を保護した。

なぜユダヤ人は金持ちなのか

キリスト教徒には、ユダヤ人が金融業に携わることへの忌避感もありました。シェイクスピアの『ヴェニスの商人』に出てくる高利貸しのシャイロックに典型的な例をみることができますが、ヨーロッパにはユダヤ人＝金貸しというイメージがあったのです。実際、金貸しはユダヤ人が伝統的に営んできた生業のひとつですが、それも少し考えてみれば当然の話です。まずローマ帝国では市民権を制限されていたので、土地、つまりは農地を持つことができませんでした。結果、都市に暮らすしかなくなりますが、そこでも様々な制約があり、就ける職業も限られている。となれば、もともと商業民族で、富裕な者は多かったので、金貸し、金融業はユダヤ人の数少ない選択肢に挙がらざるをえなかったのです。

ここで問題となるのが、利子です。もともとキリスト教の世界では、時間の経過によって生み出される利子は、神の所有物である時間を人間が奪い取ることだとして禁止されていました。十二世紀以降、ヨーロッパでも貨幣経済が発達してくると、それも有名無実化しかけるのですが、一一七九年の第三ラテラン公会議において、再び引き締められます。利子を取る者は破門し、キリスト教徒として埋葬しない、と決議されたのです。典拠とされたのが『旧約聖書』の「出エジプト記」にみられる、次のような文言です。

《あなたのところにいる私の民、貧しい者たちに金を貸すときは、彼に対して高利貸しのよう

になってはならない。彼から利息を取ってはならない。》（二二・二四）

金融業は古代エジプトや古代メソポタミア以来、ごく普通に営まれていた職業ですが、この「出エジプト記」において金貸しで利益を得てはならないことになったわけです。ただし、「申命記」には、次のような但し書きがあります。

《外国人には利息を取って貸してよいが、同胞からは利息を取ってはならない。あなたが入って所有する地で、あなたの神、主が、あなたのすべての手の業を祝福されるためである。》（二三・二一）

この「同胞」は、キリスト教徒にとってはキリスト教徒です。キリスト教徒同士で金を貸し、また利息を取ることは許されない。『旧約聖書』の文言ですから、もちろんユダヤ教徒も従わなければなりません。ユダヤ人同士で金の貸し借りをしても、やはり利子を取ることは許されない。しかし、キリスト教徒は同胞ではないので、キリスト教徒に金を貸し、利子を取ることは、教義的に何の問題もないのです。むしろ自分たちの敵から取るのだという感覚が底にはあって、積極的にキリスト教徒にお金を貸すことになる。

借りる側のキリスト教徒にしてみれば、『聖書』で禁止されているのに利子を取られるのは腹が立つ。ユダヤ人はこんな罪深いことを、どうして平気でできるのか。そうか、イエス・キリストを殺した悪い奴らだったんだ――ということで差別意識が倍加していく。かかる悪循環で、ユダヤ人に対する差別迫害が定着していったわけです。

こうなると、人々の嫌悪感や怒り、不平不満をぶつけられるに留まらない、国家による組織的な迫害ということも起きます。例えばフランス王シャルル六世（在位一三八〇～一四二二）は一三九四年、ユダヤ人に高い税金を課し、払えない場合には財産を没収、最終的には国外追放に処するという命令を発しています。ユダヤ人追放令はイベリア半島にも確かめられます。この土地は八世紀初頭からイスラムの支配下にあったため、「啓典の民」であるユダヤ人は差別の対象とされてきませんでした。伝統的に教育レベルが高いこともあり、しばしば政府の高官に登用されていたほどです。勢いユダヤ人も多く住んでいたのですが、十一世紀からキリスト教徒のレコンキスタ（国土回復運動／国土再征服戦争）が活発化して、イスラム勢力が徐々に追われていくことになりました。一四九二年、ムスリムの最後の拠点グラナダが陥落し、イベリア半島全土でレコンキスタが完了します。すると、カスティーリャ女王イサベルと夫のアラゴン王フェルナンド王は直ちにユダヤ人追放令を発し、ユダヤ人にキリスト教に改宗するか、さもなくば国外に出ていけと迫ったのです。一四九七年にはポルトガルも、これを後追いします。

キリスト教に改宗したユダヤ人を、スペイン語で「コンベルソ（converso）」といいます。アメリカ大陸を「発見」したクリストファー・コロンブスも、コンベルソだという説があります。その真偽は措くとして、当然ながらユダヤ人のなかには、改宗を拒み、国外に出ていくことを決めた者も少なくありませんでした。この十五世紀末、イベリア半島からは十五万人に上るユダヤ人がヨーロッパ諸国に、あるいはアフリカに、オスマン帝国に移っていったといわれています。

コラム10 ユダヤ人商人の活動が記されている古文書「カイロ・ゲニザ」

ユダヤ教においてはたとえ書き損じたものでもそこに神の名前が書いてある場合には棄てずに取っておく慣習があった。そうした反古《ほご》紙はゲニザと呼ばれる文書の保管倉庫に収められていた。十九世紀末、カイロの旧市街にあるシナゴーグのゲニザから大量の文書が発見された。湯川武「ユダヤ商人と海」（家島彦一・渡辺金一編『イスラム世界の人びと――4 海上民』所収）によれば、この「カイロ・ゲニザ」の文書には、九五六年から一五三八年の六百年間にわたる時代の二十五万葉の文書が収められていた。その内容は、裁判関係、契約書、婚姻・離婚文書、遺言、財産証書、売買契約書、商業通信文、帳簿、計算書、個人の手紙……と実に多彩で、この発見は極めて学問的価値の高いものとして大きな話題になった。ことに十一、十二世紀のものが多く、その時代の、西ヨーロッパから北アフリカ、エジプト、中東、インド、中国（広州）と広範囲にわたるユダヤ教徒コミュニティー間のコミュニケーションの様子を窺うことができる。

書かれている文字はヘブライ文字、使われている言語はアラビア語とヘブライ語で、法関係はヘブライ語のものが多い。当時のイスラム世界において盛んに商業活動をしていたユダヤ人商人は、各地のユダヤ人コミュニティーと頻繁な情報交換を行い、市場の動向、輸送の問題、航海の危険性など、少しでも交易上のリスクを避けるとともに、個人的な信頼関係も高めていった。そこからみえるのは、地中海、インド洋という二つの海を自在に行き来したユダヤ人商人の逞しさである。

コラム11 ユダヤ教を国教としたハザール王国

七世紀から十世紀にかけて、カスピ海北岸から黒海北岸の草原地帯を支配していたトルコ系遊牧民のハザール王国（ハザール＝カガン国）はユダヤ教を国教としたことで知られている。もともとはトルコ系の西突厥《とっけつ》を宗主国としていたが、七世紀にその支配から脱してハザール王国を建国、王は〈可汗（カガン）〉を称した。西にキリスト教のビザンツ帝国、南にイスラムのアッバース朝という二つの大国に挟まれたこのハザール王国は東西南北の交易の要衝として栄えていた。

八世紀の初め、ブラン可汗はユダヤ教を国教とする。ハザールには以前から地中海・黒海・カスピ海周辺で活動していたユダヤ商人たちが数多く出入りしていた影響も大きかったと思われる。それに伴いシナゴーグが建設され、多くのユダヤ人学者を招聘《しょうへい》し、ユダヤ教化が積極的に進められたという。しかし十世紀以降は、北方に現れた遊牧民族やスラヴ諸公の攻撃を受けて衰退し、ハザール王国は歴史から姿を消した。故郷を失ったハザール人たちは流浪の民となり、この流浪の民が「アシュケナージ」と呼ばれる東欧系ユダヤ人の祖先ではないかという説などもあるが、その実態は謎に包まれている。

セルビアの作家ミロラド・パヴィチは、このハザールを題材にして『ハザール事典』（原著一九八四／邦訳一九九三）という小説を著した。ハザール族がキリスト教、イスラム教、ユダヤ教と次々に改宗したことを踏まえて、その改宗問題について語った項目を収めた事典という形式を用いたユニークな小説だ。しかも、キリスト教関連の項目を集めた赤色の書、イスラム教関連の項目を集めた緑色の書、ユダヤ教関連の項目を集めた黄色の書という三部構成で、なおかつ男性版、女性版の二つの版に分かれているという凝りようだ。

第二章　俗化するローマ・カトリック

ノートルダム大聖堂――二〇一九年四月に大きな火事に見舞われましたから、その名前を耳にされた方は多いと思います。けれど、あれはパリのノートルダム大聖堂であって、ノートルダム大聖堂と呼ばれる建物はランスにも、シャルトルにも、ルーアンにも、それこそフランス中どこにでもあるということは、ご存じでしょうか。

どういうことかといいますと、ノートルダムとは「ノートル（私たちの）」と「ダム（御婦人）」だからです。マダムが「マ（私の）」と「ダム（御婦人）」であるのと同じで、固有名詞というわけではありません。では、その「私たちの御婦人」とは誰かといえば、これが聖母マリアのことなのです。

ノートルダム大聖堂というのは、要するに聖マリア教会のことです。日本にも聖マリア教会がありますね。それをフランス語でノートルダム教会といっても、間違いということにはなりません。

とにかく、どこにでもあります。しかし、それをいうなら、ひとり聖マリアに留まらず、キリスト教の教会は聖〇〇ばかりです。ローマ教皇庁にあるのはサン・ピエトロ（聖ペトロ）大聖堂、ロンドンにあるのはセント・ポール（聖パウロ）大聖堂、ケルンにあるのはザンクト・

ペーター・ウント・マリア（聖ペトロとマリア）大聖堂といった具合です。キリスト教の教会は、ほとんどが聖人に捧げられている。しかし、ここで戸惑います。キリスト教は一神教ではなかったのかと。

他の一神教、ユダヤ教やイスラム教では考えられません。ユダヤ教に聖人はなく、あるのは預言者だけですが、この預言者にもシナゴーグを捧げたりはしません。イスラム教には預言者がいて、実は少数ながら聖人もいるのですが、やはりそれらにモスクを献じたりはしません。

仏教なら釈迦堂とか、阿弥陀堂とか、観音堂とか、いろいろな仏に捧げられていますね。これは多神教ですから、なんの不思議もありません。厳密にいえば菩薩は仏ではありませんが、いずれ仏になる者ということで、やはり区別なく拝まれています。

そうすると、キリスト教の聖人も、いずれ神になるものなのかというと、一神教ですから教義的にありえない。キリスト教の口上としては、三位一体の神は崇拝するのであって、聖人は崇敬しているだけだとなるのですが、どうにも苦しい感は否めません。突き詰めれば、異端と退けられるべきではないかと思いますが、それが罷《まか》り通るのには止むにやまれぬ事情があったようです。

なぜキリスト教には聖人が沢山いるのか

ローマ帝国の東西分裂によって、キリスト教も東のギリシャ正教会と西のローマ・カトリック教会に分かれてしまうことになりました。その後、西ローマ帝国は四七六年に滅亡してしまいましたが、それにもかかわらず西方教会は存続し、のみならず今度はゲルマン人の間に勢力を拡大していったと、そこまで前述しています。他方の東方教会ですが、こちらは東ローマ帝国が健在なので、変わらない国教の地位において、皇帝との二人三脚を続けます。その名のとおり伝統的なギリシャ文化圏の宗教なわけですが、こちらも九世紀末からは、北の地域のスラヴ人の間に勢力を拡大していきます。

少し歴史を先回りしてしまいます。関連でいうと、東ローマ帝国——歴史書では「ビザンツ帝国」と呼ばれることが多くなりますが、こちらも一四五三年に滅亡してしまいます。オスマン帝国に征服されてしまうわけですが、このとき首都のコンスタンティノポリス（コンスタンティノープル）に置かれていた総大司教座は、スラヴ人の土地に難を逃れて、モスクワに移されました。

ここで教会組織の話をしますと、西方教会は「ローマ・カトリック教会」という名前で定着していることからもわかるように、ローマ教皇を頂点としています。ローマ教皇も最初はローマ司教にすぎず、他の司教と横並びだったのですが、そこはローマ帝国の都の教会だということで、次第に首位権を獲得していったのです。単に権威の地位であることに満足せず、ローマ教皇は自らの下に枢機卿、大司教、司教、司祭、助祭と序列を拵《こしら》え、教階制（聖職位階制、ヒエラルキア）に基づく、ピラミッド型の組織を造っていこうとします。末広がりの組織ですから、どんなに大きくなったとしても、頂点はローマ教皇のみ、その一点に収斂《しゅうれん》していこうとするわけです。

ギリシャ正教会のほうは、そこまで厳格なピラミッドは造りませんでした。ギリシャ正教会、ロシア正教会、セルビア正教会、ルーマニア正教会、ブルガリア正教会、グルジア正教会といった風に、現在まで地域ごとに分かれています。二〇一八年にはモスクワ正教会から独立して、ウクライナ正教会が創設されました。東方には正教会に属さない教会も、コプト教会、アルメニア教会、シリア教会、エチオピア教会と数えられます。古代に広まったキリスト教が、そのまま後々まで残ったのです。一枚岩であり続けようとした西方教会に対して、東方教会では緩やかなまとまりで、広く正教（オーソドックス）の世界をなしていたといえるでしょう。

いずれにせよ、さすが世界宗教といった広がり方です。同時によくぞ受け入れられたものだ、人々の抵抗はなかったのかと、今さら首を傾げてしまう部分もなくはありません。イスラム教のムハンマドも、最初はメッカに受け入れられず、メディナ移住を余儀なくされています。多神教の世界にあって、一神教は簡単に馴染めるものではないのです。キリスト教の場合にせよ、広まったギリシャ世界、ローマ世界、ともに元々は多神教の世界でした。実際、キリスト教が公認されて間もなくには、「背教者ユリアヌス」が抵抗感をはっきりと示しています。さらに国教化されたとはいえ、どうしてキリスト教は多神教の世界に受け入れられたのか。

その秘密のひとつが天使、なかんずく数多くいる聖人だったと思われます。天使というのは文字通り神に遣わされてくる存在です。英語の「エンジェル」で、元を辿ればギリシャ語の「アンゲロス」に行きつきますが、それは「伝令」の意味です。千人いるともいわれますが、名前が認められているのは、西方教会はミカエル、ガブリエル、ラファエル、ウリエルの四人、これに東方教会はセラフィエル、イェグディエル、バラキエルを加えて、全部で七人としています。

さらに多いのが聖人です。教会に「聖人認定」された人が聖人ですが、それも殉教者を記録したのが始まりのようです。ローマ帝国による四世紀の公認、さらに国教化で、迫害の時代が終わりを告げると、殉教者は少なくなっていきますが、かわりに証聖者が増えていきます。聖なる行いをした人のことで、その行いも多種あって細かく規定されていますが、いずれにせよ聖人は無数にいるし、無数に増やすことができるのです。

これら天使たち、聖人たちが多神教の世界のニーズに応えました。それらは守護天使、守護聖人として、しばしば現世利益を約束する存在に位置づけられるからです。例えば大天使ガブリエルは旅人の守護天使でした。ローマ皇帝ディオクレティアヌス（在位二八四〜三〇五）、およびマクシミアヌスに仕えた親衛隊長セウァスティアヌスは、死後に聖セウァスティアヌスとして兵士の守護聖人とされました。人々が旅の安全を、あるいは戦の無事を望んだとき、それまで祈りを捧げてきた神々には祈れなくなったけれど、かわりに大天使ガブリエルに祈れる、聖セウァスティアヌスに祈れるので、キリスト教の世になっても困らないと、そういうことです。活動や職業のみならず、国や地方といった土地、何月何日といった日々にも、守護天使、守護聖人はいます。これらを利用しながら、キリスト教は多神教の世界に広まっていくために、自らに多神教の要素を取りこんでいったのです。

その取りこみは、ときに露骨なくらいでした。現在も十一月一日は「諸聖人の祝日」とか、「万聖節」とか呼ばれて、誰と特定しない聖人一般の祭日になっています。定めたのがローマ教皇ボニファティウス四世（在位六〇八〜六一五）で、六〇九年のことでしたが、それはローマのマルス広場にあるパンテオン、つまりは「万神殿」を、キリスト教の教会として復活させるためだったのです。万神に対する信仰を万聖に誘導していく――まさに臆面もありません。

キリスト教というのは、やはり人間中心の宗教で、人に合わせられるのが強みだったといえそうです。しかし、合わせる人が違えば、キリスト教の中身も違ってくる可能性があります。違わないよう正統と異端を定め、統一を図る仕組みになっていましたが、それも東西に分かれては、互いにはコントロールが利かなくなります。

前で西方ローマ・カトリック教会はゲルマン人に布教していくと述べましたが、その過程で今度はゲルマン人の土着宗教を巧みに取りこんでいます。ゲルマンの神々も、キリスト教の天使や聖人に置き換えられます。西方ではとりわけ聖母マリア信仰がさかんですが、これもゲルマン人の地母神信仰と聖母マリアを巧みに融合させたものだといわれます。もちろん聖母マリアは東方教会でも尊ばれますが、西方ほどではありません。

ヨーロッパ北方の教会内部が薄暗いのは、ゲルマンの森を再現しているという説もあります。ステンドグラスの光は森の木漏れ日だというのです。さらにいえば、うなだれたイエス・キリストの磔刑像は、ゲルマン人が森の神に捧げた生贄のかわりと解釈されます。ゲルマン人たちは古くからの信仰空間にいるような気持ちで、キリスト教に帰依することができたわけです。

これが東方教会だと、だいぶ趣が違います。十字架のイエス・キリストは、磔刑に処されていますから、もちろん元気ではありません。しかし、祭壇に掲げられるイコンの多くは明るく潑剌《はつらつ》たる表情で信者を迎えてくれるのです。何の予備知識もない人が訪ねたら、どちらも同じキリスト教の教会だと思うだろうかと、ちょっと疑問なくらいです。

コラム12　守護聖人

守護聖人とは、キリスト者の守護となる聖人。守護する対象は、個人、職業、場所、国など様々である。カトリックの暦には、一月一日の聖母マリアに始まり十二月三十一日の聖シルベストロ一世教皇まで、数多くの守護聖人の日がもうけられている。二月十四日は、ヴァレンタイン・デイで知られる聖ヴァレンタインの祝日。三世紀半ばローマで布教活動をしたヴァレンタインは、非公認のキリスト教を布教した廉《かど》で拷問の上斬首刑に処された。ヴァレンタインは病気の子供を癒やしたことで子供を病気から守る守護聖人となる。その他家畜や養蜂家の守護聖人ともされている。二月十四日は古代ローマの女神ジュノーの祭日に当たり、ジュノーは愛、結婚、家庭の守り神であり、この日には家庭にいる女性たちに花が贈られる慣習があった。これらの慣習が習合して現在のヴァレンタイン・デイになったとされる。

十二月六日は、サンタクロースの起源とされる聖ニコラウスの祝日。ニコラウスには様々な伝説があり、嵐に遭遇した船乗りたちがニコラウスの名を呼んで助けを求めたところ、その場にニコラウスが現れ危難を救った。そこからニコラウスは航海・船乗り・貿易業者の守護聖人となった。また、息絶えた三人の子供を蘇生させたり、死んだ学生を生き返らせたことから、学生・子供の守護聖人ともされている。ニコラウスにはその他の伝説も多く、パン屋、質屋の守護聖人でもある。

その他の守護聖人とその守護対象をいくつか挙げてみよう。アウグスティヌス＝印刷工、ビール製造業、アポロニア＝歯科医、ゲネシウス＝俳優、秘書、法律家、ドミニクス＝仕立屋、天文学者、フロリアヌス＝消防士、マタイ＝会計士、銀行家、集税吏、ヨセフ＝大工、ルカ＝医者、画家など。ただしこうした守護聖人への信仰はカトリック、正教会が主で、プロテスタントには一部にしか見られない。

なぜローマ・カトリック教会は権力をふるえたのか

東西教会には信仰のあり方とか教会の様式に留まらない、もっと大きな違いがあります。それは実世界における権力、政治力の有無ということです。西ローマ帝国だけが滅亡しましたが、それが西方ローマ・カトリック教会だけを大きく変えることになったのです。

西ローマ帝国が滅ぶと、その版図に東ゴート族、ランゴバルド族、西ゴート族、ヴァンダル族、ブルグント族と様々な部族がやってきて、それぞれに王国を建てます。有名な「ゲルマン民族大移動」で、もう世界が一変した気もするのですが、一度落ち着いてみましょう。ゲルマン人たちは、あくまでも外来者です。移動してこられただけ、人数も限られています。それが王国を建てたといっても、住民の圧倒的多数はかつてのローマ市民なのです。イタリアから入植したローマ人、ガリアやヒスパニアには元から住んでいたケルト人もいたでしょう。いずれにせよ、ローマ市民が住んでいたところにゲルマン人がやってきて、支配者として君臨しただけです。

とはいえ、ローマ帝国がなくなったなら、もうローマ市民とは呼べなくなる。では何と呼ぶべきかといえば、〝キリスト教徒〟です。キリスト教はローマ帝国の国教でしたから、ローマ市民＝キリスト教徒だったのです。支配者が変わったからといって、人々の信仰が変わるわけでもありません。ゲルマン人の襲来で激動の時代を迎えたことを考えれば、その不安からかえって信仰に強く縋《すが》ることになったでしょう。キリスト教は存在感を増したくらいだったと思われます。

ゲルマン人が支配することになったのは、そのキリスト教徒の国でした。とはいえ、移動してきた少数で、そこに暮らしていた多数をどうやって支配するのか。ここで注意したいのは、東ゴート族、ランゴバルド族、西ゴート族、ヴァンダル族、ブルグント族という呼び方です。みんな○○族です。○○国ではなく○○族だというのは、未開の野蛮人とまではいわないまでも、国家という高度な組織を運営した経験はない、それどころか大多数が読み書きも計算も知

『詳説世界史図録』第3版(山川出版社)、『標準世界史地図』増補版(吉川弘文館)を参考に編集部作成

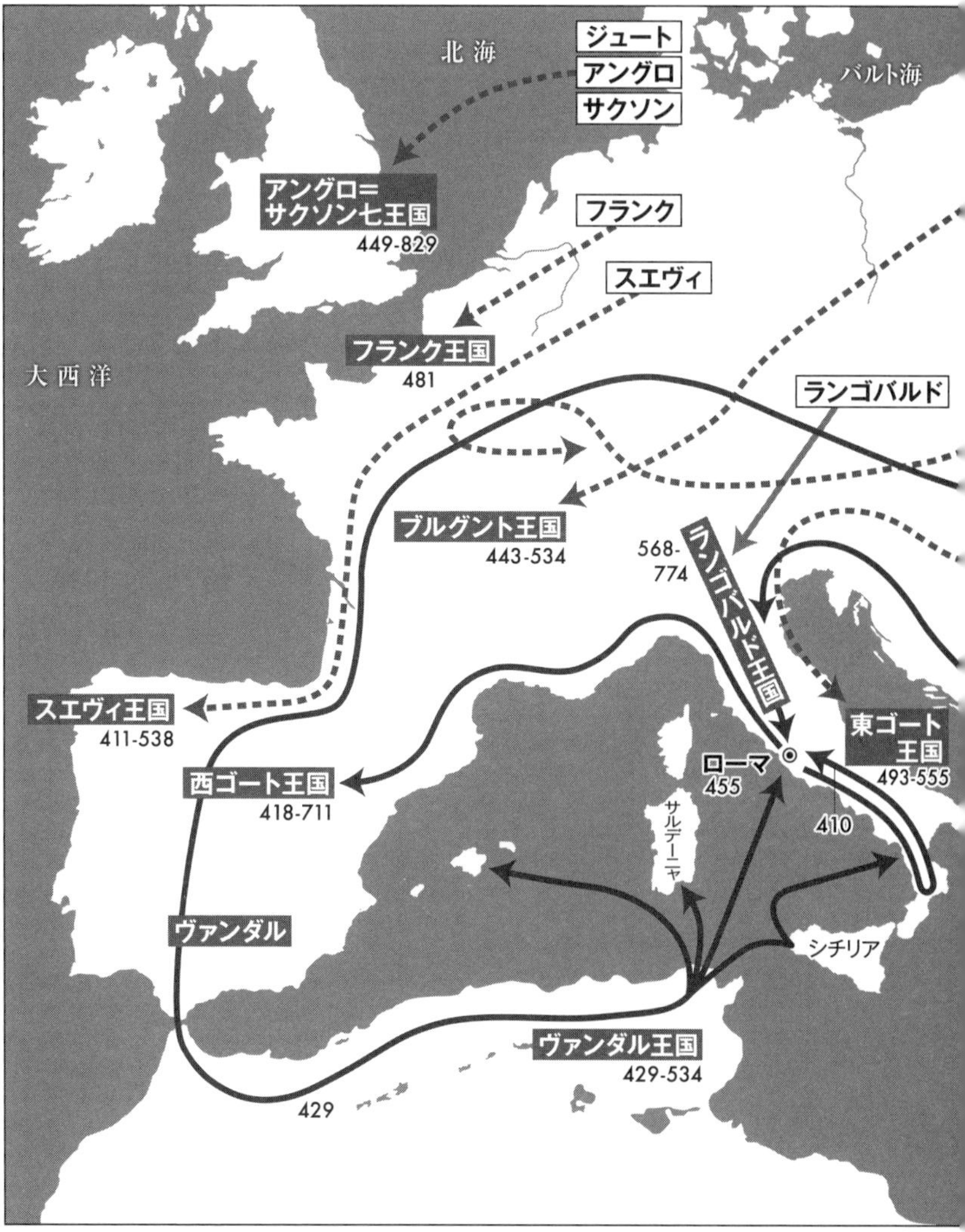
北 海
ジュート
アングロ
サクソン
バルト海
アングロ＝
サクソン七王国
449-829
フランク
スエヴィ
フランク王国
481
大 西 洋
ランゴバルド
ブルグント王国
443-534
568-
774
ランゴバルド王国
東ゴート
王国
493-555
スエヴィ王国
411-538
ローマ
455
西ゴート王国
418-711
410
サルデーニャ
ヴァンダル
シチリア
ヴァンダル王国
429-534
429

ゲルマン人の大移動

らない非文明人だったからなのです。それでも戦闘力が高ければ戦争に勝てるし、戦争に勝てば国を取れる。だから落ち着き先では、それぞれに王国を建てるのですが、しかし、それを支配し、国として治めていくというのは、全く別な営みです。

事実、ゲルマン人が建てた国は、一部の例外を除いて、いずれも短命で終わっています。どうすればうまく統治できるだろうか。誰か頼れる人間はいないだろうか。そうやって見回したとき、見つけたのがローマ・カトリック教会でした。西ローマ帝国が滅んで、なおキリスト教が残るからには、その版図にあった西方教会も残るのです。

これが非常に役に立ちました。まず教会には聖職者がいます。概して知的レベルが高く、当然のように読み書きできるし、計算だって苦手ではない。さらに教会は日常的に聖務を行っていました。例えば聖職者は信徒に秘蹟＝サクラメントを与えます。カトリックには洗礼、堅信、聖餐（聖体）、ゆるし、叙階、婚姻、癒しの七つの秘蹟があります。そのなかの洗礼は、子供が生まれたときに施すものなので、出生届のかわりになります。結婚式も教会で挙げますね。祭壇の前で永遠の愛を誓うという、これが婚姻の秘蹟ですが、やはり婚姻届を出すのと同じです。癒しの秘蹟——終油の秘蹟とも呼ばれますが、臨終の際に懺悔を聞き届けゆるしを与えるというものです。これは死亡届になりますし、もちろん葬式も教会で挙げられます。そうした変更や移動の全ては洗礼簿に記録されますから、教会は戸籍を管理していたのと同じともいえるでしょう。

要するに教会は役所の機能を果たすことができた。ローマ帝国という行政がきちんと機能していれば、それも宗教上の意味しか持たなくてよかったのですが、今や文治の機能が積極的に期待される時代になったのです。教会の協力を得られれば、うまく国を治めていける、自分たちもキリスト教徒なのだから、協力してくれないわけがないと、ゲルマン人たちは考えたかもしれません。ところが、ゲルマン人に最初に布教したのは、異端としてローマ帝国を追放されたアリウス派でした。帝国の版図にいたのは正統アタナシウス派の教会ですから、そこは折り合うことができません。多くの国が短命に終わった所以です。

ここで登場するのが、フランク王クローヴィス一世です。フランク族のメロヴィング家の出身で、フランク王国の初代国王ですが、四九六年に洗礼を受けて、正統アタナシウス派のキリスト教に改宗します。フランク族は「ゲルマン民族大移動」の後発組だったので、アリウス派の浸透が進んでおらず、さほどの抵抗感も覚えずアタナシウス派を受け入れることができたのです。おかげでクローヴィスは、ローマ・カトリック教会の協力を得ることができました。それは非常に大きなアドバンテージで、フランク王国はほぼ独り勝ちの状態になっていきます。

後で詳しく触れますが、八世紀にはイスラムがヨーロッパに侵攻してきます。その猛威を止めたのが、フランク王国の宮宰カール・マルテル（六八六〜七四一）でした。七三二年のトゥール・ポワチエの戦いに勝利したからですが、この、今の西フランスにあたるラインで、ようやくヨーロッパを守ったということです。その南のイベリア半島にあった西ゴート王国、そのまた南の北アフリカにあったヴァンダル王国と、ゲルマン諸国が軒並みイスラムに倒されていくなか、フランク王国だけが健闘できた。それも、ローマ・カトリック教会の下支えで国の統治が滞りなかった賜物といえるでしょう。

カノッサの屈辱とは何か

クローヴィス一世が開いたメロヴィング朝は、七五一年にカロリング朝に変わりますが、フランク王国は続きます。新たな画期をなしたのが、カール一世（在位七六八～八一四）でした。前でも触れましたが、フランク王であるのみならず、西ローマ皇帝の位にもついたので、カール大帝であるとか、フランス語でシャルルマーニュとか呼ばれます。八〇〇年の十二月二十五日のクリスマス、ローマのサン・ピエトロ大聖堂において、ローマ教皇レオ三世（在位七九五～八一六）の手で帝冠を授けられたわけですが、カール大帝自身はあまり乗り気でなかったと伝えられます。東ローマ帝国の敵意を買うのは明らかだったからですが、それでもローマ教皇の薦めを断ることはできなかった。フランク王国とローマ・カトリック教会の協力体制あるいは癒着は、もう簡単には解けないくらいになっていたということでしょう。

ちなみに戴冠式ですが、現在でもたとえばイギリス国王のそれは、ウエストミンスター寺院で行われます。フランス国王も代々ランス大聖堂で戴冠しました。ナポレオンがフランス皇帝になるときも、パリのノートルダム大聖堂でした。皇帝でも、王でも、戴冠式は教会でやるのが当たり前の感がありますが、実はカール大帝以前に、キリスト教の聖職者の手で戴冠した君主はいません。古代ローマ帝国の皇帝を考えても、キリスト教を長く迫害していたわけですから、その聖職者の手で戴冠されたわけがありません。それはキリスト教が公認されても、国教化されても変わりませんでした。

カール大帝と同時代であっても東ローマ帝国のほうは、皇帝即位にギリシャ正教会の聖職者など介在させていません。それなのにローマ・カトリック教会があるところでは、これ以後聖職者による戴冠が定式化していく。統治を下支えしたといいますが、その教会が今や皇帝や王の位、つまりは支配者の位を承認するような立場にまでなったのです。

カール大帝の時代は、いわゆる中世ヨーロッパの形ができた時代といえます。この中世ヨーロッパは教会が強かった、教会が非常な権力を持っていたと、世界史の教科書にも書かれていると思います。ローマ教皇は宗教的な指導者であるのみならず、政治的指導者の役割も果たしていたとも。わかるようなわからないような書き方ですが、それも皇帝や王は軍隊と警察、教会は役所だったと考えると、なるほど強大な力を持っていたろうと納得できます。

司法はどうでしょうか。中世ヨーロッパでは、行政は司法の形で表れたといわれるほどですが、ならば裁判はどうなっているかとみてみますと、何かを盗んだとか、誰かを殺したとかの罪を裁く、いわゆる刑事裁判は皇帝または王の役人、でなければ土地の領主が行っています。しかしながら、いわゆる民事裁判については、ほとんどローマ・カトリック教会が担っていました。

学術的には裁判権ではなく「教会裁治権」といいますが、カノン法というキリスト教の精神に則して教会が定めた法律があって、それに基づいて様々な係争が裁かれたのです。教会には判事も、検事も、弁護士もいました。いずれも聖職者がつきますが、十一世紀以降に大学ができてくると、そこできちんとカノン法を修めています。私の『王妃の離婚』という小説は、中世の離婚裁判を扱ったものですが、婚姻関係もやはり民事ですから教会が扱いました。民事裁判といえば、多いのが相続案件ですが、これも少なからずが死を管轄する教会で裁かれています。教会といっても、ローマ・カトリック教会が扱うのは魂の問題、心の問題だけではなかったのです。これだけ大きな役割を果たしていれば、もはや対等のパートナーとして、皇帝や王と共同統治を行っていたといえます。中世ヨーロッパでは教会が強かったといわれれば、なるほど、ますます大きく頷くしかありません。

カール大帝はブリテン島を除く西ヨーロッパ全土を、ほぼ支配下に治めます。しかし、その後は東フランク、中フランク、西フランクに分かれてしまい、それぞれドイツ、イタリア、フランスと別々の国になる道を進みます。ローマ・カトリック教会のほうは、ローマ教皇下の一元的支配を維持、いや、むしろ徹底して、そのピラミッド組織を完成の域に高めようとします。世俗の君主たちはといえば、教会依存を改めるどころか、こちらもそれを強めるばかりでしたから、ここに問題が生じてしまいます。いわゆる「叙任権闘争」です。

東フランク王国ザクセン朝の第二代、ドイツ王で、初代神聖ローマ帝国皇帝であるオットー一世（在位九六二〜九七三）は、司教をはじめとする高位聖職者の任命権を握ることで、自らの中央集権体制を確立しようとしました。司教というのは司教区の長です。司教区というのはローマ・カトリック教会の地方管区ですが、帝国ないしは王国にしてみれば、先の説明のように自らの行政管区ともなるわけです。つまり司教は地方文治の要、今日の知事のようなものです。これに身内や側近の者をつけられれば、君主の支配は安定すること請け合いです。

もうひとつ、聖職者には優れた人材が集まるので、そこから側近に取り立てる場合も少なくありませんでした。宰相、大臣、外交官と使い出がありますから、重く用いたいとも思います。ならば司教に任じることだとなるのは、司教は司教区から上がる莫大な収入を手にすることができたからです。が、あくまで教会の支出なので、君主の懐《ふところ》は痛まない。自分で報酬を払わずして、有能な人材を使い放題なのですから、なおのこと司教の任命権は手に入れたい。ところが、その司教はあくまで聖職者です。

それはローマ・カトリック教会が――究極においてはローマ教皇が任命するものです。当たり前の話のようですが、ただゲルマン人の間では慣習的に、教会が私有地に建てられた場合は、その聖職者を領主が任命できることになっていました。この権利を司教ら高位聖職者にも拡大して、オットー一世は自らの影響力を強めていこうとしたわけです。教会側にいわせれば、とんでもない話です。聖職者の叙任権を俗人君主が握れるはずがない。そうでなくとも、もともと教会側は教皇下の一元的支配を徹底するつもりなのですから、認められるわけがない。要するに、ひとのものに手を出すなということです。

かくて神聖ローマ皇帝とローマ教皇の間に叙任権を巡る争いが起こります。教皇側が繰り出したのが、破門の宣告でした。英語で「エクスコミュニケーション（excommunication）」といいますが、つまりは教会とコミュニケーションさせない、キリスト教の世界から除外するということです。それの何が困るといって、同時に皇帝の領内における全ての聖職者に聖務停止が命令される点です。そうなると、今日にいう役所が閉まるのと同じ状態になります。家庭裁判所も閉鎖になる。なお平気と強がっても、やはり閉口させられるのは、葬式もできなくなることでした。葬式ができないので、埋葬もできません。教会の墓地を使うことも許されないので、あちらこちらに死体が山積みの状態で、ひどい悪臭を放つという有様になってしまう。現代でもヨーロッパの都市などでは、ストライキで収集が止まり、街中にゴミが溢れることがありますが、中世の聖務停止は、それどころでない惨状を社会にもたらしたのです。

この叙任権闘争に決着をつけたのが、有名な「カノッサの屈辱」です。ローマ教皇グレゴリウス七世（在位一〇七三～一〇八五）は一〇七五年、俗人による聖職叙任を禁ずる布告を出します。反発したのが神聖ローマ帝国皇帝のハインリヒ四世（在位一〇五六～一一〇五／六）で、直ちに教皇の辞職を要求します。グレゴリウス七世は返す刀で、ハインリヒ四世に破門と廃位を通告します。一〇七六年のことですが、これが実に堪えるわけです。

ハインリヒ四世は一年と持ちこたえられず、一〇七七年一月末に北イタリアのカノッサ城に向かいます。破門を解いてもらうため、滞在中のグレゴリウス七世に面会を求めますが、教皇は会おうとしません。それでもハインリヒ四世は三日というもの、粗末な修道衣と裸足で雪のなかに立ち続けます。そこまでして、ようやく教皇に赦される。そこまでしても、皇帝は赦されなければならなかった。哀しいかな、頼る者より頼られる者のほうが、やはり強いということです。

この事件で長年の叙任権闘争は、ひとまず雌雄を決しました。のみならず、ヨーロッパ世界の指導者は皇帝でなく教皇なのだと、それもはっきりしてしまいました。この一〇七七年のカノッサの屈辱からインノケンティウス三世（在位一一九八〜一二一六）の時代までが、ローマ教皇権の最盛期といわれています。インノケンティウス三世は「教皇は太陽、皇帝は月」という言葉を残しています。実際、ドイツ皇帝の選挙に干渉し、イングランド王ジョンとフランス王フィリップ二世を破門して、言葉通りに世俗君主に対する教皇の優位を貫きました。

第三章　繁栄のイスラム

子供が好きだったので、東京ディズニーランド、東京ディズニーシーには何度か行きました。私自身は絶叫マシンが好きというわけでなく、むしろ苦手なのですが、それでも嫌々ながらだったかといえば、それなりに楽しめていました。あちらこちら歩き回るうちに、なんだか方々を旅する気分になれたからです。

わけてもシーは楽しい。ランドのほうはアメリカ中心ですが、シーは世界各地が再現されているからです。地中海、アメリカ東海岸、大西洋、中米と気分にひたって、あげく目を見張らされたのが、「アラビアンコースト」でした。

何に驚くかといって、そのきらびやかにも豪華絢爛な様にです。地底、海底、古代遺跡は、比べるまでもありませんし、アメリカの鉄筋文明は元から趣が違います。素敵だなと素直に思えるイタリア風の街並みと比較しても、その中東を再現した一角は圧倒的に光り輝いているのです。

映画の『アラジン』などをみてもそうですが、ターバンを巻いた額には必ずといっていいほど宝石が輝いていますし、それをいえば短刀の柄にも、杖の握りにも、もちろん指にも、手首にも、首にも色とりどりの輝きがあります。それらの縁取りというのが、いちいち金色だったりもします。その光り輝く装飾は、宮殿、モスク、ミナレット（モスクに付随する高い塔）といった建築物にも、ふんだんに使われます。回転木馬ひとつ取っても、「キャラバンカルーセル」として演出されると、たちまち豪華な感じになってしまうのです。絨毯だって空を飛べるというだけで凄いのに、手の込んだ模様の金糸刺繡が隅々まで施されている。

これでもかと贅《ぜい》の限りを尽くして、あっさり好みの日本人の感覚からすると、ごてごてしている気がするほど、その世界は鮮やかな極彩色に、眩《まばゆ》いほどの黄金色に満ち満ちています。往時のイスラム世界というのは、まさに桁違いの繁栄をほしいままにしていたのだなあと、ディズニーシーに行っても感じ入らずにおれません。

カリフとは何か

メッカからメディナに移ったムハンマドは、信仰共同体＝ウンマを維持していくため略奪＝ガズウに乗り出し、そこで力を蓄えて、最後はメッカに攻め入りました。結果的には征服活動です。ムハンマドは宗教的な指導者であると同時に、政治的な指導者、世俗の権力者になったということもできるでしょう。

実のところ、ムハンマドのもとでウンマは、どんどん大きくなりました。ヒジャーズ地方、いや、アラブの地にしてみたところで、大国の狭間にある権力の空白地帯だったので、まさに凄まじい勢いで拡大していきます。ムハンマドの晩年にはアラビア半島の統一さえみえてきました。ところが、ムハンマドは六三二年に亡くなります。すると、これだけ大きくなったウンマを誰が統率していくのか、どういう形で指導者になるのかが、大きな問題になります。

歴史の教科書では、ムハンマドの死後は「正統カリフ時代」(六三二〜六六一)とされています。この「カリフ」はアラビア語の「ハリーファ」から来ていて、元々の意味は代理人とか後継者です。初代カリフのアブー・バクル(在位六三二〜六三四)が「神の使徒の代理人(後継者、ハリーファ・ラスール・アッラーフ)」と名乗ったことから、以後ウンマの代表者はハリーファ(カリフ)と呼ばれるようになったのです。「神の使徒」とはムハンマドのことですから、要するにカリフとは「ムハンマドの後継者」のことです。

とはいえ、ムハンマドは神の使徒で、しかも最後の預言者です。ゆえに宗教的指導者だったのですから、その地位を引き継ぐことはできません。継承できるのは、ムハンマドの政治的指導者としての資格のみです。カリフ制とは、政治的指導者としてのムハンマドの後継者を、首長に据えた体制なのです。カリフ自身に宗教的権威はなく、権限としても宗教的な行事を主宰する程度しかありません。

では、そのカリフに誰がなるのか。ムハンマドは二十五歳でハディージャと結婚しましたが、この年上の妻の死後、実は十人を超える妻を娶っています。ハディージャとの間には二男四女が生まれますが、男の子は二人とも幼くして亡くなり、成人したのは四人の娘だけでした。他にマーリヤという後妻が産んだ男の子がいましたが、やはり二歳にならずに亡くなっています。息子が後を継ぐという、ありがちな形を取ることはできず、かくてアブー・バクルが初代カリフになりました。アブー・バクルはムハンマドと共にメッカを離れた古参の信徒で、娘のアイーシャはムハンマドの後妻のひとりとなっていましたから、義父ということにもなります。まずは順当な選任だったといえるでしょう。

ときにアラビア半島の諸部族は、イスラムへの入信を含めた盟約をムハンマドと結んでいました。ところが、ムハンマドが死んでしまうと、その盟約を破棄する部族が続出します。背教＝リッダと呼ばれる出来事ですが、それらリッダの民を鎮めるとともに、再びウンマに組み入れることがカリフ、アブー・バクルの仕事になりました。ムハンマドの時代の結びつきは、後にリッダが起こるくらい緩やかなものでしたが、このリッダを収束させていく過程で、イスラム共同体がアラビア半島の統一的な政治体制として、確固たるものに変わっていったのです。

ところが六三四年、在位僅か二年にして、アブー・バクルは亡くなります。二代目カリフには、その盟友で、やはり古参信徒であったウマル・イブン・ハッターブ（在位六三四〜六四四）が就きました。このウマルの時代に、イスラムの「大征服」時代が始まります。ムスリムはアラビア半島の外に打って出るわけです。なぜ外に出るかというと、やはりアラビアは産業が乏しく、生計を立てるには砂漠を渡る商業か、隊商を襲うくらいしかないからです。ということは、アラビア統一をしてしまうと、もう外に出ていくしかないのです。

大征服の幕開けが、パレスチナ北部で行われたヤルムークの戦い（六三六）でした。イスラム軍はビザンツ帝国軍を撃破、六三八年にはエルサレムを占領します。ムハンマドの死から六年で、ここまで勢力を伸ばしたのです。六四二年にはエジプトに侵攻して、アレクサンドリアを占領します。このときムスリムが新たな都として建てたのがカイロです。カイロという名前はアラビア語の「アル・カーヒラ（勝利者）」に由来しており、勝利を記念した命名であることがわかります。

ムスリムは東方にも進出します。そこにあったのが、ササン朝ペルシャでした。ビザンツ帝国と覇を競うほどの大国でしたが、これにも少しも臆しません。ムスリムは六三五年、カーディシーヤの戦いでペルシャ軍に大勝し、首都のクテシフォンを陥落させます。六四二年のニハーヴァンドの戦いでもペルシャ軍を破り、勢いづくまま六五一年には、ササン朝を滅亡させるところまで行くのです。

六二四年のバドルの戦いは、メディナに逃れた移住者と援助者（アンサール）で、元いたメッカ軍勢を破った記念碑的な戦いですが、このときムハンマドたちは総勢でも僅かに三百人でした。それからまだ二十年しかたっていませんが、もうムスリムの勢力はアラビア、シリア、エジプト、メソポタミア、ペルシャにまで拡大していたのです。驚くべきスピードとしかいいようがありません。

ムハンマドが大天使ジブリールの啓示を受けてからでも三十年余――これだけの飛躍を遂げたのですから、ムスリムたちは自分たちの信仰はやはり正しいのだと自信を深めたに違いありません。周囲からは、ムスリムたちには特別な力が与えられているようにみえたことでしょう。となれば、自分も加わりたいと、イスラム教に入信する者が増える。ますますウンマは大きくなっていく……と、その繰り返しだったのだと思われます。

六四四年十一月、ウマルはメディナのモスクで、ペルシャ人捕虜に刺殺されてしまいます。後を継いだのが第三代カリフ、ウスマーン・イブン・アッファーン（在位六四四～六五六）でした。イスラムの拡大を受けて、ウスマーンが『クルアーン』の正典化を進めたというのは、前で触れたとおりです。アラビア語を母語としない地域にも広まっていたので、これまでの口承による朗誦では、もう限界だったのです。

このウスマーンの時代においても、イスラムの勢いは止まりませんでした。六四七年にはビザンツ帝国の北アフリカ領土に侵攻が始まり、ベルベル人（北アフリカのベルベル語を話す先住民族）とビザンツの連合軍を撃破して、現在のチュニジア、さらにリビアのトリポリあたりまで進みます。六四九年には地中海に乗り出して、キプロス島を占領します。また小アジアにも進出、アルメニアに向かい、ウスマーンも拡大路線をひた走ったことがわかりますが、急速な拡大は内部に軋轢《あつれき》を生じさせることになりました。六五六年、不満を抱いたアラブ人の一団が反乱を起こし、ウスマーンを暗殺してしまいます。

最後の正統カリフが第四代のアリー（在位六五六～六六一）ですが、その話に入る前に、ムハンマドの後継者の意味でしかなかった「カリフ」が、なにゆえ君主の称号に近いまでになったのか、それを考えてみたいと思います。

何度も触れてきたガズウですが、これにより獲得した戦利品――ガニーマといいますが、より詳しくは分配可能な不動産のことで、分配不可能な不動産の戦利品はファイといいます――

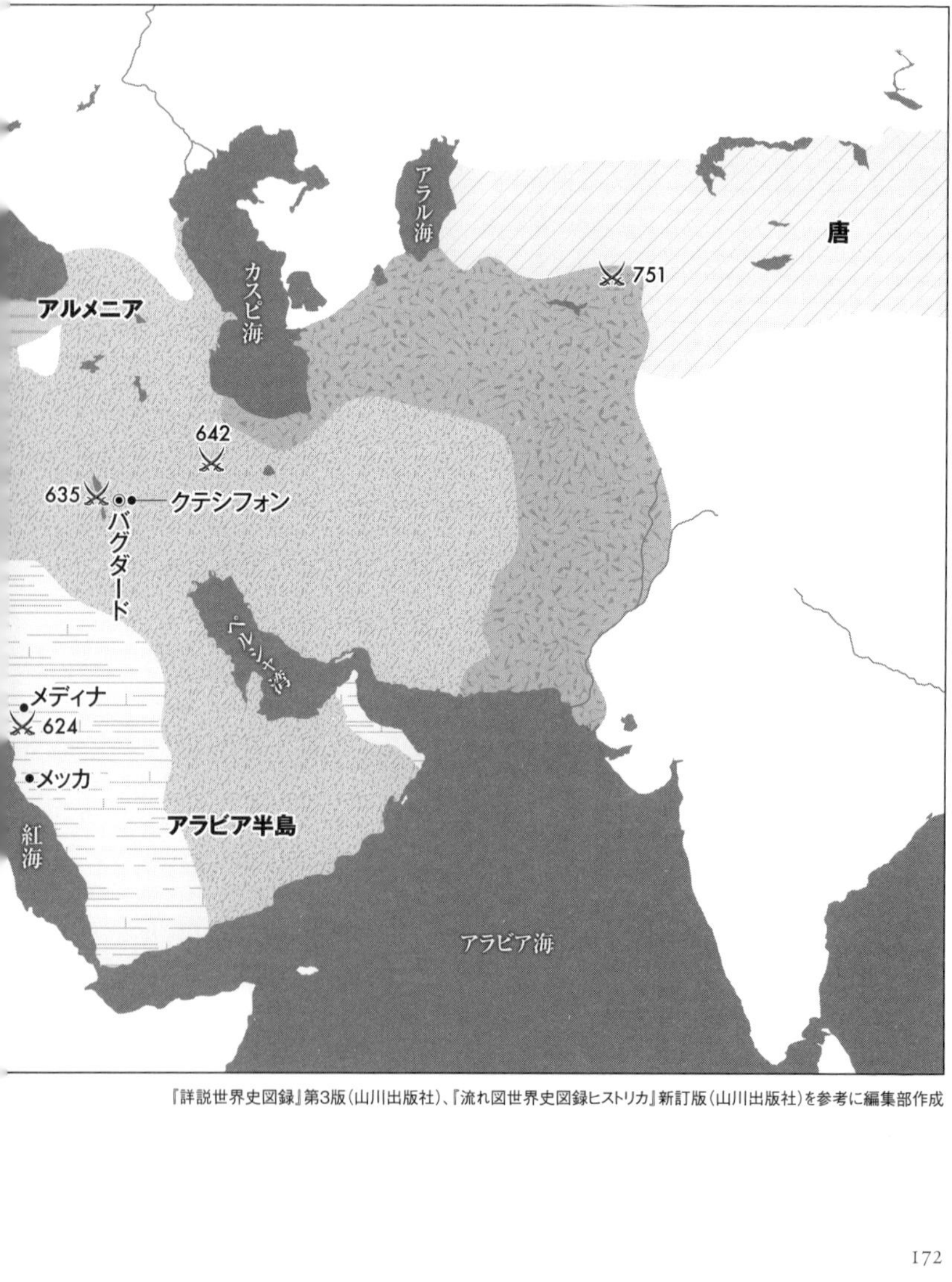

『詳説世界史図録』第3版（山川出版社）、『流れ図世界史図録ヒストリカ』新訂版（山川出版社）を参考に編集部作成

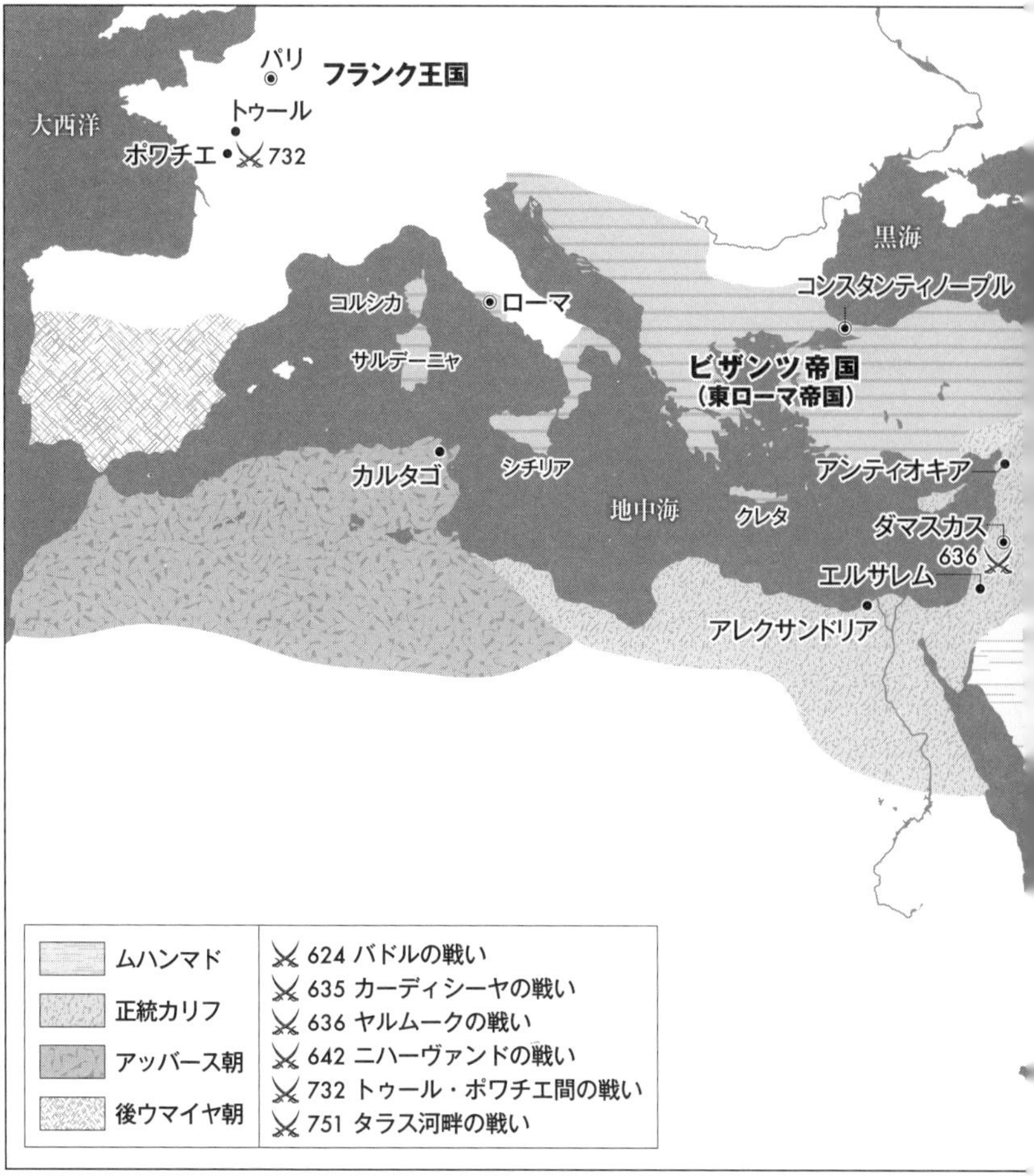
パリ
フランク王国
トゥール
大西洋
ポワチエ
732
黒海
コンスタンティノープル
コルシカ
ローマ
サルデーニャ
ビザンツ帝国
(東ローマ帝国)
カルタゴ
シチリア
アンティオキア
地中海
クレタ
ダマスカス
636
エルサレム
アレクサンドリア
ムハンマド
正統カリフ
アッバース朝
後ウマイヤ朝
624 バドルの戦い
635 カーディシーヤの戦い
636 ヤルムークの戦い
642 ニハーヴァンドの戦い
732 トゥール・ポワチエ間の戦い
751 タラス河畔の戦い

イスラム世界の拡大

について、『クルアーン』は次のように命じています。

《そしておまえたちが戦い獲ったどんなものも、その五分の一はアッラーとその使徒と、近親、孤児、貧困者、そして旅路にある者に属すると知れ。》（八・四一）

この制度を「フムス」といい、カリフの時代には、ガニーマの五分の一はカリフに差し出されることになっていました。とはいえ、あれだけの版図になっているわけですから、その五分の一といえば莫大な収入になります。それを徴収するための徴税官も、メディナから各地に派遣される。それに伴い、官庁の整備も必要になってくる。行政の基本となる暦が、各地でまちまちでは不都合なので、公式の暦としてイスラーム暦＝ヒジュラ暦も制定される。かくてカリフの下に国家権力が発生し、その強大化が急速に進んでいったのです。

ここで第四代カリフになったアリーに話を戻します。アリーは両親を失ったムハンマドの育ての親、伯父であるアブー・ターリブの息子です。つまりはムハンマドの従弟です。アリーのことはムハンマドも、自分の弟のように可愛がっていたようです。後にファーティマという娘を嫁がせたので、義理の息子にもなりました。こうした経緯からムハンマドが死んだとき、その後継者として本命視されたのはアリーでした。しかし、まだ若いということがあり、その他諸々の事情からも、とりあえずアブー・バクルが後継者になったのです。

ムハンマドの近縁として、なおアリーを支持する者は少なくなく、それまでの三人のカリフについては、アリーが成長するまでの中継ぎのように考えていました。そのアリーが、ようやくカリフになって、支持者にとっては念願かないました。が、釈然としない者もいました。暗殺されたウスマーンが出たウマイヤ家の人々は、アリーをカリフにするため、その支持者たちこそウスマーンを暗殺した黒幕ではないかと疑うわけです。すでにカリフ権力は強大になっていましたから、簡単に譲るわけにはいかないのです。

六五六年、遂に事態は動きます。アリーがウスマーンの暗殺者を罰しないことが不満だと、以前から何かとアリーと対立していた三人、ムハンマドの最愛の妻だったアーイシャ、古参の信徒ズバイルとタルハが反旗を翻したのです。この戦いはアーイシャの乗り物から「ラクダの戦い」と呼ばれ、またイスラーム教徒同士の初めての戦闘＝フィトナともされますが、反乱そのものは簡単にアリーに鎮圧されてしまいました。

ウスマーンを出したウマイヤ家の憤懣《ふんまん》は収まりません。翌六五七年、やはりウマイヤ家から出たシリア総督ムアーウィヤが、ユーフラテス川上流でアリーの軍と激突します。この「スィッフィーンの戦い」では勝敗がつかず、一度休戦になりました。ところが、アリー派の一部が「裁定は神にのみ属す」、つまり休戦するかしないかは神が決めることだ、人間が決めることではないと唱えて、休戦協定に反対します。そのまま軍から離脱したので、外に出た者、退去した者を意味するハワーリジュという言葉から、この急進派はハワーリジュ派と呼ばれるようになります。アリーはこのハワーリジュ派を弾圧しにかかりますが、その報復で六六一年に暗殺されてしまいます。

他方のムアーウィヤですが、前年の六六〇年、エルサレムで自らカリフを称していました。カリフが二人いたことになりますが、このアリーの暗殺で労せず唯一のカリフということになります。ムアーウィヤはダマスカスに首都を置き、ウマイヤ朝を興します。正統カリフ時代とは異なり、ウマイヤ朝では以後カリフの位が世襲されていきます。ここにカリフという称号は、君主の位を意味するものに変質したといえます。

ムアーウィヤの出方を、当然アリー派は認めません。アリーの長男ハサンを、カリフとして擁立します。ところが、当のハサンはムアーウィヤと和解し、多額の年金と引き換えにカリフの位を放棄して、メディナに隠遁《いんとん》してしまいました。アリー派は今度は次男のフサインを押し立てます。六八〇年、軍を率いて、ダマスカスに向かう途次のカルバラー（バグダードの南南東）で、ウマイヤ朝の第二代カリフ、ヤズィード（在位六八〇〜六八三）の軍に包囲され、フサインはあえなく戦死してしまいます。

四 スンナ派、シーア派とは何か

こみいった話になりましたが、省くわけにもいかなかったというのは、ここからイスラムの二大勢力、スンナ派とシーア派が現れ出たからです。

第四代カリフのアリーの死後も、アリーに忠誠を貫く一派がいました。「アリー派」といってきましたが、アラビア語では「シーア・アリー」です。これが後に「シーア派」と呼ばれるようになります。シーア派とはアリーを信奉した人たちのこと、さらにはそれを受け継いだ人たちのことなのです。イスラム教では指導者のことを「イマーム」といいますが、シーア派ではアリーの子孫がイマームとなって信仰共同体を指導すべきだという考え方をします。イマームは預言者と違い、神の啓示に基づくシャリーア（イスラム法）をもたらすことはありません。それでもシャリーアの背後にある秘教的知恵を代々伝承するとされ、それに裏打ちされた言行は、シーア派ムスリムにとって侵しがたい権威であるわけです。

このイマームも単なる指導者に留まらず、君主の称号に近くなっていきます。その位をシーア派では、アリーの末裔が代々継いでいくことになったわけです。そもそもイスラムは、部族や血族は関係ないというところから始まったはずなのに、ウマイヤ朝にしてもシーア派にしても世襲ですから、結局は血縁重視に落ち着いたことになります。

もっともシーア派の理屈としては、ムハンマドが存命中、実はアリーを後継者に指名していたということになります。六三二年、ムハンマドが生涯最後のメッカ巡礼を済ませ、メディナに帰る途中、ガディール・フンムという場所で休憩したとき、啓示が下りたというのです。

《使徒よ、おまえの主からおまえに下されたものを伝えよ。もしおまえが行わなければ、おまえは彼の便りを伝えたことにならない。そしてアッラーはおまえを人々から守り給う。まことにアッラーは不信仰の民を導き給わない。》

と、『クルアーン』五章六七節にあるとおりです。これでムハンマドは自らの死期を悟り、同行していたアリーを後継者に指名した、というのがアリー派の伝承です。このことは多くの『ハディース』にも記されていますが、スンナ派はこの伝承を認めていません。

ともあれ、こうしたアリーの子孫を担ぐことで、シーア派は自らの正統性を打ち出しますが、アリーの子孫といっても沢山います。そのうちの誰を後継者とするかで、同じアリー派の内部でも、どんどん分かれていくことになります。

またアリーの息子のフサインですが、ササン朝ペルシャの最後の王の娘と結婚し、この王女が第四代イマーム、アリー・ザイヌルアービディーンを産んだという伝承もあります。ペルシャ、つまり今のイランにシーア派が多いのは、このこととも無関係ではないでしょう。シーア派はイラクにも沢山います。現在なお分派しながら、シーア派の伝統は各地で受け継がれていますが、それでもイスラム教

カイサーン派	「過激シーア派」とも呼ばれる。アリーの息子のムハンマド・イブン・ハナフィーヤをイマームとして担ぎ、685年にクーファで反乱を起こす(ムフタールの乱)。イブン・ハナフィーヤは700年に死ぬが、この死を認めず、イブン・ハナフィーヤは“ガイバ”(幽霊、不在)としてイマームの位を保持し続けるのだと主張する。ガイバとなったイマーム(隠れイマーム)は、終末時に再臨するとされている。
十二イマーム派	シーア派の最大派閥。アリーの没後、その後12代にわたってイマーム位が継がれ、第12代のムハンマド・アルムンタザルがガイバとなって、終末時にマフディー(救世主)として再臨すると信じられている。
イスマーイール派	十二イマーム派からの分派。第6代イマームのジャアファル・サーディクの後継者として息子のムーサーを立てようとする多数派に対して、ムーサーの兄イスマーイールの息子ムハンマドこそ正統かつ最後のイマームであると主張する。「七」という数字に特別な意味を託していることから「七イマーム派」とも呼ばれる。
アラウィー派	シリア、レバノン、トルコ南西部に信者を擁する。ヌサイリー派とも。基本教義はイスマーイール派の影響が強いが、キリスト教や土俗宗教との混淆が見られ、三位一体や霊魂の転生など独自の信仰が見られる。現在のシリアのアサド政権はこの派が中心になっている。

アリー派各派

参照『岩波イスラーム辞典』ほか

徒全体の一〇～一五パーセントに留まります。

他方八五～九〇パーセントを占めているのが、スンナ派です。正式には「スンナとジャマーアの民」といいます。スンナというのは、ムハンマドの日頃の言行、平たくいえばイスラムの慣習や伝統を守っていくということです。ジャマーアというのはカリフの権威を認める信者の共同体、つまりはウンマとほぼ同じ意味です。ムハンマドの慣行とカリフに従う信仰共同体を守っていくというグループが、スンナ派ということになります。

ムハンマドの慣習や戒律を守る――というからには、『クルアーン』に忠実で、戒律に厳しい派ということになります。代表的なのは今のサウジアラビアです。この国の場合は同じスンナ派でも特にワッハーブ派と呼ばれますが、それは十八世紀の法学者ムハンマド・イブン・アブドゥルワッハーブが提唱した急進的イスラーム改革思想（ワッハーブ思想）に基づいているからです。サウジアラビアといえばアラブを代表する国ですから、その服装や立ち居振る舞い、習慣もイスラム教を代表するかのようなイメージがありますが、あれは『クルアーン』に忠実で戒律に厳しいスンナ派の典型ということのようです。

このように、イスラム教の内部においても内紛が頻発し、いくつも分派が生まれます。それでも『クルアーン』という強い求心力があるので、イスラム世界はイスラム世界として、きちんと残っていくわけです。逆に、例えばチンギス・ハーンのモンゴルなどは、あれほど広大な帝国を築き上げたにもかかわらず、ほどなく四分五裂してしまいます。というか、気がつけば各地の汗国の多くが、イスラム教に帰依するようになり、イスラム世界に取りこまれてしまいました。『クルアーン』の求心力たるや、やはり驚くべきものがあります。

なぜイスラム世界は黄金に輝くのか

正統カリフ時代、ウマイヤ朝時代に進展したイスラムの大征服運動――しばしば「右手にコーラン、左手に剣」などといわれて、イスラム教徒にならなければ殺すぞと脅し、無理に改宗させていったイメージがあるかもしれませんが、これは多分にキリスト教徒、とりわけ西欧の側が作り上げた虚像であって、事実ではありません。征服民であるアラブ人は、征服地の住民の改宗に、さほど熱心ではなかったからです。

ムスリムは大征服で急激に勢力範囲を広げても、支配地域の非ムスリム（ズィンミー）に対しては、ジズヤ（人頭税）とハラージュ（地租）を納めれば、自分たちの宗教を従来どおり信仰してもいいとしていました。むしろ、改宗せずに税金を納めてもらったほうがいい、という考え方です。実際のところ、これほどの大征服にもかかわらず、イスラム教徒が激増したというわけではありません。ウマイヤ朝のあと、その版図を引き継いだのがアッバース朝（七五〇～一二五八）ですが、その初期でもムスリムの割合は帝国総人口の一〇パーセントに満たなかったといわれます。九世紀の初めぐらいに、なんとか四〇パーセント、十世紀になって、ようやく七〇～八〇パーセントになったのです。

このムスリムの増大は、ひとつにはアッバース朝で初めて、ムスリムであればアラブ人でなくても要職に登用するようになったことがあります。また、ムスリムになればジズヤが免除されましたから、そうした様々なメリットゆえに自らムスリムに改宗する人も増えました。

もうひとつには、商活動が大きな契機になったと思います。アラビア半島のイスラム教徒は東西に進出して、その土地を征服すると同時に、交易も拡大していきました。わけても東方では、交易相手を求めたあげく、最後はインド洋に乗り出します。アッバース朝の時代といえば『千一夜物語』が知られていますが、そこに登場する有名な船乗りシンドバッドも、「インドの風」（スィンドバード）という意味です。今日、東南アジアのインドネシアはイスラム教国になっていますが、それも活況を呈したインド洋交易の帰結ということができます。

というのは、ムスリムであることが、交易に非常に有利に働いたのです。後にはシーア派のように血縁を重視する集団も現れますが、元来イスラム教のウンマでは、血族も部族も関係ないわけです。ですから、ムスリムであること自体が一種のパスポートになって、イスラム世界のなかなら世界中どこにでも行けるのです。広大な帝国を自由に動き回れるというのは、世界宗教イスラム教の面目躍如といえるでしょう。

コラム13

『千一夜物語』

日本人がイメージするもっともポピュラーなイスラム＝アラブの世界は『千一夜物語』（『アラビアンナイト』）だろう。これは欧米においても同様で、この物語がヨーロッパ世界に与えた影響は非常に大きく、マラルメ、ヴァレリー、メーテルリンク、アナトール・フランス、アンドレ・ジッドなどの知識人が絶賛し、アンデルセン、ゲーテが愛読し、C・S・ルイス、J・R・R・トールキンなどのファンタジー作家にも影響を与えた。

『千一夜物語』は原語のアラビア語で「アルフ・ライラ・ワ・ライラ」、すなわち「千の夜と一つの夜」のことだ。この物語が最初にヨーロッパに紹介されたのは、一七〇四年に刊行されたアントワーヌ・ガランのフランス語訳。ガランはフランスの東洋学者で、中東滞在中に『千一夜物語』の写本を入手し、翻訳・刊行した。これはすぐさま評判になり、翌一七〇五年早くも英訳版が出現し、一七〇六年には『アラビアンナイト・エンターテインメント』のタイトルのもと刊行、以後「アラビアンナイト」という名前が定着する。では、原典が成立したのはいつなのか。

実はまとまった原典というものは存在しない。現在のところもっとも古い写本は九世紀のもので、その他の写本は十六世紀以降、その原本は十四～十五世紀頃と推定されている。『千一夜物語』は数百の物語から成り立っているが、おおまかに以下のような分け方ができるとされている。

①ペルシャ起源（インド由来のものも含む）　およそ十世紀以前。
②イラク（バクダードとその周辺）起源　十～十二世紀。
③エジプト（カイロ、アレクサンドリア）起源　十一～十四世紀。

そして最終的な編集はエジプトのカイロ周辺でなされたと見られている。先のコラムで紹介した「カイロ・ゲニザ」には、十二世紀のカイロで書籍商を営んでいた人物の記録があり、そこに「アルフ・ライラ・ワ・ライラ」の書名があった。当時のカイロ周辺ではある程度読まれていたことがわかる。

なお、『千一夜物語』というと、「アラジンと魔法のランプ」「アリババと四十人の盗賊」「シンドバード（シンドバッド）航海記」の三つが有名だが、ガランの入手した写本にはいずれも含まれていない。「シンドバード」は別の写本があり、ガランはそれを別途翻訳し、後に『千一夜物語』に組み込んだ。しかし残りの二つに確かな写本は存在せず、聞き書きしたものを書き起こしたといわれている。なお「アラジン」の主人公の少年アラジンは中国に住んでおり、彼のもとを訪れたのはマグリブ（マグレブ＝エジプト以西のアフリカ）の魔法使い。「アリババ」の有名な「開け、ゴマ！」という呪文は、アフリカ原産のゴマが使われている。「シンドバード」ではインド洋を股にかけて活躍したイスラム商人が描かれるなど、当時のイスラム世界の広がりを示す物語である。

ムスリムの増加について付言すれば、より根本的にはイスラム教のわかりやすさ、簡単さがあると思います。たとえばイスラム教徒になるには、二人以上のムスリムを証人にして、「アッラー以外に神はなし」「ムハンマドはアッラーの使徒である」という二つのシャハーダ

（信仰告白）を唱えるだけでよいのです。シャリーア（イスラム法）に従って生きることを誓い、その他食べ物や服装など決め事は守らなければなりませんが、他には特に面倒くさい儀式があるわけでもありません。ユダヤ教などに比べると、イスラム教徒になるのは簡単なのです。『クルアーン』にしても、その教えは具体的かつ互助的な精神を基にしたものなので、特に商人たちにとっては大きな利益をもたらす内容でした。

やはりイスラム教は農耕社会よりも商業社会、まさしく陸海を含めた交易の風土にマッチした宗教なのだと思います。事実、その成功と繁栄は未曾有《みぞう》のものとなりました。アッバース朝の時代のバクダードには、莫大な富が、のみならず多種多様な文化までが集まって、あたかも世界の都の体をなしていました。ルネサンスの時代に、ギリシャ哲学や化学、錬金術などがアラビア経由でヨーロッパに入ってきますが、それもアッバース朝ではギリシャ・ローマの古典の翻訳編纂を、国家事業としてやっていたからなのです。八世紀から十世紀にかけては、ヨーロッパでも中国でもなく、イスラムこそが最も繁栄した世界であり、また最高の文明を楽しんでいたといえるでしょう。

コラム14 多彩なアラビア文化

アルコール、アルカリ、アルゴリズム、カリウム、アーティチョーク、アプリコット、バナナ、レモネード、シロップ、ジャケット、マットレス、ソファー、ソーダ、ベンジン……など、現在身近にある多くのものの名前がアラビア語由来である。これからもわかるように、ヨーロッパのルネサンス以前の世界においてイスラム文化＝アラビア文化がもたらした影響は驚くほど多岐にわたる。なかでも特筆すべきは、科学分野に果たしたアラビア文化の役割である。ルネサンスの文芸復興に先駆ける十二世紀末、ヨーロッパではようやくギリシャ古典の翻訳に手を染めるようになるが、そのほとんどはアラビア語からのラテン語訳、つまりイスラム世界からの逆輸入であった。といっても、イスラムの学問はギリシャ古典を忠実に伝えただけではなく、そこにオリジナルな知見を付加していることも知られている。

イスラム世界で本格的にギリシャ古典のアラビア語訳が行われたのは、アッバース朝第二代カリフのアル・マンスール（七一三頃〜七七五）の時代。マンスールは首都バグダードの建設に伴い、ペルシャやユダヤの天文学者を招聘、インドの天文書『シッダーンタ』の翻訳も命じている。その後八九二年にはバクダードに天文台が建設され、惑星運動の観測、測地学などが精力的に行われた。また、先の『シッダーンタ』を通じてインド数学がイスラム世界に移入され、併せてインド数字という新しい記数法が入り、これをもとにアラビア数字ができる。八〜九世紀にはユークリッドの『幾何学原論』全十三巻の翻訳がなされた。代数学においては、アル・フワーリズミやアブー・カーミルといった学者たちの書物がラテン語に訳され西欧世界に代数学がもたらされている。その他、錬金術もさかんで、そこから近代化学が生まれ、医学、薬学などの分野においてもアラビア文化は大きな貢献をなしている。
これに加えて、十世紀のアル・マスーディー、十二世紀のイブン・ジュバイル、十四世紀のイブン・バットゥータといった大旅行家による地理書、旅行記もまた、その後のヨーロッパの大航海時代に先駆ける貴重な記録となっている。

スルタンとは何か

イスラム世界でカリフ、イマームに続くもうひとつ、「スルタン」という称号を耳にされたことがあると思います。スルタン（スルターン）とは、元が『クルアーン』に出てくる言葉で、「神に由来する権威」という意味です。端的にいえば、スンナ派の世俗君主の称号です。シーア派のイマームはよいとして、カリフとスルタンの関係はどうなのか。

順を追って説明しましょう。正統カリフ時代、首都はメディナに置かれました。第四代アリーの一時期だけ、クーファに移されましたが、あとは一貫してメディナです。次のウマイヤ朝の首都は、ダマスカスでした。続くアッバース朝の首都はバグダードになりました。カリフはかかる首都を拠点に、各地には総督＝アミールを派遣することで、広大な帝国を統治しました。ダマスカスからバグダードに都を遷した、というより人工都市バグダードを創出したのがアッバース朝の第二代カリフ、マンスール（在位七五四～七七五）で、この頃がカリフ権力の絶頂期といわれます。

ところが、九世紀に入ると、カリフ権力が衰退していきます。結局のところ、帝国領土があまりに大きくなりすぎたので、中央集権的には治めきれなくなったのです。イラン東部のターヒル朝（八二一～八七三）、中央アジアのブハラのサーマーン朝（八七三～九九九）、エジプトのトゥールーン朝（八六八～九〇五）というように、各地で勝手にカリフを名乗り、独自に国を建てるという動きも出てきます。王朝を興すところまでいかなくても、各地のアミールが在地で強大な権力を持ち始めます。カリフのほうはといえば、どんどん実権をなくしていって、なお廃止はされないものの、その存在は形骸化を余儀なくされてしまうのです。

入れ替わるように出てきたのが、スルタンという称号です。最初にスルタンを称したのは、ガズナ朝（ガズニー朝とも）第七代の王マフムード（在位九九八～一〇三〇）ですが、これは一時的なもので終わりました。恒常的に使われるようになるのは、十一世紀のセルジューク朝（一〇三八～一一五七）からです。中央アジアにいたトルコ系の遊牧民集団が南下を始めて、一〇三八年にはセルジューク族のトゥグリル・ベクが、イランのニーシャープールに王朝を建てます。勢いづいたトゥグリル・ベクは一〇四〇年、ダンダーナカーンの戦いでガズナ朝軍を破ります。さらに一〇五五年にはバグダード入城を果たし、そこで形ばかり存続していたアッバース朝のカリフから、スルタンの称号を与えられました。スンナ派イスラム国家の君主の称号になったのは、このときからとみてよいでしょう。

以後、カリフはイスラム教のウンマを体現する象徴のような存在と化してしまい、実際に権力を持つのはスルタンという、いわば二重構造になっていきます。ヨーロッパなどでは、カリフが教皇、スルタンが皇帝という表現もされますが、これも微妙です。カリフは元々ムハンマドの後継者、それも政治的な権力だけ継承したものですから、教皇のような宗教的権威が政治権力を持ったものに譬《たと》えるのは、少し違うように思います。

それより、むしろ中世から近世にかけての日本における、天皇と征夷大将軍の関係で理解したほうが、近い気がします。天皇も宗教的権威を持っていましたが、それより先に日本国の大王、つまりは君主だったわけです。その権力者が武士の台頭によって、だんだん形骸化させられていく。征夷大将軍が幕府を開くようになると、こちらが実質的な君主になっていく。プロセスとして、よく似ているのではないでしょうか。

十字軍とは何か

イスラムの大征服を止めたのが、フランク王国の宮宰カール・マルテルで、七三二年のトゥール・ポワチエ間の戦いに勝利してのことでした。それ以後、イスラム教徒とキリスト教徒は大きな衝突を起こすことなく、それぞれ三百年ほど歴史を重ねます。再び激突したのが十一世紀末、いうところの十字軍の遠征によってでした。

新興のセルジューク朝は一〇七〇年、ファーティマ朝からシリアを奪い、さらにアナトリア

（現在のトルコのアジア部分）に侵攻したため、ビザンツ帝国と衝突します。そして一〇七一年夏にはマラズギルトの戦いで、ビザンツ軍に大勝するのです。こうしたセルジューク朝の勢いに脅威を感じて、ビザンツ帝国のアレクシオス一世（在位一〇八一〜一一一八）は一〇九五年三月、イタリアのピアチェンツァに使節を送ります。開かれていたのがローマ・カトリックの教会会議で、時のローマ教皇ウルバヌス二世（在位一〇八八〜一〇九九）に救援を訴えました。

皇帝ではなく教皇に訴えたことに、この時代の皇帝と教皇の力関係が如実に表れていますが、さておき、これを受けてウルバヌス二世は同十一月、フランス中部の都市クレルモンで再び教会会議を開きます。異教徒の手からエルサレムを取り戻せという、有名な「十字軍勧説」を行うわけですが、なぜビザンツ帝国に援軍を送らなければならないのか、その理由をこう訴えます。

「ペルシアの住民なるトルコ人がかれら（東方に住む同胞＝引用者注）を攻撃し、またローマ領の奥深く、〝聖グレゴリウスの腕〟とよばれている地中海沿岸部（ボスフォラス海峡、マルモラ海沿岸をさす）まで進出したからである。キリスト教国をつぎつぎに占領したかれらは、すでに多くの戦闘で七たびもキリスト教徒を破り、多くの住民を殺しあるいは捕え、教会堂を破壊しつつ神の王国を荒らしまわっているのである。これ以上かれらの行為を続けさせるなら、かれらはもっと大々的に神の忠実な民を征服するであろう。／されば……神はキリストの旗手なるあなた方に、騎士と歩卒をえらばず貧富を問わず、あらゆる階層の男たちを立ちあがらせるよう、そしてわたしたちの土地からあのいまわしい民族を根だやしにするよう……くりかえし勧告しておられるのである。」（橋口倫介『十字軍』より）

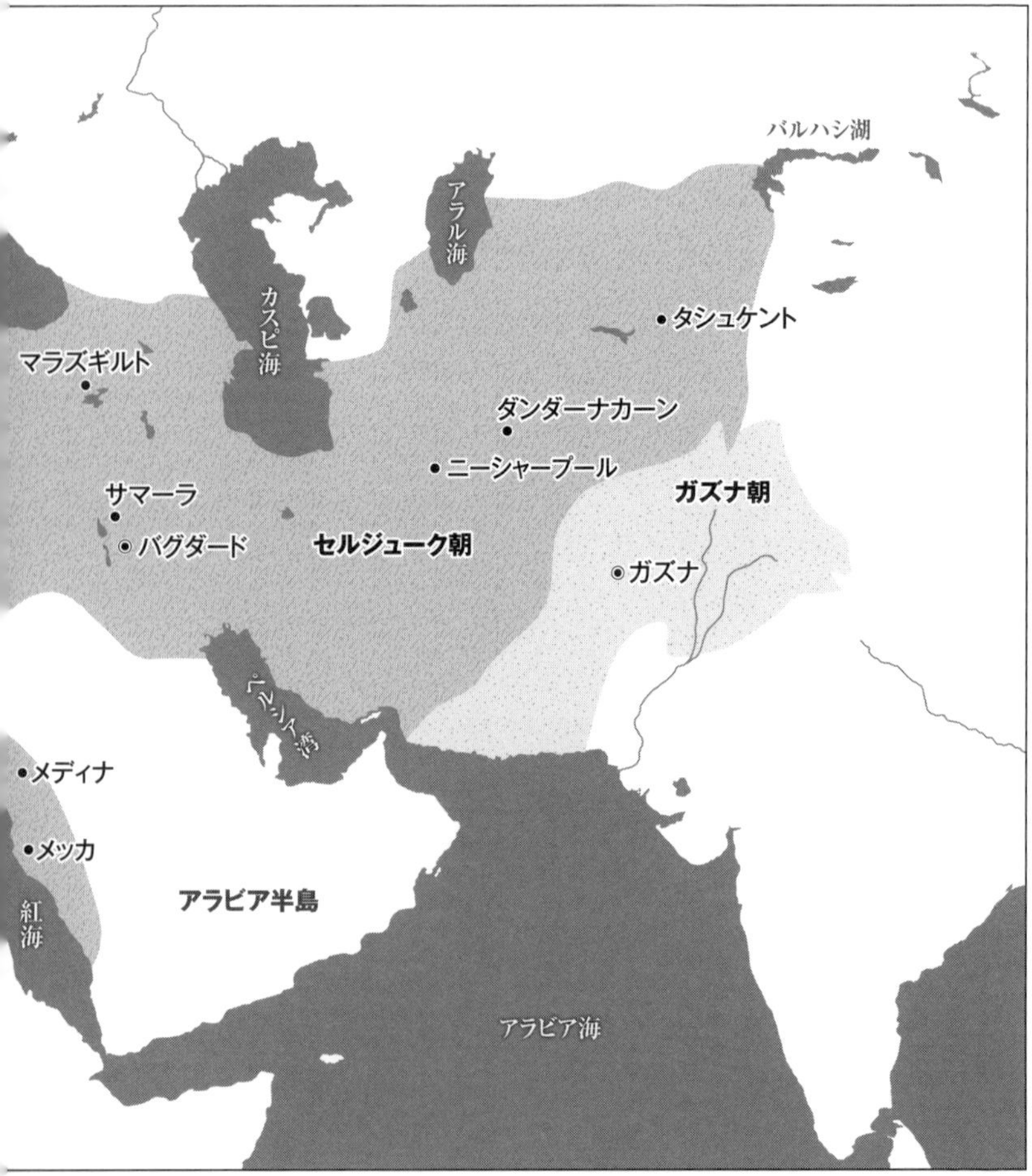

『詳説世界史図録』第3版（山川出版社）を参考に編集部作成

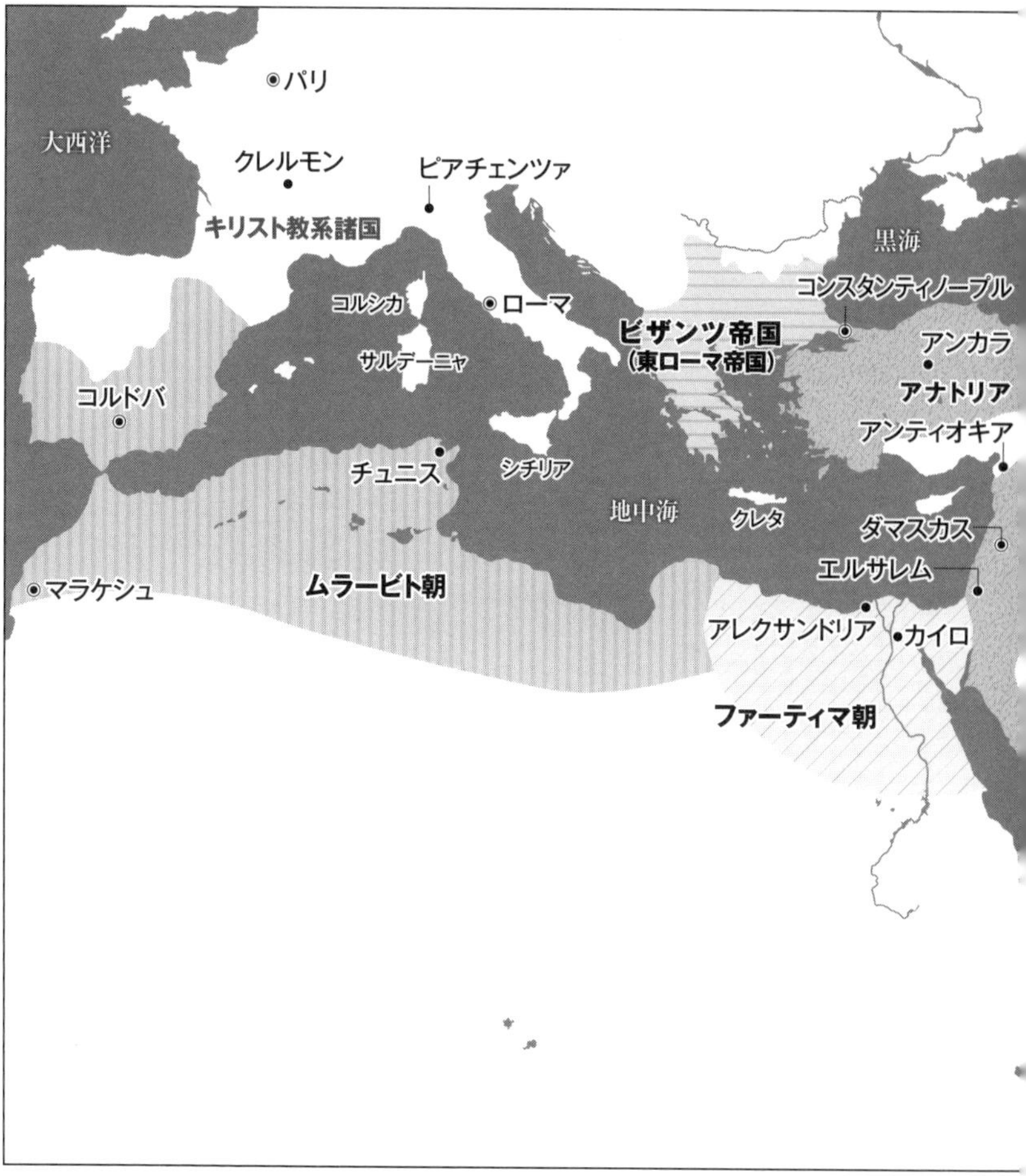

11世紀のイスラム世界

これを聴いた数千人の聴衆は「神のみ旨《むね》だ！」と歓呼の叫びで応えたそうです。通説では、これが十字軍の始まりということになっています。

それにしても過剰といえる反応です。実際、救援を請うた当のアレクシオス一世が驚きました。実をいえば、ウルバヌスの勧説の五年前、一〇九〇年にフランドル伯ロベール一世というフランスの諸侯がエルサレム巡礼に行きました。このとき兵力不足に悩んでいたビザンツ皇帝が、五百人の騎兵を派兵してほしいと依頼すると、翌年フランドル伯は約束どおりに送ってきた。この援軍が非常にありがたかったので、アレクシオス一世としては、ローマ教皇に援軍を頼めば、もう少し多く送ってもらえるかもしれないぞと、それくらいの気分で持ちかけたのが、ピアチェンツァの教会会議に寄せた要請だったのです。

端的にいえば、ビザンツ帝国とセルジューク・トルコの国境争いに援軍が欲しいと、それだけの話でした。エルサレムの解放というような考えは微塵もありません。当時エルサレムがイスラムの統治下にあったことは事実ですが、もう四百年来のことであり、今どうこうというわけではなかったのです。

ウルバヌス二世は東方キリスト教の危機を訴えましたが、キリスト教徒が迫害されていたわけでもありません。キリスト教徒はイスラム教徒にとっては啓典の民であり、税金さえ納めれば改宗しろとも求めないし、迫害もしない。エルサレム巡礼を制約したわけでもない。どこまで行っても、ビザンツ帝国とセルジューク朝の領土争いにすぎなかったのです。それがキリスト教徒の危機だ、ヨーロッパ世界を挙げて聖地エルサレムを奪還せよ、という話になる。過剰反応といえば過剰反応、世間知らずといえば世間知らず、全く珍奇な展開といえます。

にもかかわらず、何故あれだけ熱狂的な十字軍運動が起きたのか。まず教皇の一声で社会全体が動いてしまうという一事が、この時代のヨーロッパを物語っています。その教皇の思惑をいえば、これまで連綿としてあったローマ・カトリック教会とギリシャ正教会の対立に、今こそ優位に立てるのではないか、東方のキリスト教徒も自分たちのヒエラルキーに組み入れられるのではないかと、そうした野望もあったと思われます。

それは教皇の焦りの裏返しだったかもしれません。十字軍の時代というのはインノケンティウス三世の後ですから、ローマ教会の権力が下り坂に入ったところでした。それを立て直さなくてはならない、自分たちの号令一下に人々を動かさなくてはいけない、そういう強迫観念もあったのだろうと思うのです。

この教会が強かったことと関連して、世俗の領主たち、騎士たちが十字軍に乗り気だった面もあります。十世紀末から十二世紀にかけて、ヨーロッパ各地で「神の平和（神の休戦）」運動というのが起こります。国王の権威が弱かった当時、封建領主の間で小さな戦争がさかんに行われていたのですが、それに聖職者が「神の名においてやめなさい」と仲裁に入る運動です。強い教会だから可能となる話ですが、そうやって上から抑えつけられてしまうと、領主たち、騎士たちは欲求不満になります。領地を増やしたい。戦争をしたい。そうした衝動の捌《は》け口を奪われて、不満がマグマのように溜まっていたわけです。

こうした状況はローマ教皇、ローマ・カトリック教会もわかっていたのだと思います。そのままにしておくと、なかで破裂してしまう。これは危うい。そこにビザンツ帝国から援軍の要請が舞いこんできたわけです。領主たち、騎士たちの不満を東方に向けてやればいい。異教徒との戦いであれば教皇の権威も高まる。しごく好都合だと、十字軍運動が使われた面もあったでしょう。

教会の思惑、世俗領主や騎士の野心とは別に、また一般の人々の素朴な思いも、十字軍運動を激しく駆り立てたようです。ヨーロッパには十一世紀このかた、エルサレム巡礼の流行がありました。イエスの墓参や、イエスの受難にまつわる聖遺物に対する人気が高まって、人々はこぞって東方巡礼に出かけるようになったのです。ある記録にはこう書かれています。

「このころ〔一〇三〇年代〕全世界から無数の人々がエルサレムの救い主の墓前に集まって来るようになった。これほど多数の人々が海外にあふれ出るのを、かつて予想することもできなかった。最初の群は下層階級の人々で、次に中流の人々、そして最後が王公や高僧など最高身分の人々であった。かつてはけっして見ることのなかった婦人たち、それも最も高貴な身分から最下層の女たちまでがいた。かれらの大部分は故国に帰ることなく、〔エルサレムで〕死にたいものと心に願っていた。」（同前、橋口倫介『十字軍』より）

もうひとつ忘れるべきでないのは、ペストの襲来です。ペストが最初にヨーロッパを襲ったのは六世紀で、その後しばらく空白期がありましたが、十一世紀半ばに再びペスト禍に見舞われます。一〇三二年頃、インドで発原したペストは、メソポタミア、ペルシャ、小アジア、コンスタンティノポリスに達し、翌一〇三三年には一挙にヨーロッパに拡大していったのです。

有効な防疫手段などない時代で、いうまでもなく多くの死者が出ました。こうした社会不安も十字軍の背後にあったと考えられるのです。

ちなみに東方に行った十字軍の艦船がヨーロッパに帰港したとき、ペスト菌を媒介するクマネズミが乗っていて、それでペストの流行が加速度的に増加したともいわれています。さらに十四世紀になって、再びペストが猖獗《しょうけつ》を極め、ユダヤ人の迫害が起こるというのは、前で触れたとおりです。

さて、ウルバヌス二世ですが、十字軍出陣の日を「十字軍勧説」の翌年、一〇九六年八月十五日に決めていました。ところが、それより先に「民衆十字軍」といわれる一群が先に出発していきます。率いたのが「隠者ピエール」で「勧説」の翌月には北フランスのベリー地方で、もう辻説法を始めていました。それに多くの人が感動して、僅か三カ月の間に一万数千人の追随者ができたのです。ピエールの一群は北フランスを遊説した後、ドイツのケルンに入り、そこでも数千人を動員しました。かくてフランス人部隊、ドイツ人部隊、全部で五つの部隊が、東方に向かうことになりました。

予定の八月には各地の諸侯が出発し、第一回十字軍が始まります（〜一〇九九）。当初は一回、二回で終わるつもりだったのでしょうが、結果として全九回、二百年に及ぶ長丁場になりました。ローマ・カトリック教会としては、してやったり。これだけ大掛かりな運動に発展させて、まさに底力をみせつけたというところでしょう。とはいえ、時代を下るにつれて、教会と帝権、あるいは今度は王権との確執も深まっていきます。以後は王権が強くなって、絶対王政への道を歩み始めるのです。

十字軍運動によって、ヨーロッパは期せずして商業のさかんなイスラム教徒と交流することになりました。ここで一気に拡大したのが、貨幣経済です。従前ヨーロッパは、未だ物々交換に毛が生えた程度の経済活動でした。そこに貨幣が導入されれば、商業が活況を呈する。それを税金として吸い上げて、力をつけていったのが王権だったわけで、その意味で十字軍運動というのは、中世から近代へと転換する節目だったといえるでしょう。

コラム15 アラブが見た十字軍

一〇九九年八月、バクダードのアッバース朝第二十九代カリフ、アル＝ムスタズヒル・ビッラーの「評定の間」へエルサレムから一人の法官（カーディー）が大声を上げながら入ってきた。その男、アブー・サアド・アル＝ハラウィが三週間かけてバグダードにやって来たのは、同胞信徒が襲われた惨禍をイスラムの最高権威に訴え、助けを求めるためだった。

一〇九六年夏に西ヨーロッパを出発した十字軍は三年をかけてようやく聖地エルサレムに到着し、一〇九九年七月十五日、聖都を「解放」すべく侵攻を開始した。しかし、十字軍にとっての「解放」は、現地に住むムスリムおよびユダヤ人にとっては「虐殺」にほかならなかった。この惨劇から逃れるべくパレスチナを脱し、数日後にダマスカスへ到着した難民の人たちは訴える。

「国を追われてきた人びとは今もそのことを話すたびに体は震え、目は一点を見つめて、あたかも、鎧を着た金髪の武者が路上にあふれ、剣を振るって男女、子どものののどをかっ切り、家や寺院《モスク》を荒らし回っているのを、まだ目の前で見ているようだ。

二日後、虐殺が終わった時に、城壁内にムスリムの姿は一人もなかった。中には混乱にまぎれ、寄せ手が押し破った城門をくぐり抜け、脱出した者もわずかながらいたが、他は何千という死体となって家の戸口や寺院の周辺にできた血の海の中に投げ出されていた。……エルサレムのユダヤ人の運命も悲惨きわまるものであった。戦いが始まって数時間、一部は自分たちの居住地域、すなわち市の北側のユダヤ区の防衛に加わった。しかし、家々を取り囲んでいる壁の一部が崩され、金髪の騎士が通りに侵入し始めると、彼らは狂乱状態に陥った。居住区の全員が、しきたりどおりシナゴーグに集まり、祈りを捧げる。するとフランク（十字軍兵士）は出口を全部ふさぎ、次いで、周りに薪を積み上げ、火を放つ。脱出を試みた者は近くの路地でとどめを刺され、他は焼き殺された。」

こう記すのは、レバノン出身のジャーナリスト、アミン・アマルーフ。十字軍戦争について書かれたものはそのほとんどがヨーロッパ側の視点に立っていて、アラブ側から書かれたものは皆無に等しかった。そうした中でアマルーフの書いた『アラブが見た十字軍』（牟田口義郎・新川雅子訳）は、一貫してアラブの視点に立った「反十字軍」の通史で、同じ出来事がアラブから見るとまるで違って見えてくることを如実に示している。本書には「十字軍」という言葉が一切出てこない。十字軍という名前にはキリスト教側の大義名分が意味されているからだ。

コラム16 ラテン帝国と少年十字軍

ビザンツ帝国のアレクシオス一世の救援要請を受けたローマ教皇ウルバヌス二世の聖地エルサレムを奪還せよという〝勧説〟に始まった十字軍は、右のコラムにあるように、一〇九九年六月、エルサレムを攻め落とし、十字軍国家「エルサレム王国」を建てた（〜一二九一年）。それより先の一〇九八年三月、トルコ南東部のエデッサ（現・シャンウルファ）に攻め入った十字軍はエデッサ伯国、同年六月には南部のアンティオキア（現・アンタキヤ）にアンティオキア侯国を建てており、エルサレム王国は三つめの十字軍国家となった。その後もいくつかの十字軍国家が建てられたが、イスラムならぬビザンツ帝国の首都コンスタンティノポリス（コンスタンティノープル）を占領して建てられた十字軍国家がラテン帝国である。

インノケンティウス三世の呼びかけによる第四回十字軍（一二〇二〜一二〇四）は、フランドル伯をはじめとする北フランスの大諸侯を中心にヴェネツィアに集結した。東方貿易を巡ってビザンツ帝国と対立していたヴェネツィア商人の介入、そしてビザンツの亡命皇帝の王子アレクシウスの依頼もあり、十字軍は目的地をエルサレムからコンスタンティノポリスへ変更。一二〇四年四月十二日、十字軍はコンスタンティノポリスを占領し、フランドル伯をボードワン一世として帝位に就け、ラテン帝国を建国。しかし、新しい支配者は民心をとらえることができず、一二六一年、ビザンツ皇帝ミハイル八世に首都を奪回され、短い支配は終わりを告げた。

この十字軍の突然の方向転換にインノケンティウス三世は憤りを隠せなかったが、結局教皇の望む十字軍は実現せずに死を迎えた（一二一六年）。しかしその少し前の一二一二年、教皇の思惑とは別に非公認の「少年十字軍」が結成された。フランスのロワール川中流域の村に住む牧童のエティエンヌ（あるいはスティーヴン）と、ライン川沿いの町ケルンに住むニコラスという二人の少年が、ほぼ同時期に互いに何の連絡もなく、エルサレム解放のために、それぞれ数千人から数万人の子どもと大人を引き連れて巡礼に出かけた。どちらも神のお告げを受けての発心によるものとされている。エティエンヌの一行はマルセイユから七隻の船に分乗し、うち二隻は出航間もなく沈没して乗員は全員溺死。残りの五隻はアルジェリアとエジプトの港に無事着いたものの、一行は官憲に引き渡されたり、軍隊に買われたり、あるいは奴隷に売られるなどして目的を果たすことができなかった。一方ニコラスのほうは、ジェノヴァから旅立とうとしたが、町の人たちから胡散臭く思われ、宿も食べ物も与えられずに、一行は散り散りとなってすごすごと立ち去ったという（橋口倫介『十字軍』）。

こうした自然発生的な十字軍は以前からあったもので、この一二一二年の場合は「少年」十字軍と名付けられているが、実際には多くの大人が参加していて、「そのうち不自由身分の使用人、家内労働に従事する召使などは社会的身分が低いというだけで年齢的には成年」（同前）であり、発生時点の特色をとらえた表現だとされる。

第三部

近代・現代の一神教

第一章　プロテスタントの分離

うちの娘は高校に入るや、もう数学は無理です、大学は私立にしてください、となりました。もちろん文系の話なわけですが、仕方ないなあ、どこを受けるんだと、あちらこちら大学を調べることにもなりました。そこであらためてわかったのは、宗教法人が経営する大学が思った以上に少なくなかったことです。

なんでも私立の学校は建学の精神なしには始まらないのだそうで、してみると、目指すところがはっきりしている宗教とは、そもそも相性がいいわけです。その宗教法人ですが、これが仏教系、神道系、そしてキリスト教系と、また様々あるのでした。

娘の付き添いで、キャンパス見学なども行ってみました。なかでもキリスト教系の大学は洒落ていて、若い人が憧れるのもわかる気がしました。構内にはチャペルなどもあって、覗いてみるほどに、実に雰囲気があるわけです。

ちょうど職員の方が居合わせたので、私は質問してみました。

「神父さまはおられるのですか」

「いません。おられるのは牧師だけです」

「そうなんですか。それで、ミサは何時からですか。見学できますか」

「そういうまじないは生憎《あいにく》と行っておりません。牧師のお話があるだけです。お聞きになりたければ、黒板に書かれた時間にどうぞ」

「はあ、そうですか。それで、ここで懺悔《ざんげ》なんかも聞いてもらえるんですよね」

職員の方はムッとした様子で、もう返事もありませんでした。

おいおい判明していったことには、キリスト教系の大学には、大きく分けてカトリック系とプロテスタント系があったのです。上智大学、聖心女子大学、清泉女子大学、白百合女子大学などがカトリック系、立教大学、青山学院大学、国際基督教大学などがプロテスタント系ということでした。

とはいえ、受験するほうは、さほど気にしないのではないでしょうか。私の友人に曹洞宗の寺の息子のくせに立教大学に行った奴がいて、そいつは少し気にしたほうがよいと思いましたが、カトリックとプロテスタントの違いくらいなら、同じキリスト教じゃないかと考えてしまうのではありませんか。

ところが、当の大学は違うようです。私があれこれ訊いたのはプロテスタント系のところで、それをカトリックとごっちゃにしてしまって、ややムッとされたとおりです。それはキリスト教国でない日本の話なので、最初のうちは無知も仕方ないと割と寛容なのですが、よいことに無神経な一絡《ひとから》げで続けていると、だんだん腹を立てられてしまうのです。怒るだけの理由と自負が、きちんとあるということです。

魔女裁判とは何か

三二五年のニカイア公会議でアタナシウス派が正統と定められ、アリウス派は異端として排されることになった――これがキリスト教における正統と異端の始まりだと、前で述べました。とはいえ、「異端」という概念そのものはもう少し古く、二世紀後半、二元論を基調とするグノーシス主義や、その影響を受けたマルキオンに対して使われたのが最初でした。政治的な意図が絡まずとも、あるものを異端とみなし、それとして排除しようという動きが起こるのは、自然といえば自然です。大きく異なる、あるいは全く異なるような教義が一定以上の勢力に成長すれば、その統一性は失われ、やがては宗教としての存立そのものが脅かされるようになるからです。

とはいえ、ゲルマン人の土地に追われたアリウス派にみるように、キリスト教における異端の排除は、長く追放という形を取るのが普通でした。教会が東西に分かれてからも、それは基本的には変わりませんでした。それが西のローマ・カトリック教会だけが、断罪を先鋭化させていきます。異端者を処断する、処刑して命を奪うところまで行くのです。順を追ってみていきましょう。

ヨーロッパで深刻な異端が発生したのは、十二世紀のことでした。カタリ派、ワルドー派（ヴァルド派）、ベギン派などは、やはり二元論に基づく教義を据えた諸派でした。対するに教皇ルキウス三世（在位一一八一～一一八五）は一一八四年、ヴェローナ公会議で異端審問を制度化します。異端審問所が各地に設置され、異端審問官が活動を始めたのです。さらに教皇インノケンティウス三世（在位一一九八～一二一六）は、カタリ派の一派、アルビジョア派を掃討するために「アルビジョア十字軍」を組織します。十字軍という本来は異教徒、つまりはイスラム教徒に向けられていた活動が、同じキリスト教の異端にも向けられるようになったのです。

コラム17 異端各派

ワルドー派（ヴァルド派）　一一七三年頃、フランスのリヨンの商人（高利貸しとする説も）P・ヴァルドが吟遊詩人の歌う聖アレクシウス（中世に広く崇敬された聖人）伝を聞きその生き方に感動する。以後、ヴァルドは貧しい人々に自身の富を分け与え、自らも清貧の生活を実行する。さらに、当時はまだ珍しかった聖書の俗語訳（フランス語訳）を用いて福音の説教を行う。俗語による説教は人々の支持を得るが、ローマ教会は聖職者以外の説教を認めておらず、リヨン大司教によりヴァルドは破門される。それにもかかわらず、ヴァルドの教えに共鳴する者は徐々に数を増し、その勢力も南フランス、北イタリアへと広がっていく。この勢いに危機感を覚えた教皇ルキウス三世は、一一八四年に異端宣告を下す。

ワルドー派は、蓄財に勤しむ教会組織を汚れたものとし、聖職者ではない俗人でも説教、聖体祝福ができるとし、また、聖人崇拝も聖書にない慣習だとして否定した。

カタリ派　カタリの語源はギリシャ語の「カタロス（純粋な）」、ラテン語の「カトゥス（猫＝悪魔のシンボル）」などの説がある。善悪二神の対立による二元論を教義とし、十二世紀後半にヨーロッパ各地に急速に広まった。カタリ派の構成員である「完全者」は、悪神が支配する現世の束縛を脱し、死後に魂が天上界に戻ることが約束されており、そのためには現世否定の生活を送らねばならない。特に性交と肉食は固く禁じられた。十三世紀初め、南フランスにおける完全者は、七百〜二千人、それ以外の一般信者は数十万人、あるいは数百万人ともいわれる。

ローマ教会は十二世紀末からカタリ派撲滅の動きを見せていたが、一二〇八年、南フランスへ派遣された教皇使節ピエール・ド・カステルノーは当地のカタリ派（アルビジョア派）を支持していたトゥールーズ伯レモン六世に破門を宣告。ローマへの帰途、ピエールがレモン六世の側近とされる者に暗殺される。これに怒ったインノケンティウス三世はアルビジョア派を掃討するべく十字軍（アルビジョア十字軍）を起こし、トゥールーズを占領。一二四四年、同派の拠点モンセギュールが陥落し、立てこもっていた信徒らは火刑に処された。

ベギン派　ベギンとは、一二〇〇年頃に現在のベルギー地方に現れた敬虔な生活を営む女性たちの総称である。既存の修道院に属することなく在俗のまま宗教的自立を求めた彼女たちの活動は〝ベギン運動〟として徐々に各地へ広まっていった。ベギンは女性のみの運動で、その男性版はベガルドといったが、数としては圧倒的に少なかった。当初は敬虔な精神運動を本質としていたが、十三世紀半ば以降、教会の管理から離れて独自の宗教活動を行う人たちを「ベギン」と名指すようになり、少しずつ異端の色を帯びるようになってきた。異端を決定づけたのはマルグリット・ポレートの処刑である。

ポレートは、その著作『単純な魂の鏡』において、人間の魂が七つの段階を経て徐々に高まっていく過程を書き、最終的には霊的に自由となった魂は神と合一するとした。そうなれば神と人間のあいだを仲介する教会の否定、ひいてはカトリック制度自体の否定につながる異端思想だと断罪されたのである。その結果ポレートは一三一〇年にパリで火刑に処された。その際、ポレートはベギンとして異端審問に付されたのだが、先の本の中で、ポレートはベギンたちに非難されたと書かれており、ポレート自身は自分をベギンと見做してはいなかったと思われる。いずれにしてもポレートの著作が、当時の神秘主義的な自由心霊派のあいだで広く読まれていたことは確かで、それがポレートの逮捕へと結びついたのである。

中世ヨーロッパの異端処分は、今日の常識からすると、ややエキセントリックな部分があったのは事実です。ひとつの典型が魔女裁判です。魔女というのは、そもそもキリスト教以前のゲルマンの土俗信仰、呪術とか妖術といったシャーマン的な慣行が仮託されたものと理解することができます。本来のキリスト教、わけてもローマ・カトリック教会は前でも触れているように、そうした土俗の信仰をむしろ取りこんでいこうとします。たとえば加害魔法（マレフィキウム）といった、人を害する魔法のようなものは禁止しますが、そうでなければ大目にみるのです。

占星術は、どうだったでしょう。占星術も異教的な要素が相当入っていて、異端といえば異端なのですが、そこまで厳しく規制はしない。まじないなどの民間信仰も目くじら立てられることなく、生き残ります。魔女にしても、ゲルマン人の大地母神信仰、女神崇拝から派生したものですから、教会もその存在は否定しますが、あえて迫害するまでのことはしていませんでした。ところが、異端審問制度ができてからは、異端とされる人の処罰がさかんになり、それが魔女裁判という形で公然化されていくのです。

なお教会が熱心だったわけではありません。魔女裁判に積極的に取り組んだのは、むしろ世俗の裁判所のほうでした。地域の集団妄想であったり、個人的な恨みつらみであったりが、特定の女性を魔女として断罪することを希望する、それを世俗の裁判所が実行する、というケースが多かったようです。実際、ローマ教皇アレクサンデル四世（在位一二五四～一二六一）は一二五八年、野放図な断罪を避けるために、魔女を裁くのは明らかに異端である場合のみと定めています。俗にいう「魔女狩り」が活発になるのは十五世紀からで、ドミニコ修道会士で異端審問官のシュプレンガーとハインリヒ・クラーメルが『魔女への鉄槌』（一四八六）という本を書いて、その正当性を謳《うた》っています。

異端審問の裁判で有名なのは、ジャンヌ・ダルク（一四一二頃～一四三一）の裁判でしょうか。英仏百年戦争（一三三九～一四五三）の時代、十六歳の少女が鎧兜《よろいかぶと》をまとって戦闘に参加し、オルレアンを包囲していたイングランド軍を撤退させた。救世主と持て囃《はや》されるも、その後イングランド側に捕らえられ、ルーアンで異端審問にかけられ、有罪を宣告されたあげく、火刑に処されてしまう。これがジャンヌ・ダルクのあらましですが、その裁判で何が問題とされたかというと、ジャンヌが十三歳のときから「神の声」を聞いた、それに促されて戦ったと公言していたことでした。

これは教会の東西を問いませんが、キリスト教では神と信徒の間には聖職者がいて、信徒は聖職者を介することで、ようやく神と通じることができるとされていたのです。神の声を聞く。つまりは聖職者を介さず神と直に通じて霊感を得るということは、決して許されませんでした。神秘主義もこれに該当します。異端のひとつとされた神秘主義思想は十五世紀、古代の神秘主義思想を体系化した『ヘルメス文書』が東方からもたらされることで、ヨーロッパに広まりました。直観を通じて直に神につながる。かかる神秘主義思想に対して、ローマ・カトリック教会が非常な警戒心をもって臨んだというのは、それでは教会も、聖職者もいらなくなってしまうからです。

話を先取りしますが、この後に出てくるプロテスタントも、『聖書』を介して直に神と通じることを掲げます。『聖書』さえあれば、やはり聖職者も教会もいらないことになります。

コラム18　ジャンヌ・ダルク裁判

パリ東部のドンレミ村に生まれたジャンヌは、十三歳の頃に神の声を聞き、「お前はオルレアンの包囲を解除するだろう」と告げられる。ジャンヌはフランス王太子シャルルのもとへ行き、オルレアン奪還を促し、自ら先頭に立ってオルレアンを解放した。この勝利によって王太子はシャルル七世として即位する。しかし、一四三〇年五月二十三日、イングランド側のブルゴーニュ公の配下の兵にジャンヌは捕らえられてしまう。なぜかシャルル七世側からの救出の動きはなかった。ジャンヌは一四三一年一月九日から五月三十日に火刑に処されるまでの五カ月間、ルーアンの法廷および牢内で異端審問にかけられた。その記録が残されている（高山一彦編訳『ジャンヌ・ダルク処刑裁判』）。

それによると、ジャンヌが聞いた「声」について問い質す審問官に対して、ジャンヌはこう答えている。「この声は神からきたものです。だから私の知っていることを充分にはお話しできません。あなたに答えないことより、この声の意にそわぬことをしゃべってしまって声を裏切る方を私は恐れます。この質問にはどうか猶予をください」。その後の審問においてもこの「声」をめぐる質疑が繰り返されるが、ジャンヌは頑なに答えられないと拒絶する。それでもジャンヌは一旦は悔悛の誓約書に署名する。しかしその後の異端裁判の審理において「わが主の思し召しにかなうのでない限り、自分は何も否認する覚えはない」と申し立てた。それを受けての最終判決は次のとおり。

「汝、俗称〝乙女《ラ・ピュセル》〟ことジャンヌは、分派、偶像崇拝、悪魔の祈禱、その他多くの悪業により、様々の過誤および様々の罪に堕ちていることを宣告した。しかしながら、教会はそこに立ち戻る者にその膝を与える事を拒まぬ故、汝がかつてそれらの過誤を放棄し、これを我等判事の前で誓い、どのような事が起ろうと以上の過誤やいかなる異端にも戻らず、カトリック教会ならびにローマ教皇の統率下に留まる事を、汝自身の手で署名した書状によって誓約したとき、我等は汝が偽りない心と装うことのない信仰をもって、以上の過誤と罪悪から離れたものと判断した。然るにその後、(中略)汝は再び同じ過誤と邪悪に堕ち、再び罪を犯すこととなった。以上の事が、汝の自発的告白と汝の承認によって証明された事は疑う余地もない。我等は、誤る事のない判断によって、汝がかつて主張した虚偽と過誤を取消したのは、口先だけの事に過ぎず、誠実な魂によるものではなく、人を欺く心のなせるわざと断定した。」

こうして一四三一年五月三十日、ジャンヌは火刑に処された。それからおよそ五百年、一九〇九年にローマ教皇ピウス十世(在位一九〇三~一九一四)によってジャンヌは福者に列せられ、次いで一九二〇年にはベネディクトゥス十五世（在位一九一四〜一九二二）により聖人に列せられ、復権を果たした。

異端とは何か

どんな宗教でも時間が経過するにつれて、既成の考えを改革する動きが出てきます。日本の仏教をみても、たとえば鎌倉時代には、法然、親鸞、栄西、道元、日蓮というような改革者が現れています。それら新しい宗派も、時が経てば、また俗に塗れてしまい、再び新たな改革が求められる。その繰り返しです。宗教のリズムとしては、それで健全だと思います。ところが、カトリックの場合は、新しい動きが出てくると異端として排除してしまう。それを異端として罰しなければならないので、新しい動きや改革を認めることができないのです。裏を返せば、聖職者も教会も俗に塗れたまま、いつまでも、そこから抜け出すことができない。

思えば、ローマ・カトリック教会が俗化するのは当たり前です。教会といっても世俗の政治権力を持ち、聖職者も役人や法曹の役割も担っているわけですから、自ずから俗に塗れざるをえないのです。ところが、そうした聖職者たちの振る舞いをみた人々は人々で、おかしいな、教会とは神を感じられる場所であるはずだ、聖職者とは神を語る人々であるはずだと、疑問を持つようになる。それまた、しごく当然の成り行きです。そうした人々の受け皿になったのが、異端だったという言い方もできるかもしれません。

このままではいけない。キリスト教を浄化して本来の形に戻していかなくてはいけない。そうした動きを排除するのでなく、ローマ・カトリック教会はある程度まで取りこんでいきます。そうして自らの「正統」を維持しながら、手に負えないものだけ「異端」として根絶する。いうなれば、二刀流で対処してきたのです。ローマ・カトリック教会には、自浄作用があったということもできるでしょう。

たとえば十三世紀には、托鉢修道会による改革があります。よく知られているのは、アッシジのフランチェスコ（一一八一／二～一二二六）が始めたフランシスコ会です。フランチェスコは世俗の教会、司教などが、富を溜めこみ、着飾っていることに対して、清貧に徹した無所有を主張し、その帰結として托鉢修道運動を始めます。スペインのドミニコ（ドミンゴ・デ・グスマン、一一七〇頃～一二二一）が始めたドミニコ会も、やはり従来の修道院なり在俗の教会聖職者なりに対するアンチテーゼとして出てきたものです。

この「托鉢修道会」という名前からして、大いなる皮肉でした。従来の修道会は荘園修道会といいますか、修道院の周りに修道院領があり、その荘園を農民たちに耕させて、農作物の上がりを得ていました。まさに地主と同じです。在野の地主と同じく肥え太るのも当然です。が、それは腐敗であるからと否定し、ゆえに土地を持たず、托鉢だけでキリスト教の道を修めていこうと始めたのが托鉢修道会なのです。

旧来の修道院からすれば、これは自分たちを否定していることにほかなりません。ならば認めるわけにはいかないと、托鉢修道会が異端として切り捨てられることもありえたのです。しかし、教皇ホノリウス三世（在位一二一六〜一二二七）は、それらを新しい修道会として認知します。異端には当たらず、正統の範疇であると判断したのです。のみならず、ここがしたたかだと思うのですが、十二世紀末に異端審問を制度化した後の一二三一年、教皇グレゴリウス九世（在位一二二七〜一二四一）は教皇直属の異端審問裁判所を新設し、そこでの異端審問をフランシスコ会とドミニコ会に委ねたのです。

托鉢修道会というのは荘園の僧院に縛られないので、非常な機動力がある。しかも信仰心が強く、キリスト教の理想を実現したいという意欲もある。思えば異端の駆り出しにうってつけです。なかでもドミニコ会は前向きで、異端審問官＝ドミニコ会というのが、当時の人々の受け止め方になりました。「ドミニコ会士（Dominicanis）」ならぬ「主の犬（Domini canis）」と揶揄《やゆ》されたほどです。

改革の意欲に燃え、異端狩りに奔走した托鉢修道士ですが、社会に認められるにつれて、その存在もエスタブリッシュメントになっていきます。従来の修道院が農村を拠点としていたのに対して、それを否定するフランシスコ会、ドミニコ会は、ともに都市型の修道院になっていきます。異端審問での論争で鍛えられたことから、神学研究の主流も形成していきますが、その学識豊かな面々が都市にいるわけです。遊ばせていてはもったいないと教師をやらせ、また学校も設立するようになります。今日でも「聖ドミニコ」と名の付く学校が少なくない所以です。

都市の人口が増えて、新しく教区を設定しなくてはならないという場合も、ドミニコ会、フランシスコ会が用いられました。僧院の附属礼拝堂を在俗教区の教会に転用するのです。教区教会は、教区民から十分の一税という税金を徴収できますから、それで収入も増えていきます。都市型のフランシスコ会もドミニコ会も豊かになり、やはり腐敗していくことになります。自浄作用が働かないまま、ローマ・カトリック教会は行き詰まります。そこに登場したのがマルティン・ルターという、ドイツの若い聖職者でした。

コラム19 ガリレオの異端審問

それでも地球は動いている——異端審問にかけられローマ教会から有罪を宣告されたガリレオ・ガリレイ（一五六四〜一六四二）は、裁判の直後そうつぶやいた。形式上は教会に屈服したものの、内心は己の信念を枉《ま》げず真実を主張し続けた英雄的科学者の姿として語り伝えられてきたこの逸話は、ガリレオ本人の言葉ではなく、十八世紀以降の創作だという。

では、実際の裁判の経過とそれに対するガリレオの対応はいかなるものだったのか。今世紀に入って新たに発見された裁判記録によれば、およそ次のようなものになる（田中一郎『ガリレオ裁判』）。

一六三三年九月二十三日、検邪聖省（異端審問所を改称）は総会でガリレオを異端審問に召喚することを決議した。なぜならば「ガリレオは、地球の運動と太陽の不動性を仮説とすることなく、絶対的なものと主張することによって彼に与えられた指示を逸脱している。彼は、実際に見られる海の干満をありもしない太陽の不動性と地球の運動に誤って帰している。……さらに、彼が一六一六年に聖省によって彼に下された禁止命令のことを黙っていたのは人を欺くものである。その趣旨は『太陽は世界の中心にあり、地球が動くという上記意見を全面的に放棄し、今後はそれを口頭であれ文書によってであれ、いかなる仕方においても、抱きも、教えも、あるいは擁護もしないように。さもなければ、聖省は彼を裁判にかけるであろう。』彼はこの禁止令に同意し、従うことを約束した」――つまり、一六一六年にベラルミーノ枢機卿がガリレオに、地動説を認めるような意見を放棄するよう訓告を与えたにもかかわらず、一六三二年に刊行された『天文対話』においてガリレオはその訓告を反古にしたから告訴したというのである。

それに対してガリレオは、「(『天文対話』を読み直してみて) 率直に告白しますと、多くの箇所で、わたしの胸の内を知らない読者が、まちがった側のために持ち出されて、わたしが退けようとしていた議論が容易に否定されるどころか、むしろその説得力のために強制していると考えてしまうように書かれていると思われてきました。(中略)……告白しますと、わたしのあやまちはむなしい野心とまったくの無知と不注意によるものです」(第二回審問)と全面的に自分の非を認めている。しかし結果は、有罪となり、『天文対話』の発売禁止、投獄（後に軟禁へと減刑）の判決を下された。
そこに英雄的科学者の姿はないが、そうした状況下にあっても地道に研究を続け、『新科学論議』（一六三六）を著したのは科学者としての矜持だったのだろうか。もっとも内容は力学中心で、天文学に関するものは含まれていなかった。

なぜプロテスタントは撲滅されなかったか

きっかけは、バチカンにあるサン・ピエトロ大聖堂の建設でした。ローマ教皇レオ十世（在位一五一三～一五二一）は大聖堂の建設資金を捻出するために贖宥状《しょくゆう》（免罪符）を発行しました。これに疑問を持ったのが、ヴィッテンベルク大学の神学教授、マルティン・ルター（一四八三～一五四六）です。ルターは一五一七年十月三十一日、この贖宥状についての討論を呼びかける「九十五カ条の提題」をヴィッテンベルク城の教会の扉に貼り出します。その紙を扉に打ちつけるハンマーの音とともに宗教改革が始まったわけです。

まさに抗議する者＝プロテスタントですが、ローマ・カトリック教会にいわせれば、「異端」の振る舞いにほかなりません。実際、レオ十世は一五二一年にルターを破門します。かつて一〇七七年、教皇グレゴリウス七世が皇帝ハインリヒ四世に宣告し、「カノッサの屈辱」を味わわせたという、あの破門です。ところが、ルターは屈しませんでした。それどころか運動は、宗教改革という大きな波を起こします。自らに反対する者をことごとく打倒してきたカトリック教会を前に、なぜプロテスタントだけは負けなかったのでしょうか。

バチカンのサン・ピエトロ大聖堂の話に戻れば、その建設に携わっていたのが晩年のミケランジェロです。今に伝わる天井画は有名ですが、そのための芸術家に支払う多額の報酬を含め、その費用を賄うために出されたのが、贖宥状だったのです。すなわち、すでに中世は終わり、文芸復興＝ルネサンスが始まっていました。

きらびやかな芸術もそのひとつ、ルネサンスの成果をもうひとつ挙げれば、俗語文学の誕生があります。従来のヨーロッパでは、書き言葉はラテン語、話し言葉はそれぞれの地域の俗語という二重構造になっていました。ところが、十四世紀後半から十五世紀にかけて、各地で俗語で書く動きが出てきます。イタリア語で書かれたダンテの『神曲』（一三〇七～一三二一）やボッカチオの『デカメロン』（一三四八～一三五三）、英語で書かれたチョーサーの『カンタベリー物語』（一三八七頃～一四〇〇）などです。

いうまでもなく、俗語文学はわかりやすい。字が読めない場合も音読してもらえば、本の内容を理解できます。ラテン語ではただ音読されても、文法がわからなければ、チンプンカンプンですから、これは革命的でした。そうなると、最も身近で、最も価値ある本も、俗語で読みたいと、切に望まれるようになります。つまりは『聖書』の俗語訳です。

先駆的なものとしては、イギリスのジョン・ウィクリフが中心となってラテン語聖書＝ヴルガータ版を英訳した『ウィクリフ聖書』（一三八〇年代）があります。ギリシャ語、ヘブライ語の原典から初めて英語に訳したのは、一五二六年のウィリアム・ティンダルです。ルターが『新約聖書』をドイツ語に訳したのは、一五二二年のことです。同じドイツ語訳としては、スイスのツヴィングリらが一五二九年に出した『チューリッヒ聖書』もあります。ルターより後の発行ですが、『旧約聖書』の全訳においてはルターに先んじています。

こうした『聖書』の俗語訳の広まりで何が起きたか。読めば、あるいは読んでもらえば、すぐ意味がわかりますから、人々は『聖書』の内容とカトリックの教会が教えることは、どうも違うようだぞと気づいたのです。前でも触れたように、カトリック教会はゲルマン人に布教するため、アミニズムの要素や古来のまじないを取りこんだり、聖母マリアなどを地母神的に信仰したりと、いろいろな工夫を施しましたが、そんなこと、『聖書』には一言も書かれていないことがばれてしまう。もちろん贖宥状を買えば罪が許される、なんてことも書かれていない。これまで聖職者がやってきたごまかしが、もう利かなくなったわけです。嘘じゃないかと騒ぐ人が膨大な数に上るとなれば、いよいよもって止めることなどできなくなります。

一五二五年のルターによる『聖書』のドイツ訳ですが、発行部数は三千部でした。それからも改訂のたびに出され、ルターの死後も版を重ね、一六〇〇年までに六十版、推定累計部数は十二万部以上になるといわれます。現代の感覚では聞き流してしまいそうですが、本といえば手写本だった中世では考えられない数字です。ルネサンスといえば、三大発明のひとつがグーテンベルクの活版印刷術です。この画期的な出版方法によって、短期間で多くの部数を発行することができるようになったのです。

その後のプロテスタント運動、フランスに場所を移した宗教改革の第二波をみていきましょう。中世における神学研究の中心はパリ大学でしたが、ここで学んだ人文学者がルフェーブル・デタープルです。パリ近郊モー司教区に集まったことから、「モー学派」と呼ばれるグループの一員でしたが、このデタープルが一五二三年、いち早く『聖書』のフランス語訳を出しています。デタープルの訳は、基本的にラテン語のヴルガータ版からの訳、いわば重訳でした。原典からのフランス語訳は、オリヴェタンが一五三五年に出した『ヌーシャテル聖書』が最初です。このオリヴェタンは、ジャン・カルヴァン（一五〇九〜一五六四）の従兄弟です。カルヴァンもパリ大学で学び、デタープルの「モー学派」に連なるひとりでした。その後スイスのジュネーヴへ行き、そこでルターと並ぶプロテスタントの他方の雄、カルヴァン派の祖として宗教改革を進めていきます。

同時代のパリ大学にいたのが、後にイエズス会を創設するイグナティウス・デ・ロヨラ（一四九一頃〜一五五六）とフランシスコ・ザビエル（一五〇六〜一五五二）でした。ここに十三世紀と同じ構造がみてとれます。現状を改革しなければいけない、刷新しなくてはいけないという空気は、現実としてある。そのなかのカルヴァンは手に負えない、かつてのアルビジョワ派のようなものですから、カトリック教会はあからさまに敵対して、異端として断罪しようとする。他方のロヨラやザビエルは、正統に留めて自らに取りこむことで、内的な自浄作用として働かせる。例の二刀流というわけです。

ただ十三世紀とは状況が違いました。『俗語訳聖書』の波及力、そして活版印刷による伝播力、これは如何ともしがたかったのです。具体的にいえば、都市の住民、後のブルジョワたちです。これまで異端との戦いといえば、ラテン語を使える知識人――実質ほぼ聖職者ですが、この限られた集団か、さもなくば神秘主義者という、霊感によって神と直結できるという、より稀な人間を相手にするものでした。それが今や『俗語訳聖書』によって神と直結できるようになったので、それを読める程度には教養があり、かつまた書籍を買うだけの財力がある者、つまりは都市の富裕層＝ブルジョワが、大挙してカトリックの敵に回りかねない状況になったのです。

実際、都市部を中心に、プロテスタントがどんどん増えていきました。来るべき近代の担い手、もっといえば資本主義の担い手でもありますから、さすがに手強いということになります。ロヨラとザビエルですが、一五三四年にイエズス会を結成して、プロテスタントの宗教改革に対抗していこうとします。しかしながら、もはやヨーロッパは半ばまでがプロテスタントのものになろうとしていました。カトリックとプロテスタントの対抗は、世俗の王侯を巻きこんでの戦争、ドイツ、そしてフランスでの大内乱に発展したのです。ドイツでは三十年戦争という最後の抗争の結果、一六四八年のウェストファリア条約によって、カトリックとプロテスタントの棲み分けが確定します。

イエズス会の力は「異端」を撲滅することでなく、ヨーロッパで失われたカトリックの土地に埋め合わせをつけるために、広い世界に布教していく仕事に向けられました。ザビエルが日本に来たのも、そのためです。もとよりキリスト教は世界宗教でしたが、文字通りの世界に乗り出し、最も広い範囲に広まったのは、ギリシャ正教会のキリスト教でも、プロテスタントのキリスト教でもなく、カトリックのキリスト教ということになるのですから、皮肉なものです。

コラム20 三十年戦争と『阿呆物語』

カトリックとプロテスタントの間で交わされた最大の争いといわれるのが三十年戦争（一六一八～一六四八）だ。ドイツでは一五五五年の「アウクスブルクの宗教和議」によってプロテスタントの容認が決議されたが、それも束の間、しばらくするとカトリックとプロテスタントの対立が再燃した。そうした燻《くすぶ》った状態に火を付けたのは、一六一七年、ハプスブルク家のフェルディナンド（後の神聖ローマ皇帝フェルディナンド二世（在位一六一九～一六三七））のボヘミア王就任だ。熱心なカトリックだったフェルディナンドはボヘミアのプロテスタントの弾圧に乗り出し、それに対してプロテスタント勢力が反乱を起こす。翌一六一八年五月、国王の側近をプロテスタント派が王宮の窓から突き落とし、これが戦争の発端となり、以後三十年にわたってカトリックとプロテスタントの血で血を洗う争いが繰り広げられることになる。

この三十年戦争はドイツを中心にフランス、スウェーデンにまで広がるが、ことにドイツにおける被害は甚大なものだった。戦場となった地域では人口の三〇～九〇パーセントが失われたという。この戦争を背景にした小説が、グリンメルスハウゼンの『阿呆物語』（一六六八）だ。主人公の名前はジムプリチウス。ラテン語で「単純な人間」「阿呆」「おめでたい男」の意。無垢で無知な少年が運命に翻弄されるまま各地を遍歴し、徐々に悪徳に染まっていくというピカレスク・ロマンの系譜を引くドイツ・バロック期の傑作であり、ゲーテの『ヴィルヘルム・マイスター』の先駆となる教養小説とも称されている。

バイエルン地方の小村で牧童をしている少年は五より上の数は数えられず、羊や家の周りのこと以外はまったくの無知。捨て子である彼は養父母に名前も与えられず放置されていたが、それなりに幸せに暮らしていた。ある日、凶暴な兵隊たちがこの静かな村を襲い、あるゆるものを破壊、収奪し尽くす。少年は辛くも森の奥に逃れ、そこで隠者（後に実父であることが判明）に助けられる。隠者は少年の無知ぶりに「ジムプリチウス」と名付け、読み書きや神の言葉を教授する。乾ききった少年の脳は貪欲に知識を吸収し、敬虔なクリスチャンとなるが、平穏な日々も束の間、隠者が死んでしまう。森を出て初めて外の世界を見た彼は、たちまち俗世間の悪に染まり、器用に世を渡っていく。世界中を遍歴した後、島に漂着。これまでの悪業を改心し、敬虔な生活を送ることになる。

作者のグリンメルスハウゼン自身、戦争で孤児となり、「一六三五年に少年の私はヘッセン軍（プロテスタント派）の兵隊に捕えられてカッセルへ連れて行かれた」（望月市恵訳『阿呆物語』前書き）と記しているように、物語には自身の体験が投影されていると思われる。悲惨な戦乱の世を「阿呆」の目から照らし返すという、強烈な諷刺と諧謔《かいぎゃく》に満ちた書である。

なぜプロテスタントはアメリカに渡ったのか

宗教改革の波は海を越えて、イギリスにも及びました。とはいえ、少し変則的です。時のイングランド王ヘンリー八世（在位一五〇九～一五四七）が、愛人のアン・ブーリンと結婚したいと望み、王妃キャサリンとの離婚を教皇庁に願い出ますが、ローマ教皇クレメンス七世（在位一五二三～一五三四）はこれを拒否しました。それでもアン・ブーリンの妊娠を知るや、ヘンリー八世は結婚を強行、それに対して教皇は破門を宣告します。

あの恐るべき破門ですが、ここでヘンリー八世は思い切った手を打ちます。一五三四年、首長令（国王至上法）を制定し、ローマ・カトリック教会から独立した、それゆえにローマ教皇の権威が及ばない英国国教会（英国聖公会）、すなわち英国国王を首長とする教会を設立したのです。確かに「宗教改革」ではありますが、信仰心からなされた改革というより、王の勝手な都合でなされた改革でした。

この英国国教会は一応プロテスタントを称します。とはいえ、その教義や形式はカトリックからさほども変わりませんでした。現在もイギリス国王の戴冠式が行われるウエストミンスター寺院などをみても、質素簡素を旨とするプロテスタントの教会とは思われません。カトリックの聖堂さながらに、豪華な内装を誇っています。

しかし宗教改革を称したからには、このままではすみません。大陸から宗教改革の第二波がやってくるのです。つまりはカルヴァン派で、イギリスでは清教徒＝ピューリタンと呼ばれます。ピューリタンは既存の国教会と、どう共生していくのか。これが一言で片づけられる問題でなく、ピューリタンのなかにも国教会の内部で改革を行おうとする「長老派」があれば、国教会から分離して自分たちの教会を建てるという「分離派」もありで、一枚岩でありませんでした。さらに他にも絶対平和主義を説くクエーカー教徒や、俗世間のあらゆる身分を否定する平等派（水平派）のような、後の革命思想に近い者たちもいました。

はっきりしているのは、王にとっても国教会にとっても、それらは危険な存在だったことです。ピューリタンは厳しい弾圧の対象になっていきます。弾圧を逃れるべく、まず向かったのがオランダのライデンでした。が、じきにここにも居場所がなくなります。かくて一六二〇年、メイフラワー号という船を仕立て、新大陸を目指したのが「ピルグリム・ファーザーズ（巡礼始祖）」でした。

分離派のピューリタンを含む百二人の一行は、約二カ月の航海の末に一六二〇年十二月二十一日、マサチューセッツ湾のプリマスに降り立ちます。アメリカの建国神話にいう「ファウンディング・ファーザーズ（建国始祖）」です。プリマスの西にはフィラデルフィアのあるペンシルベニア州がありますが、この「ペンシルベニア」という地名は、クエーカー教徒の指導者ウィリアム・ペン（一六四四～一七一八）から取られました。それは「ペンの森（シルベニア）」という意味です。

このようにアメリカの東海岸は、プロテスタントたちが信仰の自由を求めてやってきた土地です。アメリカの建国は、プロテスタントたちの信仰の理想を実現するために行われたともいえます。アメリカという国においては、プロテスタントの精神は私たちが考えるより、はるかに深く根づいた、大切なものなのです。現にアメリカ＝プロテスタントの国と考える層が、指導者の多数派を占めてきました。アメリカの歴代大統領でカトリックだったのは、これまでアイルランド系のジョン・F・ケネディひとりだけでした。今の第四十六代ジョー・バイデンで、ようやく二人目であり、あとは全員が見事なまでにプロテスタントです。

さて、カトリックでは腐敗と浄化がこれまで何度も繰り返されてきたと述べました。実をいうと、アメリカのプロテスタントにおいても、同じようなことが起こります。最初のピルグリム・ファーザーズの時代の人々は、皆が非常に敬虔でしたが、そのピューリタンらも代を重ねていくうちに、信仰が形式化してしまうなど、徐々に堕落に流されてしまいます。そうすると、これでは自分たちが批判してきた国教会と同じではないか、これでは駄目なのではないかと、反省の声が噴出してくるのです。

そのなかで起きたのが、「第一次大覚醒（First Great Awakening）」でした。ピルグリム・ファーザーズの上陸から百年ほど、一七三〇年代から四〇年代にかけて、マサチューセッツの牧師ジョナサン・エドワーズ（一七〇三～一七五八）が始めたもので、信仰から離れ、腐敗し、堕落した人々に、悔い改めて改心せよと説いて回ったのです。これが大きな運動になり、以後「大覚醒」は数次にわたって起こります。

かかる「信仰復興運動（Revival Movement）」がある一方で、それとは正反対の考え方が出てきます。啓蒙主義です。ヨーロッパの啓蒙主義は、奇蹟、啓示、預言といったキリスト教の諸原理を批判するところから始まっています。プロテスタントとの抗争が終幕した後、カトリックにとって最大の敵として現れたのが、啓蒙主義だったのです。それはプロテスタントにとっても同じでした。

啓蒙主義が海を越えてアメリカにも入ってくると、それに傾倒する進歩派が増えていきます。そうすると、自分たちがこの国に来たのは信仰の理想を実現するためであり、啓蒙主義のような信仰をないがしろにする考えは排除すべきではないか、信仰を復興すべきではないかと、また揺り戻しが起こるのです。

そこがカトリックと同じという所以であり、アメリカのプロテスタントも揺り戻しを何度も繰り返します。例えば十九世紀の前半には、フランス革命の余波で国民国家という考えが出てきます。従来は国をまとめていく鍵は宗教でした。それが今では民主主義、あるいは共和主義が、国民国家の基本原理になる。それはそうだろう。アメリカの軸をなす基本原理は民主主義だ、アメリカという国は民主主義のお手本なのだと、日本からはそうとしかみえませんが、アメリカの底部には信仰の実現という願望が深く根を張っているのです。

第二次大覚醒が起きたのは、この十九世紀前半でした。十九世紀末になると、今度は科学思想による新しい世界観が出てきますが、このときも進歩的な考えに抵抗するかのように、第三次大覚醒が起きました。このとき標的とされたのが、ダーウィンの進化論です。万物を創造したのは神であるという『聖書』の教えを否定する考え方だ、そんな進化論は到底受け入れるわけにはいかない。そうやって一部のプロテスタントから、激しい反発が起こりました。これが後で触れる、キリスト教原理主義につながります。拒否感は根強く、アメリカには二十一世紀の今日でも、進化論を認めない人々が決して少なくないのです。

コラム21　進化論裁判

アメリカには、「『聖書』は誤りなき神の言葉」であるとする福音派（エヴァンジェリカル）をはじめ、ダーウィンの進化論を信じない人が多く、ある調査によれば現在でも四割ほどの人が進化論を容認していないという。この進化論を巡っては、裁判の俎上《そじょう》に何度か載せられている。なかでも有名なのが、一九二五年の「スコープス裁判」である。「狂騒の二〇年代《ローリング・トゥエンティーズ》」と呼ばれたアメリカの一九二〇年代を活写したF・L・アレンの『オンリー・イエスタデイ』でもこの事件が取り上げられている。同書に沿って事件を概観してみよう。

一九二五年三月、テネシー州議会は、「この州の、公立学校基金を全部または一部を支給されている大学、師範学校、公立学校の教師は、聖書に示されている人間が神聖な創造物であるという説を否定する理論を教えたり、そうでなくとも人間が下等動物から進化したというような理論を教えた場合は、法律に抵触するものとする」と規定した法律を通過させた。これに対して、アメリカ自由人権協会（ＡＣＬＵ）は、この反進化論法の合憲性を問うためにテネシー州の各紙上で試訴を呼びかけた。その記事を見たテネシー州デイトンの数人のグループがこれを試してみようと、セントラル高校の生物学教師ジョン・スコープスに話を持ちかけた。冗談交じりにスコープスはこれを引き受け、実行する。予想通りスコープスは逮捕され、裁判が行われることになった。

この裁判によって小さな田舎町のデイトンは一躍脚光を浴びることになる。というのも、検察官を買って出たのが敬虔な長老派の信者で元国務長官のウィリアム・ジェニングス・ブライアンで、片や弁護団は労働・社会問題の辣腕弁護士、クラレンス・ダロウを始めとする一流の布陣だったからだ。全米各紙は裁判の模様を大々的に報道するなど、劇場裁判の様相を呈していった。結果は被告側の敗訴。スコープスは百ドルの罰金を科せられる。弁護側は即刻控訴し、最高裁は反進化論法を合憲とはしたが、スコープスの罰金刑に対しては手続き上の不備を理由に有罪判決を却下した。この反進化論法（バトラー法）は、その後一九六七年に廃止されるまで存続した。

ヨーロッパのカトリックにおいては、浄化作用がおよそ二百年ほどの周期で起こりました。

これがアメリカのプロテスタントとなると、もっとずっと速いペースで浄化作用が働きます。やはりアメリカという国には、常に宗教という原点に立ち返ろうという力が働いていると、それくらいに理解しておいたほうがいいでしょう。トランプ前大統領の支持基盤にしても、アメリカで「バイブル・ベルト（聖書地帯）」と呼ばれる、信仰心の篤い福音派プロテスタントが多く住む地域だといわれています。

政教分離とは何か

ここからはキリスト教における政教分離をみていきたいと思います。あるいは、ここまで眺めてきた歴史を、政教分離の観点から論じなおすというほうが正しいかもしれません。

政教分離――国家と教会もしくは宗教を分けるということですが、よくよく考えてみますと、両者が一体となった「テオクラシー（神権政治）」という形態は、歴史においては珍しいものではありません。特に古代においてはそうで、ユダヤの国がある頃にはユダヤ教もテオクラシーでしたし、その傾向はイスラム教においても顕著です。それなら、なぜ政教分離が必要なのか。それは結局のところ、国家と宗教が一体になっていると、様々な不都合が生じるからです。

国家の側からみると、神権政治では常に政治が宗教に左右されてしまう。宗教改革のときなど、国内でプロテスタントとカトリックが争ったため、国家は望まぬ内乱を余儀なくされてしまっています。他方、宗教の側からすると、古代ローマの昔から国家の都合で、ある宗教が認められたり、また別な宗教が弾圧されたりすることがあります。宗教改革を例に取るなら、ドイツでは領邦ごとに、つまりはオーストリアやバイエルンはカトリック、ザクセンやプロイセンはプロテスタントといったように、奉ずる宗教を決めることになったのですが、オーストリアやバイエルンにもプロテスタントはいたし、ザクセンやプロイセンにもカトリックはいたわけです。どちらにとっても必ずしも幸福ではないと、かくて政教分離が働きかけられることになります。

キリスト教における政教分離は、最初の波が叙任権闘争で、二番目の波が宗教改革、そして三番目の波がフランス革命だといわれています。そのフランスの例でみていくと、叙任権闘争が起きた中世には、やはりローマ教皇との軋轢が生じていました、そこで出てきたのがガリカニスムという考え方です。フランスの古名「ガリア」に由来する言葉で、フランスの教会はローマ・カトリック教会に属してはいるものの、一定の自立性を有するという主張でした。

ガリカニスムの対立概念が、ウルトラモンタニズムです。「モンタ」は「山」の意味ですが、この場合はアルプス山脈を指します。アルプスを超えた（ウルトラ）ところにいるのはローマ教皇で、アルプスの彼方にも支配力、影響力をふるうのだという主張になります。このガリカニスムとウルトラモンタニズム、具体的にはフランス王とローマ教皇は、叙任権を巡って中世以来ずっと駆け引きを続けてきましたが、十六世紀、フランソワ一世の頃からは、ローマ教皇に一定額の金を納めることで、フランス王が国内の司教を任命できるという、事実上の叙任権を確立します。少しずつでも、まずは山の向こうから離れていこうとしていました。

なお教会そのものは手放せません。以後はフランス王とフランスの教会が、二人三脚で国家を営んでいくことになりましたが、その十六世紀に起きたのが、くしくも宗教改革だったわけです。カトリックとプロテスタントの争いの延長で、内乱が発生する。ユグノー戦争（一五六二～一五九八）がそれで、争いはブルボン朝を開いたアンリ四世（在位一五八九～一六一〇）がナントの勅令（一五九八）を出し、信仰の自由を認めるまで続きました。

この信仰の自由を認めるということが、政教分離の大きなステップになります。ブルボン朝の時代には国家のシステムが一定程度まで完成していたので、中世の昔ほどは教会に依存しなくてよくなっていました。それで信仰の自由という、思い切った手も打つことができたのです。

アンリ四世は元々プロテスタントで、その盟主として活躍し、フランス王に即位したときもプロテスタントでしたが、後にカトリックに改宗します。カトリックでない王は認められないとの声が強かったからです。それでいて、同時にナントの勅令も出す。信仰の自由を認めるなどとんでもないと、アンリ四世は最後は狂信的なカトリック教徒に暗殺されてしまいます。

息子のルイ十三世（在位一六一〇～一六四三）が後を継ぎますが、王を補佐した宰相のリシュリューやマザランは、いずれも枢機卿で、つまりはカトリックの聖職者でした。国内のプロテスタントが王家に反抗すれば、容赦なく弾圧します。ところが、ドイツの三十年戦争に介入したときは、プロテスタントを支援するのです。ブルボン朝はカトリックのオーストリアとスペイン、つまりは両ハプスブルク家と反目していたので、これを叩く好機とみるや、プロテスタントの支援を迷わなかったのです。ここに「国家理性《レゾン・デタ》」という新しい言葉が出てきます。

まさに宗教に引きずられない、国家の行動というものが、政教分離のさらなるステップとして現れるのです。

ところが、次のルイ十四世（在位一六四三～一七一五）の代になると、カトリック反動が強まります。一六八五年にはフォンテーヌブロー勅令を出して、ナントの勅令を廃止してしまうのです。これを受けて、プロテスタントからカトリックに改宗した者もいましたが、改宗せずに国外に亡命する者も続出しました。その数、実に二十万人に及んだといいます。これはルイ十四世の誤算でした。プロテスタントには知識、教養のある都市ブルジョワが多い。金融や商業に関わる人で多く占められていましたが、それが国外に出ていったのです。

スイスに逃れた人は少なくありませんでした。現在に至るスイスの金融業ができたのも、このときフランスの富裕層が蓄えた資産をごっそり持ち出したのが始まりです。スイスは時計でも有名ですが、あれもフランスの時計職人たちが、このときスイスに流れていったからです。

次のルイ十五世（在位一七一五～一七七四）になると、ディドロ、ダランベール、ルソーといった啓蒙主義思想家たちが、こぞってカトリックを攻撃するようになります。次の政教分離の大きな波、フランス革命は目前に迫っていました。

かくて革命が勃発すると、人民の議会はやはり教会と対決しました。国家の赤字を埋めるために教会財産を売ればいいというタレーランの提案に始まり、その国有化を決議してしまいます。収入を失くした聖職者は、国の公務員とされましたが、俗人に給料をもらうこと自体を屈辱と感じます。革命前は聖職者が第一身分に掲げられていたのです。しかし、革命の平等の理念からして、そんな旧社会は徹底的に破壊しなければならない。両者の相克は激しく、革命政府によるカトリック弾圧にまで発展します。

　このようにフランス革命は政教分離に大きな一歩を印したわけですが、ナントの勅令のときと同じで、そのまますんなり次に進めたというわけではありません。続くのがナポレオンの時代ですが、このフランス皇帝は一八〇一年、ローマ教皇ピウス七世（在位一八〇〇〜一八二三）と政教協約＝コンコルダを結び、カトリックを国家の宗教として公認するのです。一八〇四年の憲法では、さらに国教に定めます。

　ナポレオンの後はブルボン復古王政を経て、一八三〇年にオルレアン家のルイ・フィリップを立てた七月王政が樹立され、この立憲王政でもカトリックは国教で変わりません。一八四八年に成立した第二共和政（一八四八〜一八五二）でも、やはり国教とされます。フランス革命でせっかく政教分離を果たしたのに、さほど経たずに元の木阿弥になったわけです。

　次がナポレオン三世による第二帝政です。権力基盤のひとつをカトリックに求めていましたから、この時代もカトリックの位置づけは変わりません。普仏戦争（一八七〇〜一八七一）の敗戦によって第二帝政が瓦解し、第三共和政（一八七〇〜一九四〇）が始まりますが、ここでようやく政教分離が本格化するのです。

　後に第五共和政を樹立するシャルル・ドゥ・ゴール（一八九〇〜一九七〇）ですが、その父親はイエズス会系のコレージュ（中等学校）、リマキュレ・コンセプシヨン学院の教師（後に校長）でした。ドゥ・ゴールも入学しますが、一九〇五年十二月には政教分離法が公布されます。同法でカトリックの学校は全て廃止されることになり、ドゥ・ゴール少年は隣国ベルギーの同じイエズス会系の学校に移らなければならなくなりました。それくらい大目にみるか、とはならない。そこまで徹底して、第三共和政では宗教は公的なものに一切関わってはいけない、公共の場に宗教を持ちこんではいけないという方針を貫いていく。ここに現在に至るフランスの政教分離＝ライシテ、政教分離のひとつの典型ともされる形ができあがったのです。

とはいえ、別な形の政教分離も存在します。アメリカの政教分離がそれで、宗教的自由の保障に圧倒的な力点が置かれています。土台が度重なる弾圧にも信仰を妥協することなく、あげくにヨーロッパを出ざるをえなくなったプロテスタントたちの国です。新大陸入植も、「聖書共同体（バイブル・コモンウェルス）」と呼ばれるような、同じ信仰を持つ人々が集まり、共同体を作っていく形が基本でした。こうした共同体では、当然ながら宗教と政治行政が一体化しています。まさに「テオクラシー（神権政治）」なわけです。この確信的なテオクラシーにおいて、どうして政教分離が起きるのかというと、共同体から町へと発展していく過程においては、どうしても一教派だけではなく、他の教派も入りこんでこざるをえないからです。

というのも、絶え間なく分派を生み出すというのが、プロテスタントです。プロテスタントには異端というものがないのです。自身で『聖書』を読み、神のメッセージはこうだと思うところを教義にすれば、それでもう教派になります。自らもやってきたその行為の正しさを否定できないからには、他の教派のことも否定できません。そうなると、異なる教派がひとつの町に同居することは避けられません。大都市ともなれば、様々な教派が混在することになる。小さな宗教国家が沢山あるような状況です。それでも共同生活をしなくてはならない。信仰以外の共通した問題は、ともに解決しなければならない。それを行うのが国家であり、政府であり、行政であるという前提で成立したのが、アメリカの政教分離なわけです。

まず宗教ありきの政教分離といいますか、それは自分たちの信仰を自分たちのコミュニティーで実践できることを保障するための政府であり、政治なのです。もし信仰に反することをやるなら、その政府は不要であり、間違った政治をやっているということになります。たとえば人工妊娠中絶を認めるか認めないかは、教義に関わる問題なので、それを政府が決めるべきではないというのが、アメリカの政教分離です。学校という公共の場で進化論を教えるなというのも同じで、自分たちの信仰コミュニティーに違う教義を押しつけるなというわけなのです。

いささか偏った政教分離に感じられますが、古代に正統と異端が区別されると、その異端こそが中世を動揺させ、やがて宗教改革に突き進み、プロテスタントたちに渡海を促す——こうした、信仰を汚されたくないという意志、キリスト教の浄化の衝動、その遺伝子というのは連綿として受け継がれてきたものであり、かかる歴史の流れからみるならば、アメリカの政教分離こそ、ひとつの究極の形に辿りついたものといえるかもしれません。

第二章　イスラムの遠い近代

パリ・ダカール・ラリーという冒険レースの大会がありました。フランスでは「ル・ダカール」と呼ばれたもので、「パリ」をつけなかったというのは、フランス発のレース・イベントだったからです。それはフランスの冒険家ティエリー・サビーヌが、一九七八年に提唱して始まったものなのです。

文字通りパリをスタートして、サハラ砂漠を縦断、セネガルのダカールがゴールという、非常に過酷なレースでした。それは一九七八年十二月に第一回が幕を切って落とされると、毎年末、ないしは年始の開催で二〇〇七年まで続けられました。

名前は変わらず「ル・ダカール」ですが、二〇〇八年からは中欧、南米、サウジアラビアと舞台を別の場所に移して開催されています。

このパリ・ダカール・ラリーですが、日本でもブームになった時期があって、特集の番組がテレビで放映されたりもしました。もちろん一番の見所はサハラ砂漠なのですが、そこまでにいたる風景の移り変わりも、また大いに楽しめるものでした。

なにしろ花の都パリに始まり、スペインのバルセロナで車両が船積みされ、地中海を渡って到着するのが北アフリカのアルジェリアだというのです。乗船がポルトガルのリスボンだったり、着船がチュニジアやリビアだったり、コースは頻繁に変わりましたが、いずれにせよ、それぞれが異国情緒たっぷりで、のみならず互いに趣が違うのです。

あるいは異郷であることを印象づけるためだったかもしれませんが、イスラム教徒と思《おぼ》しき民族衣装の人々も、よく画面に映し出されていました。都市生活者でなく農村生活者、それも杖を片手のヤギ飼いといった男たちばかりでしたから、やはり演出だったのだとは思います。それにしても、ムスリムたちの前近代から時が止まったような佇まいに重なって、まさに近代の産物であり、あまつさえレースだからと派手に装飾された車やバイクがビュンビュン走り抜けていく映像は、容赦ないくらいのコントラストをなしていて、今も忘れることができません。

もうひとつ覚えているのが、レースにカミオンというクラスがあったことです。フランス語で「トラック」のことですが、あんな荷物を運ぶための大きな車を砂漠や悪路に持ちこんで、わざわざ走らせてみるというのは、なんとも不思議な感じがしたというか、少なくとも他ではみたことがありませんでした。

「どうしてトラックなんか走らせるんだ」

考えてみれば、すぐわかります。トラックの性能をアピールするためです。こんなによく走るのだとみせつけて、要は北アフリカの人々にトラックを売りたいのです。普通の車やバイクを含めて、売りたい。それこそ車など持たないムスリムのヤギ飼いに売りたい。パリ・ダカール・ラリーは、先進工業諸国の商品見本市でもあったというわけです。

思えばレースが開催された国々の多くは、かつてフランスの植民地でした。一九五〇年代半ばから一九六〇年代初頭にかけて続々独立を果たしましたが、なお自前で高度な工業製品を生産するにはいたらず、今もフランスをはじめとする先進諸国の市場であり続けているのです。

マムルークとは何か

イスラム教スンナ派における世俗君主の称号＝スルタンですが、これを用いたのはセルジューク朝だけではありません。ルーム・セルジューク朝（一〇七七～一三〇八）、ホラズム・シャー朝（一〇七七～一二三一）、アイユーブ朝（一一六九～一二五〇）、そしてマムルーク朝（一二五〇～一五一七）と、新しい王朝が次々建てられていきますが、いずれも用いる称号はスルタンでした。

他方、カリフはどうなったでしょうか。最後のカリフといわれているのが、アッバース朝の第三十七代ムスタアスィム（在位一二四二～一二五八）です。このムスタアスィムのとき、フレグ（フラグ）・ハーンのモンゴル軍がアッバース朝に攻め入ります。首都バグダードは陥落、ムスタアスィムも処刑されます。これでアッバース朝は滅びますが、やはりモンゴル軍と戦っていたマムルーク朝の第五代スルタン、バイバルス（在位一二六〇～一二七七）が一二六一年、ムスタアスィムの叔父のムスタンスィルをカイロへ呼び寄せ、名目上のカリフを継がせました。

なぜ、こんな面倒なことをしたのか。マムルーク朝はアイユーブ朝の奴隷（マムルーク）出身者が興した王朝で、別に奴隷王朝とも呼ばれます。それだけに権威づけが欲しく、自称スルタンではなく、正式にカリフの任命を受けたスルタンなのだと内外に宣明するため、ムスタンスィルのカリフの称号を利用したということです。

ここでイスラム世界における奴隷の位置づけを説明すれば、まずシャリーア（イスラム法）のなかで、その身分は明確に定義されます。法的には「自由人」と「奴隷」が分離されているのですが、奴隷に近い自由人、自由人に近い奴隷というものもあったようです。ムハンマドの時代はごく普通に奴隷がいましたが、『クルアーン』にも奴隷を解放することは貧者への施しに等しく大切なことだとされています。

《何が険しい山路であるかを、何がおまえに分からせたか。／（それは）奴隷の解放、／あるいは、飢えに苦しむ日に食べさせること、／近親の孤児に、／あるいは、埃を被った貧困者に（食べさせること）。》（九〇・一二―一四）

『クルアーン』には次のような奴隷の解放に関する言葉も出てきます。

《過失により信仰者を殺した者には信仰ある奴隷を自由にすることと、彼の遺族に手渡す血の代償である。ただし、遺族が（免じて）喜捨とする場合は別である。また彼（殺された者）がおまえたちの敵の民の者で、信仰者であれば、信仰ある奴隷を自由にすることである。また、もし彼（殺された者）がおまえたちとの間に確約（盟約）のある民の者であれば、遺族に手渡す血の代償と信仰ある奴隷を自由にすることである。》（四・九二）

《アッラーは、おまえたちの誓約における軽はずみに対してはおまえたちの責任を問い給わないが、おまえたちが誓約を交わしたものにはおまえたちの責任を問い給う。その贖罪は、おまえたちが家族に食べさせるものの中くらいのものから十人の貧者に食べさせることか、彼らに服を着せ与えることか、奴隷一人を自由にすることである。》（五・八九）

こうした定めによって、イスラム世界では解放奴隷が多く発生しました。解放奴隷を自分の子分のように扱う慣習もありました。異教徒に対する戦争では、捕虜にした者を奴隷、つまり軍事奴隷として連れてくるということも、珍しくなかったようです。その軍事奴隷で最も一般的だったのが、いうところのマムルークです。「マムルーク」の元々の意味は「所有された者」ですが、それが軍事奴隷を意味するようになったのです。

コラム22　イスラムにおける「奴隷」

近代化に伴い、ヨーロッパ世界がイスラムの奴隷制廃止を求めるようになると、オスマン朝の高官たちは「われわれの奴隷制はあなた方の奴隷制とは違う。アメリカの黒人奴隷たちのような過酷な奴隷制度などイスラーム社会には存在しないのだ」（清水和裕『イスラーム史のなかの奴隷』）といったという。しかし実態としては、奴隷所有者の奴隷への暴力、女性奴隷への性的搾取といったことはイスラム社会でもあったとされる。それでもイスラムにおいては奴隷と非奴隷（自由人）との距離は比較的近かったこともたしかなようだ。奴隷は容易に解放され、自由人のなかには多くの元奴隷がいたし、先祖が解放奴隷という自由人は相当数いた。また、所有者が女性奴隷と結婚したいと思ったら、解放さえすればよかった。
アッバース朝第二代カリフのマンスール（在位七五四〜七七五）の母親は北アフリカのベルベル系奴隷で、同じアッバース朝第五代カリフ、ハールーン・ラシード（在位七八六〜八〇九）の母親も、イエメン出身の奴隷で、ラシードを産んだ後に解放されて、婚姻関係を結んでいるなど、そうした例は枚挙に遑《いとま》がない。また、マンスール以降のアッバース朝では、元奴隷、非アラブ人が政府高官に就く割合が高くなった。

このマムルークが増えてくるのはアッバース朝以降です。アッバース朝の首都はバグダードで、それまでのウマイヤ朝のダマスカスに比べると、かなり東に位置しています。しかも帝国の最大版図は、西はイベリア半島から東は中央アジアまでに及びました。このことから、中央アジアにいたトルコ民族、コーカサス地方のチェルケス人、それから南ロシアのスラヴ人、アルメニア人、南ではギリシャ人、クルド人、モンゴル人なども、軍事奴隷＝マムルークとして連れてこられたと伝えられます。

なかでも重宝がられたのは、中央アジアのマムルークでした。それまでのムスリムは、戦争にもラクダを使っていましたが、それよりも馬のほうが役に立つと気づくようになっていました。この時代の戦闘では騎兵力がものをいったわけで、馬の扱いに慣れている中央アジアの人々を、マムルークとしてどんどん導入していったのです。それは同時に騎兵力を増強した地方の司令官（アミール）たちに、力をつけさせることにもなったのですが……。

需要の高まりを受けて、中央アジアではマムルークを輸出するのが一種の事業になりました。養成所のような施設を建てて、優秀な奴隷を集団として輸出するようになるのです。サラブレッドではありませんが、優秀なマムルークの血筋を育て、子供の頃からエリート教育を施していく。できたのが、体格に優れ、美貌で、教養豊かで、馬を走らせるのも巧みという、逸材揃いの精鋭集団です。トルコ人、チェルケス人、スラヴ人の血なども混じっていますから、イスラム教徒の服装ではあるけれど、金髪碧眼の偉丈夫たちです。そうした集団は、かなりの異彩を放っていたことでしょう。イギリスのボリス・ジョンソン首相の曾祖父は、末期のオスマン帝国で内務大臣を務めたアリ・ケマルというのは有名な話ですが、そのまた母親はチェルケス人の女奴隷だったそうです。首相の見事なブロンドと青い瞳も、あるいはこちらの血筋なのかもしれません。

話を戻すと、このマムルークたちは、実力を買われて解放奴隷になることもありましたし、自分たちを雇っていたアミールに代わって、自分がアミールになることさえありました。いや、アミールにも留まらず、スルタンにまでのし上がったというのが、エジプトのマムルーク朝なのです。

マムルーク朝でも当初はスルタン位の世襲が行われていました。が、途中からは世襲が廃され、有力者たちの互選になって、それが長く続いていきます。マムルーク朝は最終的にはオスマン帝国に征服されてしまうのですが、それは頭のスルタンが廃されただけで、身体――つまり在地では「ベイ」と呼ばれる従来からの有力者が、引き続き実権を握りました。ベイは、

「太守」とか「知事」とか訳されますが、その称号を持つ者が全部で二十四人いて、世襲ないしは新しく買ってきた子供に後を継がせるという、例のマムルークの論理で一門を守りました。要するに、名目上オスマン帝国のスルタンを担いだだけで、エジプトの支配はマムルークが続けたということです。

このマムルークたちは、驚くことにナポレオン時代にも残っていました。一七九八年に始まるエジプト遠征で、フランス軍が対峙することになったのが、二十四人のベイたちだったのです。その独自の文化、習慣も持ち続けていました。たとえばマムルークは、現金、宝石、貴金属と全財産を身につけながら戦場に出て行きます。負ければ帰る家はなく、逃げても頼る者はいない。まさに軍事奴隷として、不退転の決意で戦いに向かうのです。金髪碧眼の偉丈夫が全身に光り輝くものをまとい、『クルアーン』を吟じながら攻めてくる——目にしたナポレオン軍の兵士たちは、さぞかし驚いたろうと思います。

とはいえ、さしものマムルークたちも相手がナポレオン軍では、一敗地に塗れざるをえませんでした。オスマン帝国は初めてエジプトに官僚を送りこみ、失地回復に努めるのですが、遅きに失した感は否めません。傭兵隊長からエジプト総督になったムハンマド・アリー（一七六九?～一八四九）が、マムルーク勢力を一掃しましたが、そのまま自らムハンマド・アリー朝（一八〇五～一九五二）を興してしまいます。結局のところ、オスマン帝国はエジプトから追いやられてしまうのです。

なぜイスラムは遅れたのか

アッバース朝の文化は非常な質の高さを誇っていたと、それは前で触れたとおりです。ところが、そうした事実はあまり知られておらず、むしろ一般の日本人にはイスラム世界＝文化的に遅れているイメージがあるかと思います。もちろん、進んでいる、遅れているというのは、あくまでも比較の問題です。イスラム世界が何と比べて遅れているのかといえば、キリスト教諸国、とりわけヨーロッパやアメリカと比べてということなのです。

文学、哲学、法学は無論のこと、諸々の科学技術においてもはるかに高度な文化を有した中世イスラム世界に対して、ヨーロッパ世界は十字軍という身のほど知らずの戦いを挑みました。怪我の功名というのか、この十字軍を通じてヨーロッパは、イスラムには自分たちより高度な文化があることを知り、なんとか追いつかなくてはならないと思うのです。

ヨーロッパは、その後の十四、十五世紀においては、度重なる戦争、さらに人口の三分の一を失わせたといわれるペスト禍にも大きな打撃を受けながら、それでも自己改革を遂げていきます。そして迎えたのがルネサンスの時代ですが、それは大航海時代でもありました。ヨーロッパ世界は十五世紀末に始まる大航海時代に乗ることで、世界各地に進出し、そこで大きな富を獲得していったのです。

この大航海時代に、イスラム世界が一気に劣勢に追いやられたわけではありません。十五世紀末から十六世紀にかけては、なお広域な領土を有する「三大イスラム帝国」が存在していました。ひとつは、アナトリア地方を中心とするオスマン朝（一二九九―一九二二）。もうひとつは、イランを拠点とするサファヴィー朝（一五〇一―一七三六）。そしてインドのムガル朝（一五二六―一八五八）です。

十三世紀末に興ったオスマン朝は発展を続け、一四五三年にはメフメト二世（在位一四四四～一四四六／一四五一～一四八一）がコンスタンティノポリスを陥落させ、ビザンツ帝国を滅ぼします。スレイマン一世（在位一五二〇～一五六六）の時代に最盛期を迎えますが、このスルタンはヨーロッパを中心に生涯十三度もの遠征を行い、軍事的な成功を収めます。なかでも一五二九年の「ウィーン包囲」は、ヨーロッパの人々に強い印象を残しました。

十六世紀初頭、オスマン朝の東、現在のイランの地にシーア派の十二イマーム派を国教として興ったのがサファヴィー朝で、あれよという間に大国に成長しました。同じ十六世紀、バーブルによって北インドに建てられたのがムガル朝です。バーブルは父方でティムールの、母方でチャガタイ・ハーンの血を引くとされ、それゆえに国はムガル＝モンゴル帝国と称されます。百年ほどで南インドにまで版図を広げ、こちらも大帝国になります。

要するに十六世紀の時点では、まだまだイスラム世界はヨーロッパ世界に押される状況ではありませんでした。それが十七世紀、十八世紀と時代が進むにつれて、だんだんイスラム世界の旗色が悪くなっていき、遅くとも十八世紀の末までには、ヨーロッパ世界に追い抜かれてしまいます。

国境を接するオスマン朝とロシアは、十七世紀このかた幾度となく戦争になっています。いわゆる露土戦争ですが、一七六八年の戦争では、オスマン朝が遂にロシアに大敗を喫し、クリミア半島の領有を許すことになっています。サファヴィー朝は十八世紀に入ると衰退、アフガン族の侵攻で危機に瀕し、再興を図るも一七三六年には滅びてしまいます。その遺領は抗争を重ねてきたオスマン朝が獲るものと思われましたが、やはりロシアが北から下りてきて、少なからずを奪います。残るムガル朝はといえば、イギリスの植民地にされました。はじめは東インド会社が、十九世紀からはイギリス政府が支配の手を伸ばし、容易なことでは逆らえなくしたのです。

先ほど比較の問題だといいましたが、それはただ進んでいる、あるいは遅れているという評価に留まらない、現実の問題でもあるわけです。端的にいえば、軍事的な敗北が続くことで、自らの領土を維持することが難しくなり、また通商においてもヨーロッパ商人に特権を与えざるをえなくなって、徐々に対等の立場ではなくなっていく。さらに十九世紀に入ると、鉄道事業をはじめとするヨーロッパの諸々の産業が、イスラム世界の奥深くまで進出するようになります。

ムガル帝国が植民地にされたのは、まだしもイギリス一国だけでした。オスマン帝国はヨーロッパと境を接していただけに、まさに諸国の好餌にされた感があります。ドイツのバグダード鉄道——小アジアのコニヤからバグダードを経由して、ペルシャ湾のバスラまでを結ぼうとした――が有名ですが、他にも様々な形で経済侵攻が進められていきます。

軍事侵攻も行われます。これはオスマン朝の本拠地である小アジアというより、中東や北アフリカの属領が餌食にされました。ナポレオンのエジプト・シリア遠征は失敗に終わりますが、一八三〇年にはフランスがアルジェリアに侵攻、植民地にしてしまい、ついで一八三九年にはイギリスがアデンを占領します。これをきっかけに十九世紀末から二十世紀初頭にかけて、植民地化が加速していくのです。列挙すると、一八八一年にはフランスがチュニジアを、一八八二年にはイギリスがエジプトを、一八九九年にはやはりイギリスがスーダンを、一九一一年にはイタリアがリビアを、一九一二年にはフランスがモロッコを保護領、植民地化してしまいます。イスラム世界を次々隷属させていったのです。

一九一四年には第一次世界大戦（一九一四―一九一八）が勃発します。このときオスマン朝はドイツ側についたため、一九一八年には一緒に敗戦国となりました。帝国の解体が加速し、一九二二年のスルタン制廃止によって、とうとう消滅してしまいますが、それに先立つ一九一六年のことでした。英仏露の三国が秘密裏にサイクス・ピコ協定を結び、オスマン朝に統治の力なしとして、治下のアラブ地域の分割を勝手に決めてしまっていたのです。もはやイスラム世界はヨーロッパに術なく翻弄される体であり、その劣勢は決定的になったといえるでしょう。

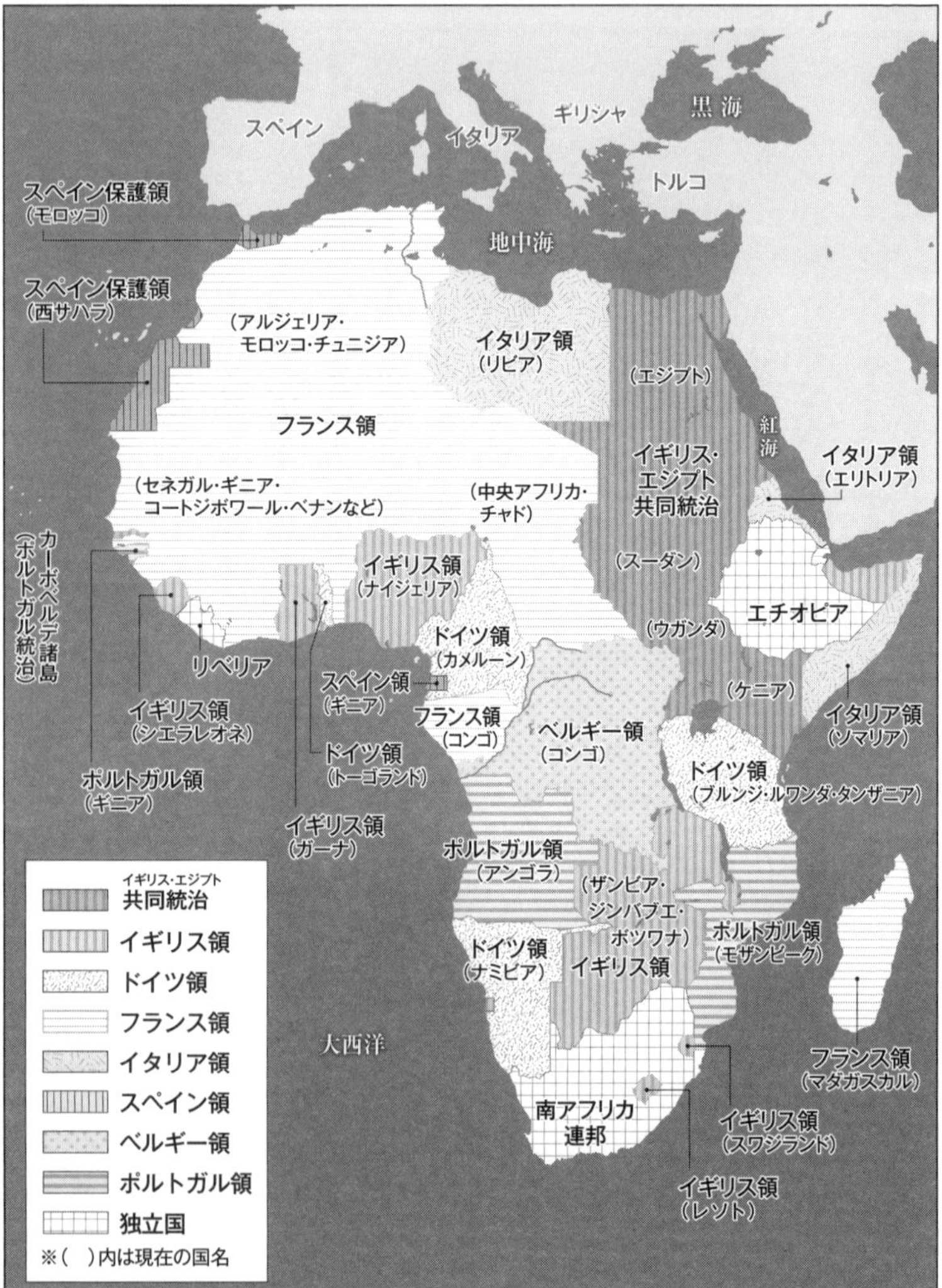
スペイン
イタリア
ギリシャ
黒海
トルコ
地中海
スペイン保護領
（モロッコ）
スペイン保護領
（西サハラ）
（アルジェリア・
モロッコ・チュニジア）
イタリア領
（リビア）
（エジプト）
紅海
フランス領
イギリス・
エジプト
共同統治
イタリア領
（エリトリア）
（セネガル・ギニア・
コートジボワール・ベナンなど）
（中央アフリカ・
チャド）
カーボベルデ諸島
（ポルトガル統治）
イギリス領
（ナイジェリア）
（スーダン）
エチオピア
（ウガンダ）
ドイツ領
（カメルーン）
リベリア
スペイン領
（ギニア）
（ケニア）
イタリア領
（ソマリア）
イギリス領
（シエラレオネ）
フランス領
（コンゴ）
ベルギー領
（コンゴ）
ドイツ領
（トーゴランド）
ドイツ領
（ブルンジ・ルワンダ・タンザニア）
ポルトガル領
（ギニア）
イギリス領
（ガーナ）
ポルトガル領
（アンゴラ）
（ザンビア・
ジンバブエ・
ボツワナ）
イギリス領
ポルトガル領
（モザンビーク）
ドイツ領
（ナミビア）
大西洋
フランス領
（マダガスカル）
南アフリカ
連邦
イギリス領
（スワジランド）
イギリス領
（レソト）
イギリス・エジプト
共同統治
イギリス領
ドイツ領
フランス領
イタリア領
スペイン領
ベルギー領
ポルトガル領
独立国
※（　）内は現在の国名

1914年時点のアフリカ

一方ヨーロッパは、これほどまでの優位をなにゆえ築くことができたのか。そう問われれば、このときまでに近代化を遂げていたからと、答えることができるでしょう。教会が強大な権力を持っていた諸国は、それを克服しながら絶対王政を打ち立て、それをさらに国民国家（ネーション・ステート）へと進化させます。宗教は無論のこと、王や貴族の邪魔も許さない国民国家は、強力かつ効率的な国家機構を誇りますが、それが最も端的に表れるのが戦争の強さ、軍隊の優秀さです。

優劣が切実に実感される分野であれば、遅れているとの自覚は否応ありません。実際、オスマン帝国は、セリム三世（在位一七八九～一八〇七）がヨーロッパ式の軍隊設立に乗り出すなど、早くから改革に取り組んでいます。あのナポレオンなども不遇時代に、軍事顧問としてオスマン帝国に派遣される予定になっていました（実現しませんでしたが）。その後も、マフムト二世（在位一八〇八～一八三九）は、旧来のイェニチェリ軍団を解体して、新式の軍隊創設を目指しました。次のアブデュルメジト一世（在位一八三九～一八六一）など、軍隊だけの問題ではない、根本から変えなければならないと、フランスの人権宣言などを取り入れた「薔薇園《ギュルハネ》勅令」を出しています。より抜本的で大胆な西洋化政策＝近代化政策まで打ち出したのです。

実際のところ、軍隊改革はヨーロッパ近代化の表層を真似たにすぎません。その本質は何かといえば、ひとつにはアブデュルメジト一世も意識していたように市民革命を行ったこと、そしてもうひとつには産業革命を遂げたことです。各国で形態や進度に差はあれ、この二つの革命が、ヨーロッパの近代化の根幹だったわけです。これらを達成するには、まずもって政治、さらには科学をはじめとする諸学問が、宗教から解放されていなければいけない。つまるところ、政教分離の実践が不可欠なのです。

イスラム諸国においては、この政教分離が非常に困難でした。一面ではイスラム教の宗教としての強さ、優れた宗教であることの証といえます。みてきたようにキリスト教でも、中世のカトリック教会は世俗の政治と強く関わりましたが、《皇帝のものは皇帝に、神のものは神に返しなさい。》(「マタイによる福音書」ほか)というイエスの言葉があるように、本来のキリスト教は俗世の政治から遠ざかろうとするものでした。

ところがイスラム教は、日々の生活の細かなところまで、神が食いこんでくる宗教です。政治にせよ神の教えを世に行き渡らせるための場所にほかなりません。ムハンマドの後継者がカリフとなり、さらにカリフの代行者として、その権威を継いだアミールやスルタンが政治を担ったことからもわかるように、宗教と政治は離れることなく、常に密接に関わり続けてきたのです。かかるイスラム世界において、政教分離が容易なわけがありません。

またイスラム教は前でも触れたように神中心主義でもあります。常に神が前面に出てくる。このことも近代市民社会の諸原理を受け入れにくくしていた部分がありました。アメリカのリンカーン大統領に「人民の人民による人民のための政治」という有名な言葉がありますが、これがイスラム教徒には通用しない、というより理解しがたいのです。支配者の正統性は神に選ばれたことであって、人に選ばれたことなどはあまり意味がないのです。人間の思惑で権力を持つのはおかしい、神の前では恥ずべきだともなるのですから、政教分離の壁は非常に高いといわざるをえません。

近代化を進める単位の問題もあります。ヨーロッパの場合は、イギリス、フランス、ドイツのような国民国家がひとまとまりの単位となって、近代化が進められました。それに対してイスラム世界は、ウマイヤ朝、アッバース朝、オスマン朝というようなイスラム信仰共同体＝ウンマと同一視できるような帝国が長らく存在してきたために、よりコンパクトな国民国家は馴染みませんでした。いきなり国民国家を造れ、そこで近代化を進めろといわれても、なかなか対応できなかったというのが実情だと思います。

キリスト教においても「レスプブリカ・クリスティアーナ（Respublica Christiana/キリスト教共同体）」といった観念は中世の頃からありました。しかしながら、帝国を統べる帝権でなく、より小さな王国を統べる王権のほうを強めたり、さらに叙任権闘争、宗教改革、啓蒙主義、そして革命といった数段階のプロセスを、ひとつずつ丁寧に踏んでいったりしながら、数百年もの時間をかけて、徐々に政教分離を達成していったのです。イスラム世界でも数百年かけて丁寧に進めれば、政教分離も可能になったかもしれませんが、現実には常にヨーロッパの脅威に曝《さら》されていましたから、とてもそんな余裕は持ちえなかったのです。

イスラムの世俗化とは何か

幾重にも困難な状況にかかわらず、努力は費やされました。たとえば、エジプトです。前でも少し触れたオスマン帝国のムハンマド・アリーですが、若き軍人として派遣されたエジプトで、ナポレオンの戦争を目の当たりにします。ショックが大きかったというのは、それまでオスマン朝も手を出せなかったマムルークを、あっさり破ってしまったからです。まさに圧倒的な力です。ナポレオンが恐るべしというより、近代的な軍隊が強しということで、この原体験からムハンマド・アリーは、近代化へ向けた改革を志向するようになるのです。

機会は与えられました。ナポレオン軍が撤退した後の一八〇五年、ムハンマド・アリーはエジプト総督に推挙されます。赴任するや、実際に改革に乗り出すのです。試せるのは管轄の属州だけですから、それ幸いとエジプトをコンパクトな国民国家に見立てて、近代化の単位にします。そこで農業振興のために灌漑《かんがい》施設を造ったり、また徴兵制を導入したりと、無理矢理にも改革を前進させたのです。このときムハンマド・アリーは、スルタン、ウラマー(イスラム教学者)というような神に由来する権限を一切介在させず、総督の権限だけでやりました。つまりは政教分離、イスラム教では「世俗化」とか「世俗主義」といいますが、とにかく国家から宗教を排除し、あるいは分離しながら、近代化を進めていったのです。

世俗化ですから、いうまでもなく宗教勢力は害にしかなりません。ムハンマド・アリーは、ウラマー層の経済基盤であるワクフ（宗教寄進財産）に課税して諸事業の財源に充てたり、脱イスラムともいえる法制度の近代化を断行したりして、既存の宗教勢力の打倒を図ります。これがエジプトの世人には不評でした。ヨーロッパで数百年かかったことを短兵急にやろうとしたわけですから、それに大半の国民はついていくことができなかったのです。徴兵忌避者が多数出たりと、改革は遅々として進みませんでした。

ムハンマド・アリーはエジプトのオスマン帝国からの切り離し、さらに独立を志向して、また自らアリー朝を興しました。総督（称号は総督、副王、国王等に変遷）の地位を世襲する王朝は一九五三年まで十一代、百五十年にわたって続いていきます。なかでもムハンマド・アリーの孫に当たるイスマーイール（在位一八六三〜一八七九）は、ヨーロッパで教育を受け、フランス語も話せました。やはり様々な改革に取り組み、一八六九年には完成したスエズ運河の所有権はエジプトにあるとして、フランスのレセップスが設立したスエズ運河会社の株式取得にも成功します。が、ほどなく会社は経営難に陥ってしまいました。資金を注入しようにも、イスマーイールは急速な近代化政策で、莫大な借金を背負っています。どうしようもなくなって一八七五年、その持ち株をイギリス政府に売却したのです。ここからエジプトが、実質イギリスの植民地になっていく道が始まります。

イギリスのエジプト支配は一九二二年まで続きました。そこからエジプト王国になり、第二次世界大戦後の一九五三年には、ついにエジプト共和国になりました。時々の支配者たちは近代化——イスラムにいう世俗化を進めていくのですが、いずれも中途で頓挫してしまいます。

となると、イスラム教そのものが近代化を邪魔しているとの捉え方も出てきます。実際、エジプト共和国第二代大統領のナセルなどは、はっきりと反イスラムを標榜しています。その後を継いだのが第三代サダト大統領で、ナセルの世俗化路線も一緒に継承しますが、そのために一九八一年に暗殺されてしまいました。実行したのは、後述するムスリム同胞団の分派とされています。

ムハンマド・アリー以後、総督、王、共和国の政治家たちが強引な世俗化を進めていくなか、当然それに対する反発も起こります。近代化のためには政教分離ではなく、むしろ積極的にイスラム教を押し出していくべきだという運動、イスラム復興運動と呼ばれる動きがそれです。世俗主義者たちがいう近代化とはヨーロッパの近代化であって、イスラムの近代化ではない。自分たちイスラムのやり方でも高度な科学文明に到達することはできる。そうした考え方が出てきたのです。

最初に唱えたのは、ジャマールッディーン・アフガーニー（一八三八／三九～一八九七）でした。アフガーニーがイスラム回帰に目覚めるきっかけは、一八五八年から五九年のインド大反乱——かつては「セポイの乱」と呼ばれていました——の現場を目の当たりにしたことです。植民地支配を打倒するための闘争でしたが、イギリス軍の力の前にあえなく鎮圧されてしまいます。そこでアフガーニーは、イスラム独自の思想による抵抗と連帯を訴えたのです。

影響を受けたのがアフガーニーの同志で、友人でもあったムハンマド・アブドゥフ（一八四九～一九〇五）です。アブドゥフはエジプト生まれで、アフガーニーがインドからエジプトに来たときに出会い、その弟子になりました。アブドゥフは元々は西洋的な進歩人で、教育活動にも熱心でしたが、ここで西洋文化をそのまま受け入れるのではなく、イスラム流にアレンジして取り込むべきだと考えたのです。たとえばイスラムの伝統的な考え方に「シューラー」というものがあります。「協議」とか「寄合」を意味する言葉ですが、そこから民主主義を説明すればよいのじゃないかというような、穏健かつ中庸的な思想を展開したのです。

このムハンマド・アブドゥフの友人で、ジャーナリストのラシード・リダー（一八六五～一九三五）になると、もう少し急進的でした。知識人や学識者の間にはびこる世俗主義に敵対して、あくまでもシャリーア（イスラム法）に基づいた近代化を行い、イスラム的な国家を目指すべきだと主張したのです。

さりながら、このリダーまでは一部の知識人の思想という線に留まっていました。これを一気に大衆化させたのが、ハサン・バンナー（一九〇六～一九四九）です。このバンナーが組織したのがエジプトのムスリム同胞団で、一九二八年にエジプトで設立されました。最初は過激なものではなく、慈善活動をしたり喜捨を勧めたりという活動でした。それが徐々に様々な階層に浸透していき、一九四〇年代末には団員五十万人という巨大組織へ成長します。

ムスリム同胞団は組織の拡大とともに、政治闘争を優先させるようになりました。それを脅威とみなしたエジプト政府は、同団を非合法化してしまいます。その報復として一九四八年、ムスリム同胞団の秘密機関がヌクラシー首相を暗殺したのです。しかし、さらにその報復として翌一九四九年には、バンナーが政府の秘密警察に暗殺されます。この指導者を失くして以後、ムスリム同胞団はますます活動を先鋭化させ——させていくたびに政府の激しい弾圧を被るという悪循環に陥ります。あげくが分派による、サダト大統領の暗殺ということになったのです。

同様のことはエジプト以外の地域でも起きています。たとえばサウジアラビアです。一九三二年に成立した王国ですが、前述のように、スンナ派のなかでも厳格なワッハーブ派を国教としています。ワッハーブ運動とは急進的イスラム改革思想を唱えたものであり、その運動の延長で造られたのが、サウジアラビアという国なのです。現在のサウジアラビア政府も、憲法に当たる国家基本法には「『クルアーン』とスンナを憲法とするイスラム国家」であると規定しているほどで、その意味ではイスラム主義を厳格に守っているといえます。

そうしたサウジアラビアの例もあるのですが、世俗主義による急激な近代化とそれに反発するイスラム主義という対立の図式は、多くのイスラム諸国に見られます。こうした図式になると、どうしても政情は不安定になるし、国の発展を阻害しもする。後の原理主義運動とも関係してきますが、それについては章を改めることにしましょう。

第三章　イスラエルの建国

中学生の頃、私の友達の間でプラモデルを作るのが流行《はや》りました。人気だったのが飛行機、なかでもジェット戦闘機の模型で、みせたり、比べたりしているうちに、どれが世界最強なのかという話にもなりました。

いや、世界最強は、はじめからアメリカのF-15イーグルと決まっていました。それぞれ贔《ひい》屓《き》があって、F-4ファントムだ、可変翼のF-14トムキャットだ、垂直離着陸のハリアーだと、中学生なりの知識で論じようとするのですが、それでも最強は常にF-15イーグルなのです。というより、その台詞を決められては黙るしかありませんでした。

「F-15イーグルは実戦で無敗だからな」

空中戦で撃墜した敵機は五十機を超える。それなのに自らは一機も撃墜されていない。世界最強というのは論より証拠の論法によるのであって、他はどれほど強いといってみても机上の空論にすぎないのです。

まあ、実際にF-15イーグルは強いらしく、さすがに世界最強とはいわれなくなったものの、現在なお無敗を貫き、撃墜した敵機も今では百を超えているといいます。

しかし、中学生の時分は少し釈然としない思いもありました。当時は冷戦の時代で、それだけに軍備は増強されていましたが、その一方で大きな戦争はなかったからです。実戦の機会なんて、そう簡単には与えられない。少なくともアメリカの戦闘機には与えられなかった。そんななか、どうしてF-15イーグルだけは戦績を残すことができたのか。

聞けば、それはイスラエル軍のF-15イーグルが、シリア空軍のミグ21ないしはミグ25を相手に稼ぎ出したものでした。一九八二年、イスラエルによるレバノン侵攻、いわゆる第五次中東戦争のときの話です。

F-15イーグルの強さは、やはり間違いないようでしたが、今度はなにゆえアメリカの飛行機でイスラエル軍が勝つのかと、またぞろ納得できない思いは残り……。日本の航空自衛隊にもF-15イーグルは配備されていますから、同じ同盟国ということでいえば、不当という話ではないのですが……。なにしろ中学生の頃の思い出です。

なぜユダヤ人は根絶されなければならなかったのか

中世末、スペインにいたユダヤ人はレコンキスタ（国土回復運動）でスペインから追われました。オスマン帝国に、あるいはヨーロッパ各地に移住していきましたが、中世ヘブライ語でスペインのことを「スファラド」といったため、スペインや北アフリカでイスラムの影響を受けたユダヤ人は、スファラディ系ユダヤ人と呼ばれます。対置して呼ばれるのがアシュケナジム系ユダヤ人で、こちらはライン地方を中心に住んでいた人々のことをいいます。呼び名は中央＝アシュケナズから来ています。

迫害が激しさを増すなか、スファラディの一部は信教の自由を掲げるオランダに流れていきます。一方のアシュケナジムは、早い時期からユダヤ人を受け入れていたポーランドへ逃れました。ポーランドでは一二六四年に「ユダヤ人の自由に関する一般憲章」、いうところのカリシュ法令を発布し、さらに十六世紀の宗教改革においても信仰の自由を保障します。これはプロテスタントの信仰のみならず、ユダヤ教にも適用されるものでした。ますます多くの人々が移住したので、ポーランド内のユダヤ人口は、十七世紀半ばには五十万人に達したとされています。

コラム23　レッシング『賢者ナータン』

ドイツの劇作家・批評家ゴットホルト・エーフライム・レッシング（一七二九～一七八一）は、ゲーテをして「私たちに必要なのはレッシングのような男である。彼は何よりもその性格、毅然たる志操のゆえに偉大なのだ」（エッカーマン『ゲーテとの対話』）といわしめた、啓蒙期ドイツを代表する思想家だ。そのレッシングの晩年の劇詩『賢者ナータン』（一七七九）は、ユダヤ教に対する根深い偏見が覆っていた時代に宗教的寛容を鋭く説いたものとして高い評価がなされている。

『賢者ナータン』は全五幕からなる。舞台は十字軍運動が盛んだった十二世紀末のエルサレム。当地に住むユダヤ人の豪商ナータンが仕事先のバビロンから戻ると、留守中に家が火事に遭い、幼女のレヒャが神殿騎士によって危うく救出されたことを知る。その後ナータンはイスラムのスルタンであるサラディンからイスラム教、ユダヤ教、キリスト教の三つのうち、どれが正しいのかという難問を課される。そこでナータンは「三つの指輪」という寓話をスルタンに語る。昔、東方に奇跡を呼び起こす不思議な力を秘めた指輪があり、それは代々受け継がれ、三人の息子をもつ男の手に渡った。男は三人の息子の一人にその指輪を託そうとするのだがいずれとも決めがたく、別に二つのそっくりな指輪を作らせ、三人それぞれに本物の指輪だといって渡し、その後死んでしまう。息子たちは指輪の真偽を巡って裁判で争うのだが、裁判官は息子たちにいい渡す。「めいめいがしっかり自分の指輪を本物だと信じるのだ。——ことによるとお前たちの父親は、たったひとつの指輪だけが自分の家を支配することに、もう我慢できなくなったのかもしれない！——そして確かに、お前たちの父親はお前たち3人をみんな愛していた。同じように愛していた。1人だけを贔屓《ひいき》するために、あとの2人を邪険に扱いたくなかったのだ。——さあ！　それぞれが、お前たちの父親の、何ものにも囚われず偏見のない愛を手本にして、はげむのだ！　それぞれが競って、お前たちの父親の指輪の宝石がもっている力を発揮させるよう、努めるのだ！」（『賢者ナータン』丘沢静也訳）

この後、レヒャと神殿騎士は実の兄妹で、父親は失踪したサラディンの弟だったことがわかる。この構図にも三つの宗教の混淆が寓意的に示されているのだが、ここにはレッシングの宗教や国家の枠を超えた自由な友愛的共同体の夢が託されている。

ユダヤ人の歴史においても、大きな転機になると思われたのが、フランス革命です。一七八九年に勃発するや、全ての人間は自由で平等であるとの理念が打ち出されたからです。その原理原則に従えば、それまで差別されてきたユダヤ人も、皆が平等でなければならないことになります。フランス革命そのものは紆余曲折ありましたが、そこで生まれた人権思想や平等思想はヨーロッパ全土に行き渡ります。一八四八年に飛び火的に起きたのも、フランスの「二月革命」だけではありません。ドイツの「三月革命」を皮切りに、いわゆる「四八年革命」がヨーロッパ各地に連続したのです。

当時のヨーロッパには裕福で教育レベルの高いユダヤ人が多く、人権思想、平等思想の後押しを受けたことで、活躍の場が一気に広がりました。実際、十九世紀半ばから二十世紀初頭にかけて、マルクス、フロイト、アインシュタインなど、世界的に大きな影響力を与えるユダヤ人学者が輩出されます。

ところが、かたわらでは脈々と存続してきたユダヤ差別が、なお根強く残っていました。いくら人間は平等であり、ユダヤ人だけを差別してはいけないといわれても、気に入らないものは気に入らないのです。いや、万人の平等が認められたからこそ、かえってユダヤ人が許されなくなった面もあったでしょう。活躍の機会を与えられ、成功まで収められた日には、嫉妬の感情だって湧くのです。ロートシルト（ロスチャイルド）家に代表される、莫大な資産で経済を牛耳るユダヤ人も少なくありませんでしたから、それを面白からず思う向きがいても不思議ではありません。

ことに第一次世界大戦の敗戦国ドイツでは、ユダヤ人に対する悪感情が醸成されました。ドイツが痛めつけられ、ドイツ人が苦しんでいても、その境涯をユダヤ人は必ずしも共にはしなかったからです。祖国なき民のネットワークは、裏を返せば国際的ですから、戦勝国も敗戦国もなく、相互に助け合うことができたのです。イギリスにはロスチャイルド家があり、フランスにはロチルド家がありという風に、国ごとに一族がいる場合も珍しくありませんでした。さらにいえば、ドイツにはロシア革命からの亡命貴族がいました。自分たちの国をユダヤ人に盗られたように考えているロシア貴族が、大量にドイツに流入してきて、アンチ・ユダヤのキャンペーンを張ったのです。

革命の本家フランスでも、ユダヤ人を含めて平等とする考え方に反動が起こります。有名なのがドレフュス事件です。第三共和政下の一八九四年、ユダヤ系の陸軍大尉アルフレッド・ドレフュスがドイツに情報を流したスパイ容疑で逮捕され、終身刑を宣告されます。しかし、その後に真犯人が現れます。その事実を軍部は抑えこんでしまうのです。

突き止めた作家のエミール・ゾラたち知識人は、それを不当なユダヤ人差別であるとして、大規模な再審請求運動を起こします。すると、ゾラたち「ドレフュス派」に反対して、今度は軍部や右派が「反ドレフュス派」を結成したのです。国論を二分するような論争が繰り広げられ、一時は第三共和政の崩壊が危惧されるまでになります。結果をいえば、ドレフュスは無罪を勝ち取りますが、ユダヤ差別の揺り返しには、フランスでさえ無関係でなかったことは、別して記憶されてよいと思います。

反ユダヤ感情には、科学的根拠まで与えられました。いや、それとして利用されてしまったのがダーウィニズムでした。これはダーウィンそのものの理論ではなく、ダーウィンが提唱した進化論から、適者生存、優勝劣敗といった要素を取り出し、優れた種＝優等人種は残り、劣った種＝劣等人種は淘汰されるべしと論じたものです。その劣った種＝劣等人種がユダヤ人というわけで、これまで民族的、宗教的な側面で語られてきたユダヤ人差別が、ここへきて生物学的なタームを持ちこみ、人種に優劣をつけるという新しい局面（フェーズ）に入ったのです。

こうした新理論まで持ち出して、ユダヤ差別を正当化したのが誰あろう、ヒトラーのナチス・ドイツです。選挙権剝奪に始まる反ユダヤ運動は、どんどんエスカレートしていって、最終的には「ユダヤ人問題の最終的解決」という名の下に、「劣等人種」の絶滅計画が実行に移されていくのです。ユダヤ人が多かった国、ポーランドに造られたアウシュヴィッツをはじめ、数々の強制収容所で行われた蛮行のことです。ヨーロッパに抜きがたく残ったユダヤ差別は、あれほどまでの行為を許すことになったのです。

コラム24　『夜と霧』と『アンネの日記』

一九四二年九月、ウィーンで開業していたユダヤ人精神科医ヴィクトール・E・フランクルは、両親、妻とともにチェコのテレージエンシュタット収容所に送られた。高齢の父はここで死亡、フランクルと妻のティリーはポーランドのアウシュヴィッツ＝ビルケナウ収容所に移送され、そこで妻と離ればなれになる。一九四五年九月、ドイツ南部の収容所にいたフランクルはアメリカ軍により解放され、ウィーンに帰り着く。しかし、再会を夢見た妻はベルゲン＝ベルゼン収容所で、解放後に死亡していたことを知る。そのベルゲン＝ベルゼン収容所にはマルゴーとアンネのフランク姉妹も収容されており、解放のほんの一カ月ほど前に相次いで亡くなっていた。

第二次世界大戦の終結後、ナチス・ドイツの「最終的解決」の犠牲となったユダヤ人の体験を綴り、世界的なベストセラーとなった『夜と霧』と『アンネの日記』の作者二人は、直接会うことはなかったが、同じ運命の船に乗っていたことがわかる。

『夜と霧』は、一九四六年、『一心理学者の強制収容所体験』と題されてウィーンで出版された。初版三千部、二刷も出たが売れ行きははかばかしくなく、まもなく絶版となる。その後、一九五三年に留学中の臨床心理学者の霜山徳爾が偶然本屋でこの本を見つけ感銘を受ける。作者のフランクルのもとを訪れ翻訳の了解を得た霜山は、一九五六年に『夜と霧』のタイトルでみすず書房から翻訳を出版。アラン・レネ監督のナチス・ドイツが強制収容所で行った大量虐殺や人体実験を描いた短編ドキュメンタリー映画『夜と霧』（一九五五）と同じタイトルを付けたことも相まって一躍ベストセラーとなり、そのブームはやがて世界中に広がっていく。

一方の収容所連行直前までの《隠れ家》での体験を綴った『アンネの日記』は、一九四七年にアンネの父、オットー・フランクによって出版された。日記の原本では、セックスについて率直に書かれていたり、母親への批判的な記述などもあったが、それらはオットーの判断により削除された。オットーの死後の一九八六年、アンネの自筆原稿をそのまま生かした学術資料版『アンネ・フランクの日記』が刊行された（邦訳は『アンネの日記　研究版』）。さらに一九九一年には、学術資料版に基づく「新たに〝読みやすい〟版」（邦題『アンネの日記　完全版』）が刊行されている。どちらも初版刊行後七十年余を経ても新たな読者を獲得し、永遠のベストセラーとして読み継がれている。

シオニズムとは何か

ユダヤ人の迫害を表すのに、「ポグロム」という言葉もあります。これはロシア語で「破壊」を意味する言葉です。具体的には十九世紀にロシア、ならびに東欧で始まった集団的なユダヤ人迫害を指しています。抜きがたい差別感情はロシアも例外ではなかったのです。前でポーランドには大量のユダヤ人が移住したといいました。ところが、この国は十八世紀末の「ポーランド分割（第一次～第三次、一七七二～一七九五）」によって、領土の大半をロシアに組み入れられてしまいました。これを境に在住のユダヤ人たちは、ロシアに燻っていた差別感情にも曝されることになったのです。

それが沸点に達したのが一八八一年、皇帝アレクサンドル二世（在位一八五五〜一八八一）が暗殺されたときでした。ナロードニキの革命結社「人民の意志」による犯行でしたが、そうではなくてユダヤ人による暗殺だったと噂が広まります。ユダヤ人居住区が各地で襲撃され、これが引き金になって、以後ロシアや東欧の方々で頻繁にポグロムが発生するようになるのです。

反ユダヤ主義、あるいは反セム主義（アンチ・セミティズム）の高まりのなか、当時オーストリア帝国治下にあったハンガリーのブダペストで生まれたユダヤ人が、テオドール・ヘルツルです。一八九六年、ヘルツルは『ユダヤ人国家』という本を出します。オーストリアの新聞記者として、ドレフュス事件を取材するなか、激しいユダヤ差別を目の当たりにして危機感を募らせたからです。これに対抗するためには、ユダヤ人国家の建設しかない。そう著書で訴えることにしたのです。

ヘルツルはこの本で「シオニズム」という言葉を使いました。出版の翌年、一八九七年にはスイスのバーゼルで第一回シオニスト会議を開催、ここにシオニズム運動が始まります。古来、エルサレム南東部の丘を「シオンの丘」と呼びました。それが、ここではエルサレム全体を指す言葉として使われます。シオンの丘に帰ろう。エルサレムにユダヤ人の国家を造ろう。そう呼びかけ、実行するのがシオニズム運動なのです。実際、このシオニズム運動でユダヤ人が続々エルサレムに移住するようになります。十九世紀末から二十世紀の初めにかけては、ユダヤ人口のほうがアラブ人口より多くなったといわれるほどです。

コラム25　イディッシュ語

九～十世紀に北フランスやイタリアから追われてドイツのライン川流域に住み着いた離散ユダヤ人たちは、当時のラインラントのドイツ語にヘブライ語を混入させて独自の言葉「イディッシュ語」を創り上げた。その後ポーランドやロシアなどへ移住するのに伴い、スラヴ語の語彙も取り入れながら独自の言語を形成していった。当初は主に『聖書』や古代ユダヤの歴史などをイディッシュ語に翻訳して人々に愛読されていた。その一方で、イディッシュ語は長らく低級で卑俗な言語として軽視されていた。それが十九世紀に入ると、イディッシュ文学の「三羽ガラス」といわれるメンデレ・モイヘル・スフォリム（一八三六～一九一七）、イツホク・レイブシュ・ペレッ（一八五二～一九一五）、ショレム・アレイヘム（一八五九～一九一六）が登場し、イディッシュ語での高い文学創造性を示すようになった。アレイヘムのイディッシュ語作品『牛乳屋テヴィエ』はミュージカル『屋根の上のバイオリン弾き』の原作として有名だ。

こうしてイディッシュ語は広がりを見せていくのだが、移住した先の言語を習得してイディッシュ語を放棄するというユダヤ人も多かった（ユダヤ人の家庭に生まれた詩人ハイネはイディッシュ語を毛嫌いしていた)。一方シオニズムを標榜する者たちにとっては、イスラエルへ帰郷して「ユダヤ民族の不滅で国家的な言語」であるヘブライ語を再生することが第一義で、その意味ではイディッシュ語は過去の遺物でしかなかった。そうした状況の中で、一九〇八年に開催されたイディッシュ語のための会議(チェルノヴィッツ会議)が開催された。この会議の発案者であるオーストリアの政治家ナータン・ビルンバウム(一八六四~一九三七)は、この会議の成果を広めるべく各地を講演して回ったが、プラハでの講演(一九一二年)の聴衆の中にはフランツ・カフカ(一八八三~一九二四)がいた。カフカは前年の一九一一年の十月から翌年の一月にかけてイディッシュ演劇を頻繁に観劇、タルムードに夢中になったり、シオニズム系の新聞を購読するなど、シオニズムへの傾倒を強めていた時期でもあった。イディッシュ語に詳しい西成彦によれば、オーストリア=ハンガリー帝国治下のチェコのプラハに生まれたカフカは、ドイツ語作家の道を選んだことで、チェコ語作家ともイディッシュ語作家とも横のつながりをもつ可能性を断たれ、かつドイツ文学のなかで正当な評価を得られるという確固たる見通しを持ち得なかった。そうしたカフカにとって、このイディッシュ語を称揚するビルンバウムの講演は、自らの不安定な立場をより強く意識させられるものだったようである。(『イディッシュ―移動文学論〈1〉』)

イディッシュ語の話者は第二次世界大戦前夜においては世界中に約一千百万人いた

が、一九四八年には五百万〜六百万人に激減した。ナチス・ドイツのホロコースト（ショアー）の犠牲者のうち、約五百万人がイディッシュ語を話していたという。（ジャン・ボームガルテン『イディッシュ語』）一九七八年には、ポーランド出身のイツホク・バシェヴィス・ジンゲル（アイザック・バシェヴィス・シンガー。一九〇四〜一九九一）がイディッシュ語作家として初のノーベル文学賞を受賞しているが、二十一世紀に入った現在、イディッシュ語を母語とする作家は減少の一途を辿っている。イディッシュ語およびイディッシュ文学は今後どのような道を歩んでいくのだろうか。

この時代のエルサレムはといえば、オスマン朝の統治下にありました。前で触れたように、当時のオスマン朝は弱体化が深刻になっていました。北からはロシアが南下してくる。西からはドイツが来て、バグダード鉄道の敷設にかかる。そうするうちに第一次世界大戦が勃発する。かかる混乱の最中だったのです。一九一五年、メッカの大守（シャリーフ）、フサイン・イブン・アリーとイギリスのエジプト高等弁務官ヘンリー・マクマホンとの間に協定が交わされます。いわゆる「フサイン＝マクマホン協定」ですが、ここではパレスチナを含む地域のアラブの独立が確約されていました。一九一六年にはオスマン朝に統治能力なしとして、英仏露がアラブ地域の分割を決めますが、このサイクス・ピコ協定においては、エルサレムを含む中部パレスチナは国際共同管理とされました。ところが、一九一七年にイギリスの外務大臣バルフォアが、パレスチナにユダヤ人の「民族的郷土（national home）」を造ることに同意したのです。
この「バルフォア宣言」は同外務大臣がロスチャイルド家の二代目男爵、ライオネル・ウォルター・ロスチャイルドに宛てた書簡のなかで示されたものです。第一次世界大戦に苦戦していたイギリスは、アメリカの参戦を呼びこみたい。そのことをアメリカの産業界で力を振るうユダヤ人から、議会に働きかけてもらいたい。その見返りに、ということで出されたようです。アラブ人にはアラブの独立を認め、仏露とは分割を話し合い、ユダヤ人にはユダヤ国家を約束する。イギリスは二枚舌どころか、三枚舌の外交でしたから、後に混乱を引き起こすのは必定です。第一次世界大戦後の結論としては、パレスチナはとりあえずイギリスの委任統治領に入れられることになりました。

コラム26 **アラビアのロレンス**

一九六二年に公開されたデビッド・リーン監督の映画『アラビアのロレンス』は作品賞はじめアカデミー賞七部門を獲得した。この映画によってそれまで知る人ぞ知るといった存在であったトマス・エドワード・ロレンス（一八八八〜一九三五）の名は一躍世界的に知られることになった。英国・ウェールズのトレマドックという小さな町に生まれたロレンスは、オックスフォード大学在学中に中東を旅行し、十字軍の遺跡調査をおこなう。卒業後は考古学者として再び中東へ。一九一四年、第一次世界大戦が勃発すると、カイロの陸軍情報部を経てアラブ人に関する情報を供給すべく新設されたアラビア局へ転属。ここを起点に、オスマン帝国からの独立を図るアラブ人指導者たち——名門ハーシム家の当主フサイン（ヒジャーズ王）、その息子のザイド、ファイサル（シリア王／イラク王）、アブドッラー（ヨルダン王）、アリー（ヒジャーズ王）に接触をはかり、アラブ反乱に深く関わっていく。映画ではロレンスが勇躍彼らを率いて快進撃を遂げていくように描かれているが、事はそう単純ではない。

ロレンスの足跡をアラブ側から捉え直したのがスレイマン・ムーサ『アラブが見たアラビアのロレンス』（原著一九六二／邦訳一九八八）である。その中で英仏露の三国がオスマン朝統治下のアラブ地域の分割を自分たちで勝手に決めてしまったサイクス・ピコ協定について、ロレンスが「（アラブにとって「頼みの綱」だったこの協定は）委任統治というまやかしでイギリスとフランスが分け前を分捕った」ものだが、「いわゆるイギリス勢力圏に関する限り、一九二一—二二年の（私（ロレンス）も係わった）ウィンストン・チャーチル方式による処理は、われわれ（ロレンスら）が行った約束のすべてを誇りを持って満たしている」と書いている手紙を紹介している。

これらロレンスの言動を精査していった結果、ムーサは、心の底から親アラブだったというロレンスの主張は「永久に信用性を失った」と厳しく批判している。

第二次世界大戦中は、ドイツがアラブに進出します。イラクと組んで、イギリスの利権を狙いますが、周知のように最後は敗北に終わります。戦後に現れた新しい動きが「民族自決」でした。民族自決は全世界的な潮流で、それまでヨーロッパ諸国の植民地にされていたアジア、アフリカから、多くの民族が自決して、次々独立を果たしていきました。となれば当然ながら、パレスチナはどうするんだ、どうなるんだ、ということになります。サイクス・ピコ協定は意味をなくしていましたが、なおフサイン＝マクマホン協定とバルフォア宣言の矛盾が問題となったのです。

とはいえ、戦後の世界には国際連合がありました。話し合いにより解決が図られ、一九四七年十一月二十九日、国際連合総会において「パレスチナ分割決議案」が採択されました。この決議により、パレスチナ全体の五六・五パーセントがユダヤ人国家、四三・五パーセントがアラブ人国家ということに決まります。半々ではなくアラブ人国家のほうが小さい。ところが人口でみると、逆にアラブ人のほうが倍なのです。二分の一の人口しかないユダヤ人に対して、半分以上の国土が与えられたのですから、明らかにアラブに不公平な協定です。

なぜこんな決議になったのか。大きな理由となったのが、先年までの戦争中に行われたナチス・ドイツのホロコーストです。フランスやイギリス、そしてソ連（ロシア）にしても、歴史的にユダヤ差別が根強くありました。そうした己の醜い感情を、ナチス・ドイツに極端な形で表されてしまったわけです。罪滅ぼしの意味でも、ユダヤ人に対しては同情的にならざるをえません。ナチスの暴虐を防ぐことができなかった罪悪感、贖罪の意識もあって、パレスチナにおいてはユダヤ人の有利になるよう、はからったのだと思われます。

とはいえ、それもアラブ人には何の関係もありません。とりわけパレスチナに住んでいたアラブ人にはどうして国連がそんな裁定を下したのか、全く理解に苦しむわけです。不満を覚えるのは当然です。国連決議を受けて一九四八年五月十四日、イスラエルは独立を宣言しましたが、それと同時に、レバノン、シリア、トランスヨルダン、イラク、エジプトのアラブ連盟五カ国が宣戦布告し、第一次中東戦争（一九四八年五月～一九四九年）が始まりました。

戦争はイスラエルの勝利で終わります。これには圧倒的に優秀な兵器を、先進諸国、わけてもアメリカから与えられていたことも大きいと思われます。諸国の支持を後ろ楯に、イスラエルは今度はパレスチナ地域の八割を獲得、東エルサレムを含むヨルダン川西岸地区はトランスヨルダン、ガザ地区はエジプトが支配することになりました。

中東戦争は一九五六年十月に第二次が開戦、一九六七年六月には第三次と続きます。第三次はわずか六日間、イスラエルの圧倒的な勝利で終了します（六日間戦争）。その結果、イスラエルはヨルダンの支配下にあった旧市街（東エルサレム）を占領、さらにガザ地区を含むシナイ半島、ゴラン高原を占領し、実効支配下に置きます。さらに一九七三年十月の第四次中東戦争で、四半世紀に及んだ戦争は一応の終結を迎えます。第一次から第四次まで、イスラエルは国連の裁定をある意味無視して実効支配を進めていき、それが未解決のまま今日に至っています。

なぜパレスチナでは戦いが終わらないのか

イスラエルの実効支配に抗するべく、パレスチナのアラブ人たちが結束したのがパレスチナ解放機構＝PLOです。結成が一九六四年で、一九七四年のアラブ首脳会議では、パレスチナの唯一正統な代表として承認されます。また国連においても、オブザーバー組織の資格を得ました。とはいえ、単独でイスラエルと戦争をするような力はありません。

そこで考え出されたのが「インティファーダ」でした。アラビア語の原義は「（抑圧を）振り払う」で、〈蜂起〉を意味します。一九八七年十二月、ガザ地区の住民四人が、イスラエル占領軍車両との交通事故で死亡します。これがきっかけで起きたのがインティファーダで、それから占領地全域を巻きこんだ抵抗運動へと発展していきます。治安部隊へのデモ、ゼネスト、イスラエル商品のボイコット、税金不払いといった広範な運動が展開されるようになったのです。渦中では多くのパレスチナ人が、イスラエル軍の報復攻撃で命を落としました。逮捕者や拘留者も、三年間で五万人に上ったといわれます。

一九八八年年十一月、PLOはパレスチナ国家の独立を宣言します。一九九三年にはイスラエルとPLOとの間に、相互承認と暫定自治容認を含むパレスチナ暫定自治協定（オスロ合意）が成立します。これで和平への道筋がついたかに思われましたが、一九九五年、オスロ合意に署名したイスラエルのラビン首相が、あまりに弱腰であると和平反対派の青年に暗殺されてしまうのです。ラビンと一緒に和平路線を推進したペレスが次の首相になりますが、政治はうまく動きません。右派の野党リクードのネタニヤフ政権になると、ふたたび強硬路線に戻ってしまいます。続くバラック首相は、ラビン、ペレスと同じ労働党でしたから、これで和平路線に戻るかと思いきや、ヨルダン川西岸地区にユダヤ人の入植地を拡大して、リクード以上に実効支配に力を入れるなど、ここでも和平が遠のきました。その後は再びリクードのシャロンが首相になりますが、これが強硬派で知られる人物でした。就任前年の二〇〇〇年九月のことですが、東エルサレムのイスラームの聖地であるアクサー・モスクに訪問を強行したことで、「第二次インティファーダ」が起こります。

コラム27　天井なき監獄

一九九三年のオスロ合意によって、ヨルダン川西岸地区とともにパレスチナ自治区となった「ガザ地区」だが、その後数次にわたるイスラエル軍の攻撃を受け、現在はイスラエルによる軍事封鎖の状態に置かれている。三六五平方キロメートル（東京二十三区の六割ほどの面積）に二百万人近くの住民が住むこのガザ地区は、世界でもっとも人口密度の高い地域の一つとされていて、人口構成の半数近くは十四歳以下の子供で、七割が難民である。その周囲は巨大な壁で囲まれ「天井なき監獄」と呼ばれている。イスラエル軍の監視下にある同地区への人や物の出入りは極端に制限され、燃料や食料、日用品、医療品などが慢性的に欠乏している。また若者の失業率が七割を超え、経済や生産活動が停滞しており、国連や支援団体からの援助物資でかろうじて命をつないでいるという状態だ。
二〇一七年十二月六日、トランプ前米大統領は「エルサレムをイスラエルの首都と認定する」と発表したが、この唐突な宣言に反発したガザ地区の武装組織とイスラエル軍との紛争が勃発した。同区の住民たちは「帰還の行進」と名付けた抗議デモを開始し、これを阻止するイスラエル軍の攻撃により多くのパレスチナ人の死傷者が出た。また、高人口密度のこの地区に新型コロナウイルスが蔓延したら危機的な状況に陥ると見做されているなか、イスラエル軍が同地区に対する人工呼吸器などの医療器材や医薬品の搬入を妨害していると報じられた（二〇二〇年十一月十九日）。二〇二一年五月にはイスラエル軍とガザのイスラム原理主義組織ハマース（ハマス）との間で激しい戦闘が起こるなどこの地区の和平への道はいまだ遠い。

繰り返しになりますが、元々シオニズムというのは「シオンの丘に帰ろう」という運動です。ユダヤ人、ユダヤ教徒にとって、エルサレムは唯一無二の聖都であり、それを否定しては運動そのものが成り立たないのです。一方のイスラム教徒にとっても、エルサレムはムハンマドの「夜の旅」に所縁《ゆかり》のある聖地であり、六三八年に東ローマ帝国から奪って以来、イスラム教徒がずっと暮らしてきた土地でもあります。

そして、ここが一神教の一神教たる所以だと思いますが、ユダヤ教にとってもイスラム教にとっても、大事なのは自分たちの信仰であって、そこを譲ることは絶対にできない。その譲れない同士が今日まで同じ土地で暮らしている。そこには簡単に解くことのできない歴史的なしがらみがあり、この問題がどこへ向かうのか、見通しはいまだ立ちません。

第四章　現代の一神教

フランスを旅すると、教会に対するリスペクトが足りないなあと思います。歴史的建造物で、観光スポットになっている教会もありますから、それは大切にされています。しかし、普通の教会となると、ちょっと汚い。いや、それはそれで由緒ある古さなのかもしれませんが、維持補修にご協力をと貼り紙がされていても、一ユーロの蠟燭に多く火が灯されているわけでもない。と思えば、コンサート開催の案内板が出ていることも珍しくありません。なるほど石の建物ですから、音がよく響くのだろうと納得はするのですが、それがクラシックとは限らず、ロックやヘビメタだったりするから驚いてしまいます。もう宗教なんか、どうでもいいという感じなのです。

まあ、政教分離の国だからと立ち去りますが、そのくせフランス人はキリスト教の安息日だからと、しっかり日曜日は休むのです。となると、困るのは旅行者です。食事すら思うように取れなくなる。いや、かと思うと、ちゃんと開いている店もあります。これが往々、ムスリムがやっているところなのです。「マグレブ三国」といわれるアルジェリア、モロッコ、チュニジアから来た人たちの末裔で、これらの国はかつてフランスの植民地でしたし、独立後もフランスは移民を受け入れていたので、ムスリムのフランス人は多いのです。

ですから実は日曜日も困らない。香辛料の匂いに誘われていけば、きちんと美食を楽しめます。しかし楽しみすぎてしまうと、私など時代遅れの現金主義という日本人ですから、持ち合わせのユーロが足りなくなります。円を替えてもらおうと、両替屋さんを探しますが、手数料が安いところ、安いところと探していくと、だいたいユダヤ人の経営だったりします。こんなコミッションでやっていけるなんて、さすがの商才だと感心してしまいます。

日本人といえば、城や邸宅を利用したシャトーホテルに宿泊するのも好きかと思いますが、けっこうな施設でオーナーがユダヤ人だったりします。「シャトー・ラフィット・ロートシルト」じゃありませんが、葡萄園ごと城を買い取る場合も多いようです。大袈裟でなくて、フランスは世界でもイスラエル、アメリカに次いで、ユダヤ人が多くいる国なのです。

キリスト教国だ、なんてイメージは、もう完全に裏切られます。まあ、それが現代フランスなのであり、何が悪いということではありません。もとより自分は旅行者ですから、旅を終えれば日本に帰ってくるわけですが、そうすると、届けられるニュースに胸が痛みます。

二〇一五年一月七日、パリで風刺新聞を発行する『シャルリー・エブド』本社が銃撃を受け、十二名が殺害されました。イスラム過激派によるテロでした。風刺画こそ十八番の新聞社ですが、『クルアーン』で禁止されているというのに、ムハンマドの顔を描いたというのが理由です。

翌八日には郊外のモンルージュで警官が襲われました。九日にはパリ東部、ヴァンセンヌのほうで、カシュルート専門のスーパーが襲撃されます。カシュルートとはユダヤ教の戒めに則した食料品のことで、もちろんユダヤ人が経営する店でした。

こういうことが起きてしまう。なるほど、起きないとはいえないなあと思いながらも、こんなことが本当に起きてしまうのかとも……。これが現代なのかとも……。フランスのみならずとも……。

イスラム原理主義とは何か

一九八〇年代から「原理主義」という言葉が、マスコミを中心によく使われるようになりました。これは「イスラム復興を示す諸現象、とくに政治色の強い戦闘的急進派の活動」（『岩波イスラーム辞典』）を指すものでした。しかし、イスラム教のなかに「原理主義」を自称する派閥はありません。原理主義（fundamentalism）はイスラム教に由来するものですらなく、実はキリスト教、なかでもアメリカのプロテスタントの厳格な一派を指して「ファンダメンタリスト」と呼んだことから来ています。日本語では「原理主義者」とか「根本主義者」と訳されますが、端的にいえば、前で述べた「信仰復興運動」を掲げ、『聖書』の記述とは相容れない進化論を認めない人々のことです。

この本来イスラム教とは関係ない言葉を流用して、「イスラム原理主義」と名付けたのは誰かといえば、アメリカです。いつかというと、一九七八年に始まるイラン・イスラム革命の時でした。それまでのイランは、親米政権だったパフラヴィー朝（一九二五〜一九七九）が王政を布《し》いていました。パフラヴィー朝の政治は完全な世俗主義で、イスラムの教えを徹底的に排斥しようとしていました。今ではちょっと信じられませんが、当時のイランでは女性がヒジャーブで顔を隠していると、政府軍の兵士は前近代的だといって、それを銃剣で切り裂いたと伝えられます。しかし、アメリカを後ろ盾に、近代化のため徹底的にイスラム教を排除しようとする姿勢には、宗教界だけでなく一般の国民からも強い反発が起こったのです。

一九七八年一月、パリに亡命していた宗教界の反政府運動の闘士、アーヤトッラー・ルーホッラー・ホメイニーを中傷する記事が新聞に掲載されました。それをきっかけにイラン各地で反国王デモや暴動が続発し、翌一九七九年一月には国王モハンマド・レザー・シャー・パフラヴィーが国外に脱出せざるをえなくなります。二月一日にはホメイニーが帰国、十一日には革命勢力が全権力を掌握するにいたります。これまでパフラヴィー朝に肩入れしてきたアメリカは、当然この新政権を肯定できません。そこで成立した新政権は狂信的な思想に基づいているのだと、ネガティブ・キャンペーンを展開していく。そのなかで自国の危険なキリスト教過激派に譬えて、「イスラム原理主義」という言葉を与えたのです。

以来、パレスチナのハマース（ハマス）、レバノンのヒズボラ、エジプトのムスリム同胞団、アフガニスタンのターリバーン（タリバン）、国際テロ組織のアルカーイダ、そしてＩＳ（イスラミック・ステート、ＩＳＩＬ）などを指してイスラム原理主義と呼ぶことが定着していきます。お気づきのように、サウジアラビアもイスラム教の教えに基づく政治なのですが、こちらはアメリカの友好国なので、イスラム主義とはいってもイスラム原理主義とはいいません。イスラム原理主義という言葉には、あからさまに否定的なニュアンスがこめられているのです。

原理主義かどうかは、全てアメリカの都合なのかという気もしてきます。実際のところ、イスラム教徒自身は原理主義とはいいませんし、むしろその言葉を嫌っているところがあります。アラビア語で「ウスーリーヤ」という言葉を充てることもあるようですが、「ウスール学」というのはシャリーア（イスラム法）の解釈に際して守るべき手続きを論じた学問のことで、それを遵守することが元来のウスーリーヤなのです。それが原理主義ならば敬虔なイスラム教徒は全員が原理主義者ということになってしまい、やはり自分たちの感覚にそぐわない、抵抗感は拭えないということのようです。

イスラム世界のなかでは、信条としてはイスラム主義であり、政治的な動きとしてはイスラム復興運動なのです。サウジアラビアのワッハーブ派の運動については、厳格派のイスラム運動、あるいはイスラム初期世代（サラフ）への精神的回帰を目指すという意でサラフィー主義とも呼ばれています。いずれにせよ世俗主義に対抗するのはイスラム主義、イスラム復興運動であって、原理主義ではないという立場です。

ただし、イスラム主義とイスラム原理主義を明確に線引きできるかといえば、中立の立場からしても、なかなか難しいと思います。エジプトのムスリム同胞団なども、最初は穏健なムスリムとして改革努力をしようと始まったわけです。ところが、世俗主義の為政者、その強権政治に激しい弾圧を加えられると、それに対する怒りや危機感から運動が過激化していく。さらにエスカレートして、確信的なテロ活動を行う一派が現れる、という流れも実際あるのです。

線引きができるとすれば、ひとつの指標となるのが、イスラムの教義を変更しているかどうかです。イスラム教というのは、基本的に寛容と和解を説く宗教です。そうした伝統を歪《ゆが》め、あるいは捨てたうえで、非寛容で攻撃的な面だけを前面に出していく集団もあるのです。かかる過激派の典型的な考え方が、有名な「ジハード」です。ジハードは本来アッラーのために奮闘することを意味しています。武器を手にして戦う「小ジハード」は、その一部にすぎません。また義務ではなく、あくまでも努力目標です。しかし、それを全てのムスリムの義務であると、そうまで考える者が出てきたのです。

ジハードの義務を最初に唱えたのは、パキスタン人のサイイド・アブル・アラー・マウドゥーディー（一九〇三〜一九七九）でした。政治的イスラム主義の初期の理論家で、一九四一年にイスラム主義団体「ジャマーアテ・イスラーミー」を創設しています。当時パキスタンはイギリスの植民地でしたが、マウドゥーディーによれば、主権者は神のみであり、人間の命令に従う必要はない、したがって宗主国に従う義務もなく、それどころか宗主国の支配に対する革命は正当であり、宗主国にジハードを行うのはムスリムの義務である、ということになります。

マウドゥーディーの考えが従来とは一線を画すものだったというのは、それまでムスリムの義務とされた信仰告白、礼拝、喜捨、断食、メッカ巡礼の五行に、新たにジハードを加えたからです。このマウドゥーディーに強く影響されたのが、エジプト人のサイイド・クトゥブ（一九〇六〜一九六六）でした。

クトゥブはアメリカのスタンフォード大学に留学するなど、近代的な教育を受けましたが、次第にイスラム主義に傾倒していき、帰国後の一九五三年にはムスリム同胞団に加わりました。当時はナセル大統領のイスラム弾圧が激しい時期で、一九五六年にはクトゥブも逮捕、投獄されます。獄中で拷問され、世俗主義の仮借なさを痛感したことで、自分たちムスリムが生きる道は、神のみが主権を有するイスラムか現代のジャーヒリーヤ（無明時代）かの二者択一しかないとの考えにいたったのです。

クトゥブは世俗主義が横行する現代は、ムハンマドの頃のジャーヒリーヤと同じであると断罪します。そのうえで、このイスラムの理想から掛け離れた世俗主義者と共存などできないのだから、ムハンマドが偶像崇拝を行うメッカの支配者たちを屈服させたように、我々も世俗主義と闘わなければならないのだと主張したのです。クトゥブはイスラム急進派の理論的指導者として、反ナセル運動の先頭に立ちます。ナセル大統領の暗殺まで試みたとされて逮捕され、最後はナセル直々の命令で死刑に処されてしまいました。

クトゥブの思想は「クトゥブ主義」として、以後も受け継がれていきます。ナセル、さらに次のサダト政権を、ムハンマドたちを迫害したメッカの有力者に準《なぞら》え、かかる世俗主義の政府は転覆しなければならない、支配者たちをジハードによって排除するのはムスリムの義務なのだと、怒りの主張は更新されていったのです。伝統的な教えからは大きく逸脱していますが、巧みにムハンマドに譬えられてしまうと、イスラム教の弾圧に不満を抱く人々に響くところが、少なからずあるわけです。実際、一九八一年にサダト大統領を暗殺したジハード団は、このクトゥブ主義の影響を受けた組織でした。

もちろんイスラム原理主義と呼ばれる諸グループの間にも様々な差異があります。それでもジハードを強調する点は共通しています。それを非難するのは簡単です。が、みてきたようにヨーロッパから無理な近代化を持ちこまれ、そのヨーロッパの支配を撥《は》ね返そうと、急激な世俗化が進められたわけです。そうした動きについていけないムスリムたちがイスラム主義に傾倒していく、余儀ない現実があったということも忘れてはいけないと思います。

ターリバーンとは何か

二〇〇一年に9・11同時多発テロが起きたとき、「タリバン」という言葉をよく耳にしたと思います。このターリバーン（タリバン）は、アフガニスタン内戦から生まれたイスラム主義の組織です。「ターリバーン」は「ターリブ」の複数形で、「求道者」とか「神学生」を意味する言葉です。アフガニスタンはロシアの南に位置するという地理的な条件から、諸大国の影響を免れることができずにきました。それを十九世紀でいえば、南下するロシアとそれを食いとめようとするイギリスの狭間に置かれ、第二次世界大戦後の東西冷戦の時代にあっては、ソ連とアメリカの間に立たされるといった具合です。かかる政治的苦境が、アフガニスタンにターリバーンのような過激派を生み出さしめたわけですが、そこにいたる経緯を少し丁寧に辿ってみましょう。

十九世紀末から二十世紀初頭、イギリスの保護領下にあったアフガニスタンは一九一九年に独立を果たすと、以後王政を布いていました。一九七三年には王族で元首相のムハンマド・ダーウードがクー・デタを起こし、王政を廃したうえで自らが大統領に就任、アフガニスタン共和国を成立させます。やはり世俗主義の政治で近代化を進めますが、それもアフガニスタンの場合はソ連の影響で、ほどなく社会主義的に進められることになりました。一九七八年、「四月革命」と呼ばれる青年将校らのクー・デタでダーウード一族は廃され、かわりにヌール・ムハンマド・タラキーを首班とする、親ソ社会主義政権が成立したのです。

国名もアフガニスタン民主共和国に変更されました。それでも政治の世俗主義は変わりません。イスラムへの弾圧も継続されます。かかる政府に蜂起したのが、ムジャーヒディーン——日本ではイスラム義勇兵、イスラム戦士、聖戦士などと訳されます——と呼ばれるイスラム主義勢力でした。一九七八年のうちに、アフガニスタンは内乱状態になります。政府側では一九七九年九月、副首相ハフィーズッラー・アミーンがタラキーを排し、自ら首相になるという政変が起こりますが、アミーンこそイスラム主義への弾圧をより苛烈なものにしたので、内乱状態にもいよいよ拍車がかかります。

こうした状態に危機感を覚えたのがソ連でした。同じ一九七八年にイラン・イスラム革命が起きていたからです。同じようにアフガニスタンでも、世俗主義を排して、イスラム主義が勝利を収めるのではないかと警戒を強めたのです。十二月、ソ連共産党書記長ブレジネフは親ソ政権を支援すべくアフガニスタンへの軍事介入に踏み切ります。現政権ではムジャーヒディーンを抑えられないと判断、特殊部隊を用いてアミーンを殺害、バブラク・カールマルを擁立したうえでの介入でした。

ムジャーヒディーンはアフガニスタン政府軍、さらにソ連軍とも戦わなければなりません。普通に考えれば、もう簡単に鎮圧されて終わりです。ところが、ここでソ連との対立の図式から、アメリカが登場してきたのです。

イスラム主義を掲げるムジャーヒディーンには、志願して他のイスラム諸国から加わる兵士が多くいました。なかでも支援に積極的だったのが、パキスタンでした。そのパキスタンの軍統合情報局（ＩＳＩ）を通じて、アメリカ政府は資金や武器をムジャーヒディーンに供与したのです。この強力なバックアップのおかげでムジャーヒディーンは健闘、ソ連は攻めきることができず、一九八九年には軍を撤退せざるをえなくなります。

とはいえ、これで一件落着とはなりませんでした。各国から来ていた義勇兵らは、このアフガニスタン内戦の勝利で自信を深めます。一部はアフガニスタンを出て、各地で新たなイスラム運動を始めたりもします。そのひとりが、国際テロ組織アルカーイダを率いたウサーマ・ビン・ラーディンでした。アフガニスタンの内乱に介入したことで、アメリカ自身がビン・ラーディンを、さらには同じような過激派を育てた側面があるわけです。

アフガニスタンに話を戻せば、ソ連軍撤退ほどなく、ムジャーヒディーンは仲間割れを起こし、またぞろ内紛状態になります。この内紛を勝ち抜いたのがターリバーンで、一九九六年九月、首都カブールを制圧して、アフガニスタン・イスラム首長国を樹立しました。

このイスラム主義政権は、サウジアラビア、アラブ首長国連邦、パキスタンと諸国の承認を受けた、いわば正統な政権でした。国内的にもターリバーンは、このとき全土の九割までを治めていたといわれます。この時点でアメリカの介入はなく、そのアフガニスタン・イスラム首長国が平和裏に続く可能性もありました。が、ここで関わってきたのが、先のウサーマ・ビン・ラーディンが一九八八年に結成したアルカーイダでした。

アルカーイダは最初は北アフリカのスーダンを拠点にしていました。しかし、一九九三年の世界貿易センター爆破事件に関与したというので、アメリカがスーダンに圧力をかけ、スーダンは国外追放を決めました。そこでアルカーイダは、いわば古巣であるアフガニスタンに逃げることになります。アメリカは今度はターリバーン政権に、アルカーイダの引き渡しを要求します。それをターリバーンは拒否、アルカーイダはアフガニスタンに基地を置いて、そのまま活動の拠点にしたのです。

そして、二〇〇一年になります。アルカーイダは9・11同時多発テロを引き起こし、十月七日にはアメリカとイギリスの合同軍が、アルカーイダ掃討のための「不朽の自由作戦」を敢行したのです。侵攻したのがアフガニスタンで、十二月十七日、ターリバーンのアフガニスタン・イスラム首長国は倒壊してしまいます。取り急ぎ暫定政権が置かれ、二〇〇四年にはアフガニスタン・イスラム共和国が成立しました。駐留を続けていたアメリカ軍は、ここで引き揚げるのが妥当だったのですが、完全撤退は二〇二一年五月現在も実現していません。

なぜ引き揚げられないのか。ターリバーンを一掃することができないからです。逆にターリバーンに巻き返されているのです。二〇一九年五月段階の分析では、アフガニスタン政府の管理下にあるのは人口の四八パーセントで、ターリバーンの支配下にいるのが九パーセント、残りは紛争下にあるとされています。

それもアメリカにいわせれば、原理主義者が恐怖で支配している、ということになるでしょう。しかし、一定以上の国民の支持がなければ、いまだターリバーンが力を保持している説明がつきません。逆に今のアフガニスタン・イスラム共和国は、親米かつ世俗主義の政権であり、必ずしも国民が望むものではないのです。そんな馬鹿な、民主化政権だぞと、再びアメリカ政府はいうかもしれません。しかし、アメリカが考える民主化とムスリムが考える民主化は同じではありません。ムスリムにとっては、イスラム教で世の中を治めてくれるのが民主化なのです。これだけ長期にわたって、大量の武器や人員を投入して、なおアメリカがターリバーンを排除できない理由です。

シリアの内戦とは何か

アフガニスタンと並んで、今も苛酷な情勢が続いているのが、内戦のシリアです。二〇一一年に戦火が上がり、それから九年の二〇二〇年九月七日現在で、死者は五十七万人を超えたと発表されています。この内戦では多数の難民が生み出され、それが周辺諸国、さらにヨーロッパまで移動して、大きな社会問題になってもいます。

シリアという地名は古代からありました。が、それは現在のシリア、レバノン、ヨルダン、パレスチナを包括する広い地域を指していて、「大シリア」とか「歴史的シリア」と呼ばれて区別されています。現在のシリア地域は、長くオスマン帝国に含まれていましたが、第一次世界大戦後の一九二〇年に、シリア・アラブ王国として独立します。しかし、例のサイクス・ピコ条約のせいで、今度はフランスの委任統治領となり、第二次世界大戦後の一九四六年にシリア共和国として、ようやく独立を果たします。一九五八年にはエジプトと連合してアラブ連合共和国になりますがすぐに分離し、一九六一年にシリア・アラブ共和国として再独立、今日にいたります。

このシリア・アラブ共和国で政権を握るのがバアス党です。バアス党の公式名称は「アラブ復興社会主義党（社会党とも）」ですが、ここに「アラブ」と入っているのは、終局的にはシリアだけではなく、アラブの統一を目指しているからです。一九四〇年代初頭から汎アラブ民族復興運動が高まりましたが、この流れでバアス党も準備され、一九四七年に正式な結党となったのです。それはシリアだけでなく、例えばイラクのサダム・フセインの政党も、やはりバアス党でした。もうひとつ、シリアの党名には「社会主義」が掲げられています。これはバアス党の設立者のひとり、ミシェル・アフラク（一九一〇〜一九八九）が、パリのソルボンヌ大学に留学中にフランス共産党の影響を受けたことから、その思想が党の綱領に盛りこまれたものです。

このバアス党にあって、一九七〇年に「矯正運動」と称するクー・デタで政権を手に入れたのが、ハーフィズ・アル＝アサドでした。翌一九七一年には大統領に就任、二〇〇〇年六月に急死するまで、ずっと在職していました。一九七三年には憲法に「バアス党は社会と国家を指導する党である」と規定して、事実上の一党独裁体制を築きます。これを継いだのが息子のバッシャール・アル＝アサド、現在の大統領です。

マスコミなどでは「悪名高き独裁者」のイメージが強いバッシャールですが、大統領就任当時は「ダマスカスの春」と呼ばれる民主化運動を支援していました。変わり目が二〇〇三年です。三月、アメリカ軍を主体とする「有志連合」が「大量破壊兵器の開発」を理由にイラクを攻撃、四月九日には首都バグダードを陥落させます。イラクのバアス党も倒壊しますが、ここでバッシャールは危機感を覚えます。次は自分たちの番かもしれないと、国内の引き締めにかかる、つまりは独裁色を強めていくのです。が、そこで再び「アラブの春」が訪れます。二〇一〇年末、チュニジアの「ジャスミン革命」を皮切りに、民主化の波がアラブ諸国に広がったのです。シリアも例外でなく、親子二代にわたって続くアサド独裁政権への抗議運動が起こります。それが内戦に発展し、今も続いているのです。

とはいえ、それが普通というわけではありません。他のアラブ諸国でも相当に激しいデモはありましたが、いきなり内戦に発展したりはしませんでした。なぜシリアにだけ、いきなり戦火が上がったのでしょうか。まずシリアにも他のイスラム諸国と同じく、世俗主義の政府とイスラム主義の反政府勢力という対立の構図がありました。

この反政府勢力が確信的かつ好戦的でした。ひとつが「自由シリア軍」です。第二次世界大戦中、ドゥ・ゴールが亡命中に組織したのが「自由フランス」で、このときシリアもフランスの委任統治下にあったことから、倣《なら》って「自由シリア」と称したわけです。この「自由シリア軍」の同盟組織が、アル＝ヌスラ戦線でした。これはサウジアラビアのワッハーブ運動の分派で、厳格なイスラム復興主義を奉じるサラフィー主義、なかでも過激なサラフィー・ジハード主義を奉じていました。アルカーイダなどもサラフィー・ジハード主義で、連携していた時期もあったとされています。こうした反政府勢力に、イラクとレバノンのＩＳ（ＩＳＩＬ）など、より過激な原理主義者が集結したことが、いきなり内戦に発展した理由のひとつと考えられるのです。

さらにシーア派とスンナ派の対立が加わります。イスラム諸国においては、イランのように国民の九割以上がシーア派と綺麗にまとまっている国は、実はそれほど多くありません。考えてみれば当然で、もともとオスマン帝国という大きな枠で囲われていたところに、イギリスなり、フランスなりがやってきて、勝手に線引きしたのです。そのとき、ここはスンナ派でひとつのまとまりにしようとか、ここはシーア派が多いから別の国にしようとか、そうした配慮があったわけではありません。スンナ派とシーア派が混在する国ができて、双方が内に争うというのは、むしろ当たり前なのです。

ときにバアス党は、シリアでもイラクでもシーア派とスンナ派を特に区別していません。掲げるのは、アラブという単位だけです。それも当然といえば当然で、もともと世俗主義ですから、イスラム教からは距離を置いているのです。それとして、アサド政権はどうなっているかというと、人口の約一三パーセントを占めるシーア派の一派＝アラウィー派が、権力の中枢を握る格好になっています。アラウィーというのは「アリーに従う者」という意味です。正統カリフの第四代アリーのことで、教義はイスマーイール派の影響が強いものの、そこにキリスト教の教義やシリアの土着宗教が混在しているという、いささか特殊な教えです。これが七六パーセントを占めるスンナ派と、残りの約一一パーセントを占めるキリスト教徒やムスリムのドゥルーズ派などを抑えこんでいるというのが、シリアの内情なのです。

シーア派の政権ということで、シリア政府軍にはシーア派の民兵が加わります。レバノンのヒズボラも同じシーア派ということで、やってくる。さらにシーア派の代表格、イランのイスラム革命防衛隊も加勢にくるわけです。世俗主義のシリア政府ながら、シーア派の連携によって、他国のイスラム主義が支援する、そうした妙な図式になっているのです。

対する反政府勢力は、イスラム主義、イスラム原理主義の別なく、全てスンナ派です。結局のところ、シーア派対スンナ派の戦いになります。とはいえ、先の各派の構成比をみてもわかるように、少数派のシーア派が政権を握り、多数派のスンナ派が反政府派ですから、いくら政府軍が加勢されても、簡単には鎮圧できません。ここにも内乱が長期化した原因があると思われます。

ここまで内戦が長期化すれば、従来の国際政治の常識からして、大国が介入して内戦を終結させるという道筋になるはずなのですが、シリアの場合は大国が介入しにくい状況がありました。先の公式名称にあるように、バアス党は社会主義を奉じていますから、伝統的に親ロシア、親中国です。国連の安保理に提議しても、この二国が拒否権を発動するので、国連は介入できないのです。NATOなりアメリカなりが動けるかというと、こちらも煮え切らないところがあります。アサド政権が生物化学兵器を使用したとして、アメリカ軍が空爆を試みたことがありましたが、尻切れトンボの感じで終わって、本格的な介入には至っていません。

というのも、反政府勢力にはアメリカが原理主義だと呼んで対抗してきたグループが相当数入っているわけです。アサド政権を討つということは、すなわち、アメリカが自らの敵対勢力に味方することなのです。でなくとも、アメリカが「世界の警察官」をやめるといって、もう久しい。アフガニスタンに介入したことで、アルカーイダを生んでしまった反省もある。結局のところ不介入が続いて、それも内戦が長期化、泥沼化した原因になっていると思います。

あるいは混乱の源は、サイクス・ピコ条約なのかもしれません。シリアは途中でエジプトと一緒になろうとしたり、あるいはイラクと組もうとしたりしているわけで、そういう動き方をみても、イスラム諸国にはヨーロッパ式の国民国家がそぐわないと、そういう根本的な問題もあるのかと思われます。

クルド問題とは何か

シリアの内戦において、もうひとつ大きいのがクルド問題です。シリアの内戦は政府軍と反政府軍の戦い、世俗主義とイスラム主義の戦い、さらにシーア派とスンナ派の戦いの三つが折り重なっているわけですが、もうひとつ、アラブ人とクルド人の戦いという要素もあるのです。

クルド人というのは元がイラン系の山岳民族で、伝統的に牧畜、遊牧などを生業にしてきました。クルド人自身は古代のメディア王国の末裔であると称していますが、真偽のほどは定かでありません。いずれにせよイラン系の民族で、クルド語もペルシャ語に近いといわれています。ではイランと同化できるのかというと、クルド人の大半はスンナ派なので、シーア派のイランとは、そこではっきり分かれます。

クルド人の人口は二千五百万から三千万――四千五百万という数字を挙げる統計もあるようですが、いずれにせよヨーロッパの国でいえばオランダやスイスより多く、東洋でも、韓国よりは少ないけれど北朝鮮よりは多い。そのくらいの規模ですから、本来であれば一国を成していて不思議ではありません。それだけの人数がトルコの南東部、イラクの北部、イランの北西部、シリア北部に分かれて暮らしているのです。ゆえにクルド人は独自の国家を持たない世界最大の民族ともいわれています。

祖国を持たないというと、ユダヤ人のことが思い浮かびますが、イスラエルを建国した現在は別として、ユダヤ人は長く世界中に散らばった離散の民＝ディアスポラでした。クルド人の場合は、ユダヤ人のように離散していたわけではなく、地図をみればわかるように現在こそ大きく四つの国に分かれていますが、伝統的に「クルディスタン」と呼ばれてきた、ひとかたまりの地域に住んでいました。この地域はシリアと同様、以前はオスマン帝国のなかにすっぽり入っていました。さらにいえば、オスマン朝の前のウマイヤ朝、アッバース朝というような大きなイスラム信仰共同体のなかに包摂されていて、その大きな枠のなかでアラブ人、トルコ人、ペルシャ人、クルド人と横並びの関係で、等しくムスリムとして同居していたわけです。

たとえば十字軍戦争におけるイスラム最大の英雄といわれるサラーフッディーン（一一三八〜一一九三）――サラディンの名で知られますが――は、実はクルディスタンの出自です。このことからもわかりますが、クルド人は他のアラブ人、トルコ人、ペルシャ人に対して劣位にあったり、虐げられるべき立場だったわけではなく、イスラムという大きな共同体のれっきとした一員だったのです。その状態がオスマン帝国の崩壊でなくなり、サイクス・ピコ条約ではクルド人のことなど考慮されなかったので、クルディスタンが四つに引き裂かれてしまったのです。

クルディスタンとその周辺

実は、第一次世界大戦後、一九二〇年のセーヴル条約には、クルディスタンを独立させるという条項が入っていました。受けて、クルド人指導者のシャイフ・マフムード・バルザンジが、スライマニヤを拠点にクルディスタン王国の建国を宣言します。この国が一度は承認されたのですが、セーヴル条約がフランス主導で交わされたことに、イギリスが横槍を入れました。新たに締結したローザンヌ条約によって独立は取り消され、一九二四年にメソポタミア委任統治領に含まれて、元の木阿弥となってしまいます。

第二次世界大戦後の一九四六年には、ソ連の後押しでイラン北西部のマハーバードを首都としたクルディスタン人民共和国が造られました。が、これも一年ともたずに崩壊してしまいます。クルド人の分離独立を認めないイランが、石油利権獲得を条件にソ連を撤退させたということになっていますが、その裏に実はアメリカの工作があったといわれています。この地にソ連の衛星国を置かれるのを嫌い、アメリカがイランの親米政権を取りこんで潰させたというのです。

ユダヤ人はパレスチナに移住し、長年の夢であったイスラエルを建国しましたが、クルド人は分断されたままになっています。欧米流の民族自決の原則からみても奇妙な状況ですが、これもやはりヨーロッパが推し進めた勝手な近代化のつけを、クルド人が払わされているということになるかもしれません。

IRAとは何か

現在ではテロといえばイスラム原理主義者のそれを思いがちですが、ひと頃はIRAの武装闘争＝テロというイメージが強くありました。そもそもIRA（Irish Republican Army アイルランド共和軍）は、北アイルランドのイギリスからの分離独立を目指す非合法軍事組織で、さらに根を探っていけばカトリックとプロテスタントの対立に行きつきます。

長くイギリスの支配下にあったアイルランドは、一九二一年に英愛条約を結び、アイルランド自由国としてイギリスから独立を果たしました。この条約に納得しなかった一派が組織したのが、IRAです。

萌芽はアイルランド共和主義同盟（Irish Republican Brotherhood＝IRB、一八五八年結成）の軍事組織に求められます。歴史の表舞台に登場したのが一九一六年、「イースター蜂起」と呼ばれる反英武装蜂起における、アイルランド義勇軍としてでした。一九一九年にシン・フェイン党がアイルランド国民議会を開設、独立を宣言したのを機にIRAと呼ばれるようになり、そのまま独立戦争を戦ったのです。

もともと独立するために組織されたものですから、独立を果たせば必要なくなります。実際に独立後は大半が、アイルランド国防軍という正規軍に編入されました。しかし、結ばれた英愛条約は、北部アルスター地方のうち六州は北アイルランドとしてイギリスの直接統治下に留まる、という内容でした。納得できないというのがここで、アイルランド全島独立を目指す者は少なくありませんでした。ＩＲＡは条約を拒否、あえて非正規軍であることを選び、地下活動に入ります。

ＩＲＡは細かな分裂を経て、一九六九年には主流派と暫定派に分かれます。そのうちの暫定派が、国際的なテロ組織として広く知られているＩＲＡです。このいわゆるＩＲＡは、ボーダーキャンペーンと呼ばれる国境テロをはじめ、各地で精力的なテロ活動を展開します。北アイルランドの併合が成るまでやめないというわけですが、それも頷けてしまうというか、地図をみてもアイルランド島の北端だけがイギリス領というのは、とても不自然に感じられます。これには、どういう事情があるのでしょうか。

アイルランドがイギリスの支配下に入ったのは十二世紀のことです。一一七一年、イングランド王のヘンリー二世がアイルランドに侵攻、占領した全島を息子のジョンに、アイルランド卿（Lord of Ireland）の称号とともに与えます。このジョンは、大陸の所領を与えられなかったために「失地王」あるいは「欠地王」と呼ばれたイングランド王ジョン一世（在位一一九九〜一二一六）のことです。さておき、その後もアイルランドは蜂起や反乱を繰り返し、何度となく独立を試みましたが、容易に果たすことができずに、イングランド王の治下に留まります。

ここで「イングランド」という言葉を使いました。実はイギリス＝イングランドではありません。現在のイギリスの正式名称は「グレートブリテン及び北アイルランド連合王国

（United Kingdom of Great Britain and Northern Ireland）」です。これは、北アイルランド、スコットランド、イングランド、ウェールズの四国が連合していることを表しています。南西部のウェールズは十三世紀まではウェールズ公国として独立していましたし、北のスコットランドも十七世紀までは単体でスコットランド王国でした。どちらもやがてイングランドと連合しますが、そのなかでアイルランドだけが、なぜ一体となることに抵抗したのでしょう。

発端は十六世紀、イングランド王ヘンリー八世のローマ・カトリック教会からの離脱です。前でみたように、王は離婚問題を理由にローマ教皇と袂《たもと》を分かち、独自に英国国教会を設立、イングランドはプロテスタントに改宗した形になりました。しかし、アイルランドはこれに追随することなく、カトリックを堅持したのです。

北アイルランド、イングランド、スコットランド、アイルランド、ウェールズ

緑色のものを身に着けて祝うアイルランドの「聖パトリック祭」は有名ですが、これが祝われる三月十七日は、五世紀にアイルランドにキリスト教を広めたパトリキウス（聖パトリック）の命日とされています。聖パトリックはアイルランドの守護聖人であり、アイルランド人はカトリックに非常に強いアイデンティティーを持っています。簡単にはプロテスタントに改宗できないのです。

無論、ヘンリー八世はアイルランドにも改宗を迫ります。が、それだけは容れられないと、アイルランド総督に任じられていた島の有力者、キルデア伯フィッツジェラルド家が反乱を起こします。あえなく鎮圧され、キルデア伯家も排除され、イングランドから派遣された総督が直接アイルランド統治に乗り出すことになりました。アイルランド島の北部アルスター地方、つまりは北アイルランドにも、イングランドからのプロテスタント入植が始まります。それでもアイルランドの人々のカトリック信仰は根強く、イングランドが強制してくるプロテスタント改宗要請にも抵抗しました。

そこで起きたのが、清教徒（ピューリタン）革命です。イングランドの混乱に乗じて、アイルランドのカトリック勢力が蜂起します。一六四一年、アルスター地方のプロテスタントに対してカトリックが反乱を起こしたのが始まりで、それが全土に広がったのです。カトリック聖職者の指導の下にキルケニー同盟（アイルランド・カトリック同盟）が結成され、信仰の自由、自治を求めて、戦うことになりました。

キルケニー同盟はイングランド軍に勝利して、アイルランドの実効支配を獲得します。しかし、イングランドではオリバー・クロムウェルが革命を平定して、政治の実権を握っていました。このクロムウェルが一万二千の軍を率いてダブリンに上陸、カトリック勢力を厳しく弾圧していきます。いや、一般市民も含む大量虐殺は、ほとんどホロコーストの有様で、このときアイルランドの人口の三分の一が命を落としたといわれています。

それでもアイルランドからカトリックは消えてなくなりませんでした。そうするうちにイギリスでは王政が復古し、ジェームズ二世（在位一六八五～一六八八）はカトリックの国教化を図ります。アイルランドはここぞと王を支持しますが、一六八九年に今度は名誉革命が起きました。ジェームズ二世は王位を追われ、オランダから戻った王女とその夫であるオランダ総督ウィレムが、それぞれメアリー二世、ウィリアム三世として、イギリス王に即位します。この二人はプロテスタントでしたから、アイルランドの希望は打ち砕かれてしまいました。

植民地同然に支配されながら、さらに一世紀、一八〇一年になってアイルランドは正式にイギリスに併合されることになりました。ただこのときの条件として、カトリック教徒解放と国教会制度の廃止を約束させたので、信仰の自由は獲得することができました。これで当面、カトリックとプロテスタントの相克は収まります。しかし、十九世紀半ばに冷害による大飢饉、いわゆる「ジャガイモ飢饉」が起こります。これにイギリス政府は何の手を差し伸べるでもなく、アイルランドは実に百万人以上の死者を出すことになりました。これでは暮らしていけないと、大量のアイルランド人がアメリカに移民しますが、島に残った人々の間でも、この頃から再び独立の機運が高まっていきます。

二十世紀に入り、第一次世界大戦が勃発すると、イギリスはドイツとの戦争に追われ、アイルランドにまでは手が回らなくなります。その隙を突いて、カトリックの独立運動は活性化していきました。が、それを歓迎しない人々もいます。北部アルスター地方では、イギリスとの連合継続を望むプロテスタントたち、いうところの「ユニオニスト」たちが、警戒を強めます。一九一三年にはアルスター義勇軍を結成して、カトリックの独立運動に抵抗していくのです。

イギリスの支配も、かれこれ八百年です。北アイルランドのアルスター地方には、行政官、あるいは商人、あるいは農民と様々な形でイギリスからの入植者が多く入っていました。その大半がプロテスタントですから、カトリックのアイルランドと同化できないまま、ただ時ばかりが過ぎていました。

それが一九二二年十二月にアイルランド自由国が成立した際、北アイルランドだけはイギリスに残るという結末につながったのです。北アイルランドのプロテスタントたちの気持ち、このままアイルランドに組み入れられては困るという理屈もわかりますが、北アイルランドにはカトリック住民もいます。北アイルランドで政治権力を振るうのは、実質的にプロテスタントだけですから、カトリック住民は虐げられたポジションに置かれ続けるわけです。そうした同胞の苦境はみないふりをして、自分たちだけ独立を楽しんでいいのかと、かくてＩＲＡは北アイルランド併合を目指して、活動を続けたのです。

このＩＲＡに対して、イギリス政府は徹底対決路線を取りました。一九七〇年代にはＩＲＡ

暫定派による血なまぐさい事件が、頻々《ひんぴん》とニュースに上りました。しかし、それから双方の和平交渉が進み、紆余曲折を経ながらも二〇〇五年にはIRAが武力闘争の終結を宣言、一方のアルスター義勇軍も二〇〇七年に活動停止を宣言しました。現在の北アイルランド自治政府では、プロテスタント住民とカトリック住民が政治参加の面では同等の権利を有しています。

さらに一九九三年にはEU＝ヨーロッパ連合が成立しました。ヨーロッパ域内における国境の意味が希薄になり、IRAが死力を尽くしてきたボーダーキャンペーン、つまりは国境でのテロ行為自体が、あまり意味を持たなくなってしまいました。実際、北アイルランドとアイルランドの国境には検問もなく、もはや誰もが自由に往来できるのです。北アイルランド併合運動そのものが、実質的な意味を持つものではなくなったともいえるでしょう。こうして「テロといえばIRA」の時代は終わったかにみえました。

ところが、イギリスは二〇二〇年一月三十一日、EUから離脱しました。これがどうなっていくのかはわかりませんが、わけても心配なのは、この北アイルランドの国境線のことです。イギリスがEUを離脱したからには、この地に再び国境ができてしまう。そうすると、EUに留まったアイルランドのIRAが、その活動を再開させる可能性もゼロではないと思われるのです。IRA暫定派の停戦受け入れに納得できない一部が、「真のIRA（RIRA）」を結成していることもあります。プロテスタントのユニオニストたちの出方も含め、今後の動向次第では、予断を許さない状況です。

ウクライナ問題とは何か

やはり今も現在進行形なのが、ウクライナ問題です。ウクライナのクリミア自治共和国とセヴァストポリ特別市、および東部のドネツク、ルハンスク（ロシア語ではルガンスク）という二州をロシアに併合されてしまった、もしくは併合されてしまいそうだという問題です。ウクライナ、ロシアともに正式な宣戦布告はしていませんが、ウクライナ軍は出動していますし、ロシア軍も実質的には侵攻しているわけです。この現状をウクライナ政府はロシアとの戦争といい、ロシア政府ではウクライナの内乱といっています。どう考えたらいいのか、まずは具体的な経過からみていきましょう。

クリミアというのは黒海に突き出している半島です。半島といっても非常に細い地峡でつながっているだけなので、ほとんど島のようになっています。セヴァストポリは、その南西部にある都市です。二〇一四年の三月十六日、このクリミア自治共和国とセヴァストポリ特別市で、ロシアへの編入の賛否を問う住民投票が行われました。結果は九六・七七パーセントの圧倒的多数での編入で、同十八日にはクリミア自治共和国とセヴァストポリ特別市をロシアに編入するという宣言がなされました。

ところが、ウクライナ政府は住民投票自体を違法とし、投票結果についても公正ではないと非難します。また国連もこの住民投票を無効とする決議を、賛成多数で採択しました。他方のロシアはといえば、結果はあくまでも住民の意思であり、自分たちが強制したものではないのだから、併合の手続きを進めるまでだとして、即座に実効支配を布いてしまったのです。

ほぼ同時に、ドネツク、ルハンスクという東部の二州もロシアとの併合を目指して、それぞれ自治共和国として独立を宣言しました。ウクライナ政府は即座に鎮圧軍を二州へ送りましたが、ドネツク、ルハンスクの二州も独自の軍で抗戦を展開、たちまち戦闘状態になりました。これについてもロシアは内乱といい張りますが、二州が簡単に自前の軍を作れるはずがありません。実際にはロシアが武器弾薬を供与するのみならず、ロシア軍の兵士も密かに投入したのではないか、というより、

ウクライナとその周辺国

ロシア軍が自治共和国軍と名乗っているだけなのではないかとの憶測もなされています。だとすれば、ウクライナとロシアは事実上の戦争状態なのです。

その後ドイツとフランスの仲介で二〇一五年二月、ウクライナとロシアは一応停戦に合意しました。しかし、現在も散発的な戦闘が起こっています。クリミアも依然としてロシアに実効支配されたままです。東部の二州も二〇一九年十二月九日、パリで開かれたロシア、ウクライナ、ドイツ、フランスの四カ国首脳による和平協議で年内の完全停戦で合意しましたが、こちらも火種が完全に消えたわけではなく、緊張状態は未だ続いています。

先に挙げた数字通りに圧倒的に親ロシアなのか、投票は果たして公正に行われたのか、疑問が残らないではないにせよ、クリミア、ドネツク、ルハンスク、いずれにおいても少なからず住民の意思が働いていることは事実です。というのも、この地域にはロシア人が多く住んでいるからです。ウクライナは一九九一年のソ連崩壊によって独立を果たした、まだ新しい国です。それ以前は完全にソ連の一共和国でしたから、ロシア人が多く住んでいても何の不思議もありません。特にセヴァストポリはソ連の重要な海軍基地でしたから、勤務していたロシア兵がそのまま定住しているケースが多い。そこへ降って湧いたかのように、いきなりウクライナ独立という事態になったのです。

とはいえ、当初は独立国家共同体に加わっていましたので、特に問題になるとも思われず、ウクライナという国のなかにロシア人がいるという状況が続きました。しかし、ロシアが大変な時代に入ったように、ウクライナも政治的混乱、深刻な経済危機と見舞われて、その苦境から脱する道を模索する日々でした。そのなかで浮上したのがEU加盟、さらにNATO加盟という選択肢です。要するにヨーロッパを取るか、ロシアを取るかの二者択一があり、そのなかでウクライナは、急速にヨーロッパのほうに傾いていったのです。

二〇一三年十一月、ウクライナ政府はEUとの経済連携協定に合意することになり、ヤヌコーヴィチ大統領もその旨表明していました。ところが、ヤヌコーヴィチは土壇場で親ロシアに舵を戻し、協定への署名を拒否したのです。ウクライナ国民は裏切りだと怒りました。十一月二十一日夜、首都キエフで親欧米派の市民による抗議デモが起こります。十一月これをきっかけに翌年まで続く大規模な反対運動が展開されるのですが、最初に人々が集まったのがキエフの「ユーロマイダン（ヨーロッパ広場）」だったので、一連の出来事は「マイダン革命」、あるいは「ユーロマイダン騒乱」と呼ばれています。EUとの協定への署名、ヤヌコーヴィチ大統領の辞任、憲法改正などを要求する市民たちの運動は拡大を続け、そのデモ隊と治安部隊との衝突により、多数の死傷者が出たりもしていました。

政権側は憲法改正、大統領選の早期実施などで事態の収拾を図ろうとしましたが、ヤヌコーヴィチ大統領はキエフから自らの地盤である東ウクライナに脱出、憲法改正法への署名を拒否します。これを議会が職務放棄とみなし、大統領の失職を宣言したことで、ヤヌコーヴィチ政権はあっけなく瓦解しました。後を承《う》けたポロシェンコ政権は、親EU路線に再び舵を戻します。現大統領のゼレンスキーは二〇一九年六月四日、EUとNATO本部を訪れ、両組織に加盟すると表明しました。二〇二〇年十二月の世論調査では、ウクライナ国民の四八パーセントがEU加盟を支持、ロシア連邦との統合を支持すると回答したのは一三パーセントとなっています。が、本当に正式に加盟するかどうか、今後の行方が見守られています。

ウクライナが国の選択としてEUに行くというのはわかりますが、同時にウクライナにいるロシア人には、ロシアへの引力がなお強く働いています。このヨーロッパかロシアかという選択こそ根本で、先のウクライナ問題にせよ、その如何を巡って起きたとみるべきでしょう。

国境の線引きが恣意的で民族の居住エリアに合致しない。これはイスラム諸国や北アイルランドの状況と似ています。が、ウクライナには、もう一段深刻な事情があります。そのことを理解するために、まずは歴史を確かめておきましょう。

現在のウクライナの領土は、かつてのキエフ大公国の領地を下敷きにしています。キエフ大公国が成立したのは八八二年と非常に古く、この頃はモスクワなど、まだ影も形もありませんでした。ところが、十一世紀後半になると、各地で内紛が起こるようになり、十から十五の公国が分離独立、キエフ大公国もそのひとつにすぎなくなってしまいます。さらに十三世紀初頭にはモンゴル軍に攻められ、キエフ大公国は滅亡を余儀なくされます。キエフの南部は豊かな穀倉地帯で、そこを狙われてしまったわけです。

一方のモスクワは、北方の僻地で貧しいので、モンゴル軍も攻めこみはしたものの、忠誠だけ誓わせて、さっさと引き揚げてしまいました。キエフに比べて、モスクワは実害が少なくすんだわけで、ここから逆転が始まります。モスクワもキエフも「タタールの軛《くびき》」、つまりはモンゴル人のキプチャク・ハーン国による、二世紀の隷属状態に置かれました。それは同じなのですが、モスクワ大公国のほうは最終的にそれをはねつけ、勢いづくまま発展していく。南のビザンツ帝国がイスラムのオスマン帝国に滅ぼされた後は、東方正教会の中心的役割をモスクワ総主教が引き継ぎ、また帝冠の権威も受け継いで、いわゆるロシア帝国になっていきます。

キエフのほうはといえば、一二四〇年に大公国が崩壊した後は、隣国のポーランドとリトアニアに分割されてしまいました。リトアニアというと、いまでこそバルト三国のひとつとして知られる小さな国ですが、かつてはリトアニア大公国として広大な領土を誇っていました。そのリトアニアとポーランドに吸収され、一度キエフは国がなくなってしまったのです。

十六世紀にはポーランド王国にキエフ県として編入されます。他方でクリミア半島ですが、モンゴル人のキプチャク・ハーン国が分裂を始めるなか、クリミア・ハーン国になっていました。宗教はキプチャク・ハーン国のイスラム教を継承したため、以後はオスマン帝国の保護下に入る格好になります。ウクライナとクリミアも、この時点で一度離れてしまったのです。

さらに十七世紀に入って一六四八年、ウクライナの地を拠点としていたコサック（騎馬に巧みな戦士集団）がポーランド・リトアニア王国に対して反乱（フメリニツキーの乱）を起こします。ここにコサック国家という形で、キエフあるいはウクライナが独立を取り戻すかに思われたのも束の間、一六八一年には再びポーランド・リトアニアと、今度はロシアの間で分割されてしまいます。当初は保持した自治権も取り上げられ、一七八一年には完全にロシア領にされました。

以後、ウクライナはロシア帝国の統治下に置かれ続けます。革命でロシア帝国が倒壊したときは、独立するチャンスでした。実際一九一八年にはウクライナ共和国を称しましたが、それも翌一九一九年にはウクライナ社会主義ソビエト共和国となって、一九二二年にはソビエト連邦に組みこまれてしまいます。

やはりロシア人の傘下ですが、クリミア半島がウクライナの版図とされたのは、この間のことでした。一七八三年、オスマン帝国の属国だったものを奪い、自らの領土に加えたのは、ロシア帝国のエカチェリーナ二世でした。以来ロシア海軍の重要な拠点となってきましたが、その管轄を一九五四年、当時の共産党書記長フルシチョフがウクライナ出身ということで、ウクライナに移したのです。それだけの話なので、主権を主張する根拠が薄いといえば、薄いといわざるをえないのかもしれません。

苦難の歴史にもかかわらず、ウクライナ人は同じ土地に住み続け、またウクライナ語という自分たちの言葉も守りました。ただ国家としての独立は奪われてきた。それゆえに独立を取り戻しても、なお国家としての求心力は弱い。それがウクライナ問題、つまりはクリミア、ドネツク、ルハンスクの離反を招いたといえますが、かたわら国家としての求心力を強めていくのは、まだこれからなのだともいえるでしょう。

ウクライナ人としての誇りを持ち続けられたのは、おおもとに自分たちはキエフ大公国の末裔なのだという意識があるからだと思います。それはキエフ大公国の建国百年、九八二年のことです。キエフ大公ヴォロディーミル（ロシア語ではウラジーミル）は、キリスト教を国教に定めました。キエフはロシア圏で初めてのキリスト教国であり、ゆえにキリスト教の中心なのだという誇りが受け継がれました。それがウクライナというアイデンティティーが揺るがなかった理由なのです。

ウクライナ（キエフ）の教会は、コンスタンティノポリス総主教の下に置かれました。そのコンスタンティノポリス総主教の権威は、ビザンツ帝国の崩壊とともにモスクワ大公国に移されましたから、以後はウクライナの教会もモスクワ総主教の下に入れられてしまいました。しかし、それは昔の話にしてよいはずだ、もう独立したのだから、キリスト教徒としてもモスクワに従う謂《いわ》れはないはずだ。そうやって、自分たちの総主教座を求める気運が高まりました。独立直後の一九九六年から、キエフに総主教座を作ろうという動きが現れたのです。つまるところ、自分たちが信じているキリスト教はギリシャ正教として受け入れたものであって、ロシア正教ではない、ギリシャの外ではウクライナこそ最初なのだという意識が、今も強烈に働いているのです。

このウクライナ正教会の独立宣言を、もちろんモスクワは認めようとしませんでした。しかし、二〇一四年にウクライナ問題が起きたことでウクライナへ同情の声が高まり、二〇一八年十月十一日、コンスタンティノポリス総主教がウクライナ正教会の独立を承認しました。このとき当時のポロシェンコ大統領は、今日はロシアから最終的に独立した日だと、声を高くしたと伝えられています。精神的な権威を立てることで、国家の求心力を発揮する。時代錯誤の感もありながら、今日なお宗教の力というのは考えている以上に大きいのだと、改めて示された気もします。

なぜ「エル・クラシコ」は燃えるのか

エル・クラシコ——平易に訳せば「伝統の一戦」ですが、それをスペイン語でいった場合、リーガ・エスパニョーラ（スペイン・プロサッカーリーグ）におけるレアル・マドリードとFCバロセロナの試合を指します。これが異様に白熱することで知られています。いっぽうスペインの首都マドリード、かたやカタルーニャ自治州都バルセロナ、それぞれの住民からなる熱狂的なサポーターたちまで巻きこんで、ほとんど戦争であるとさえ譬えられます。しかし、それも洒落にならないと思わせるニュースが届いたことがありました。

二〇一七年の十月、スペインのカタルーニャ自治州で、カタルーニャのスペインからの独立の是非を問う住民投票が行われました。結果は賛成が九割で、カルレス・プッチダモン自治政府首相は勝利を宣言しました。しかし、これをスペイン中央政府は認めませんでした。強硬手段も辞さない構えを示したため、独立宣言は今日まで行われないままで来ています。EUも、国連も、世界のほとんどの国もカタルーニャの独立を承認しなかったので、現在も保留になっていますが、これまた予断を許さない事態だと思います。

スペインでは、他にも凄惨な事件を起こしながら進められた独立運動がありました。スペイン北部のバスク地方の分離独立を目指すもので、運動の中核をなしたのは「ＥＴＡ（バスク祖国と自由）」という組織です。ＥＴＡは二〇一〇年に武装闘争の停止を宣言しましたが、組織自体は存続しています。バスク自治政府は今のところはスペインの中央政府に従っていますが、カタルーニャ州政府の動きによっては、態度が変わる可能性がなきにしもあらずです。

これまでみてきたように、シリアやウクライナの場合は複雑な事情があって、ある意味やむをえない部分があるのですが、紛れもない近代国家であるスペインで、なぜこのような分離独立運動が起こるのか、なんだか不思議な気がします。

歴史のある国というイメージがありますが、実は今のスペインが成立したのは、十九世紀のことです。いや、そんなはずはないと反論があるかもしれません。教科書には「一四六九年に、カスティーリャ女王イサベルとアラゴン王フェルナンドが結婚してスペインが統一された」と書いてあると。確かに「スペインが統一された」とありますが、「スペインという国ができた」とは書かれていません。イサベルとフェルナンドも、スペイン女王とかスペイン王という位に就いたわけではないのです。スペイン最盛期の絶対君主として有名なフェリペ二世（在位一五五六〜一五九八）にせよ、通称スペイン王なのであって、正式には「カスティーリャ王にしてレオン王、アラゴン王にしてナバラ王」、さらに「ガリシア伯兼バルセロナ伯」という風に数々の称号を並べることで、スペイン全体を治めていたのです。

つまり、スペインという統一国家はなく、あったのはカスティーリャ、アラゴン、ナバラというような国々の同君連合だったのです。それぞれの国には固有の法律、固有の議会、固有の言語や伝統があって、それらが等しく守られていました。マドリードを実質的な首都として、それを擁するカスティーリャが他国を従える内実ではあったのですが、このカスティーリャが諸国の法を勝手に曲げるというようなことは、なかなかできなかったのです。

かかるスペインが統一国家にならんと動き出すのは、ようやく十九世紀に入ってからです。一八〇八年、フランス皇帝ナポレオンがスペインの王カルロス四世（在位一七八八～一八〇八）を退位させ、自分の兄ジョゼフを「スペイン王ホセ一世」としたのです。これが統一国家スペインの初の王です。「スペイン王」という称号は、歴史も伝統も無視して、全て自分が好きなように変えてしまう専制君主ナポレオンによって、強引に作られたものなのです。さすがに人々は反発、全土で蜂起を起こして、ジョゼフを廃位に追いこみ、カルロス四世を復位させますが、「スペイン王」は廃止されませんでした。統一王国の建設に向かい、最後の独立国となっていたナバラ王国も、一八三三年には法的にスペインの一部になります。

このような歴史をみてくると、スペインは他のヨーロッパ諸国と同じ国民国家（ネーション・ステート）なのか、そこに住んでいる人々は「スペイン」というネーションにナショナリティーを感じているのかと、少なからず疑問を覚えてしまいます。むしろカタルーニャ人である、バスク人である、アラゴン人であるという風に思っているのではないか。その典型として、特に思いが強いのが、カタルーニャやバスクなのだと思います。

たとえばカタルーニャ人の言葉であるカタルーニャ語は、スペイン語の方言と考えている方が多いようですが、今スペイン語といっているのはカスティーリャ語で、カタルーニャ語はカスティーリャ語から分かれた言葉ではありません。最初にラテン語があり、そこからイタリア語、フランス語などが枝分かれしていったのと同様に、カタルーニャ語もできたのです。カスティーリャ語も同じですから、両者の関係をいえば、親子でなく兄弟です。本当は横並びの関係なのに、縦の関係、従属関係であるかに思われるのは、カタルーニャ人のナショナリティーからすると我慢ならないわけです。

バスク語についていえば、そもそもがヨーロッパの言語系統には属していません。現時点では系統不明の言語です。バスク人がどこから来たのか、それもわかっていませんが、ただ古代ローマの時代には現在のバスク地方に住みついていました。都がパンプローナですが、これはローマの将軍ポンペイウスの名前に因んだものです。この地を征服したのがポンペイウスだからですが、そのときすでにバスク人がいた記録があるのです。それほど歴史が古いバスク人ですから、自主独立の気風は昨日今日の産物ではなく、長く持ち続けられてきたものなのです。ちなみに日本に初めてキリスト教を伝えたフランシスコ・ザビエル（ハビエル）は、バスク地方のハビエル城で生まれた生粋のバスク人です。

カタルーニャとバスクの歴史を、もう少し遡りましょう。まずカタルーニャですが、九世紀初頭、フランク王国のヒスパニア（スペイン）辺境伯領に、バルセロナ伯が任じられたのが始まりです。この地を領有した一族は八七八年、ギフレ一世がフランク王国から独立します。一一三七年にラモン・バランゲー四世がアラゴン王国の王女と結婚したことで、さらにバルセロナ・アラゴン連合王国になります。この頃から「カタルーニャ」と呼ばれるようになりましたが、その語源については謎だそうです。手がかりは十五世紀の次の説話くらいです。

「八世紀のはじめ、南仏に Otgar Golant という貴族がいた。その城が Cathaló 城という名だったので、彼は別名 Otgar Cathaló、彼の家臣たちは Catalns と呼ばれていた。……その後、シャルルマーニュの遠征に参加していた、『ローランの歌』で名高いローランが彼らを発見し、主君の許《もと》に連れて行く。シャルルマーニュは後にピレネーの南の地を征服したときに Otgar を記念してそこを Catalonia と呼んだ」（田澤耕『物語　カタルーニャの歴史』より）。

一方のバスクは、ナバラ王国の北端地域で、そのナバラ王国自体がピレネー山脈を挟んで、スペインとフランスにまたがっていました。ＥＴＡ（バスク祖国と自由）もスペインだけでなくフランスでも活動しています。デュマの『三銃士』の主人公のダルタニャンは「ガスコーニュ」の生まれですが、これはバスク人の国を意味する「バスコニア」が訛《なま》ったものです。

ナバラ王国は十世紀初めに建国して、以来久しく独立を保っていました。それが一五一二年、妻イサベル女王と共に「カトリック両王」と呼ばれたフェルナンド王に侵攻され、一五一五年にはカスティーリャの支配下に置かれます。ザビエルはこの戦乱から逃れるようにパリ大学へ留学するのですが、そこで同窓となるイグナティウス・デ・ロヨラ――後のイエズス会初代総長もバスク出身でした。こちらは同じ戦争で足を負傷、軍人を続けられなくなって、神の道を志したということです。さておきナバラ王国は、これ以後カスティーリャの支配下に置かれ、前で触れたように十九世紀になって、法的にもスペインに組みこまれてしまいました。

二十世紀に入り、一九三九年に成立したのがフランコの独裁政権です。このとき国内の言語が全てスペイン語、つまりはカスティーリャ語に統一されました。カタルーニャ語の看板から何から、全てカスティーリャ語に書き替えさせられたのですから、カタルーニャの人々が反発を覚えるのは当然です。バスクにしても、怒りは一通りのものではありません。フランコは一九三六年にクー・デタを起こし、政権を手にしたのですが、一九三七年四月、バスクの反フランコ勢力を叩くため、ドイツ空軍に爆撃を要請、無差別爆撃に曝されて、多くの死傷者を出したのがビルバオ近郊のゲルニカでした。その惨状を描いたのが、有名なピカソの「ゲルニカ」という作品です。この事件のみならず、バスクは様々な弾圧を受けました。この圧政に抗する形でできたのが、ETAなのです。その前身が十九世紀末に結成されたバスク国民党で、第二次世界大戦後の一九五九年、そのなかの急進派が立ち上げてETAとなり、一九六〇年代末から、武力闘争を展開していきます。

このカタルーニャやバスクにみられる分離独立運動の根にあるのは中世スペイン、小さな領国が群雄割拠していた時代の歴史です。前にヒスパニア辺境領が出てきましたが、カタルーニャ地方がフランク王国に組みこまれるのは、ようやく九世紀初めの話で、それ以前はウマイヤ朝の支配下にあり、つまりはイスラム圏でした。イベリア半島全体でいうと、八世紀から十五世紀にかけて三次にわたるレコンキスタ（国土回復運動／国土再征服戦争）があり、それによって、イスラムの支配から脱することができました。このレコンキスタ運動の功労者に与えられた領国、それを基にしたのがイベリア半島の小さな王国群なのです。

最初に王国になったのが実はナバラ王国です。このためナバラには、アラゴンやカスティーリャを格下とみる風さえありました。それはナバラの意識としても、フランスやドイツというようなフランク帝国の後継国家に比べると、王国とはいえ小さく、しかも互いに横並びの感覚がありました。レコンキスタで獲得した土地なので、自分の上にいるのはキリスト教の権威であるローマ教皇だけという意識なのです。

イギリスもフランク帝国の後継国家ではないので、やはりイングランド、スコットランド、ウェールズ、アイルランドが長く横並びの状態でした。アイルランドの独立運動については、先に述べたとおりです。さらにスコットランドなども、二〇一四年に独立の是非を問う住民投票を行っています。このときは僅差で反対派が勝利しましたが、イギリスのEUからの離脱が現実となった今、また新たな動きが出てくることも予想されます。

いずれにせよ、小さな領国が横並びだった歴史が、分離独立運動の遠因と考えられます。見方を変えれば、EUという大きな枠組みができて、加速がついた動きだともいえます。少なくともスコットランドとカタルーニャは、EUを恃《たの》みに投票に訴えたところがあります。思えばEUは、中世ヨーロッパの復活といえるかもしれません。「レスプブリカ・クリスティアーナ（キリスト教共同体）」という大きな枠組みがあり、そのなかで大きな王国ばかりでなく、小さな王国であっても、互いに対等の関係で併存している。そうした時代そっくりに回帰したというのに、なぜいまだにカスティーリャに頭を抑えられているのか、なぜイングランドの傘下に留まっていなければならないのか、そう考えるようになっても、さほど奇妙な話ではないのです。歴史の裏付けがあるだけに、ヨーロッパが抱える問題は根深く、まだまだ波瀾含みといえます。

エピローグ

宗教とは克服されるべきもの——そう思いこんできた部分が私にはありました。プロローグの繰り返しになってしまいますが、宗教がものをいったのは前近代の話なのだと。

もちろん宗教自体がなくなるわけではありません。日本でも、神道、仏教、キリスト教だって健在です。ただ、それは政治生活、あるいは公的生活、社会生活を決定するものではない。超常現象を信じる人もいないではないけれど、やはり重んじられるのは科学のほうです。理想や道徳が仮に宗教的価値観に根ざすものだったとしても、それを具体的な政策として実現するためには、民主主義のルールに則さなければならないのです。教典に書いてある、だから正しい、だからやります、無条件に従ってもらいます、とはなりません。

いや、ならないと思ってきたし、日本では概ねそのとおりだとも思います。ヨーロッパでいう政教分離が、きちんと進められたからです。イスラム諸国でいうところの世俗化が、日本ではうまくいったのです。近代化、あるいは西欧化の名のもとに、集中的に取り組んだ時期があったからです。いうまでもなく、明治維新ですね。あの十九世紀後半の時点で、一気に「文明開化」したわけです。

そういうものとして教えられるので、あまり引っかかりもないのですが、よくよく考えてみると、極端で異常な変わり方でした。「形から入る」ではないですが、服装や髪型から、ガラッと変わった。チョンマゲと和装から散切り頭と洋装になった。今は抵抗感など覚えませんが、当時は清国《しん》を訪ねた日本人が辮髪《べんぱつ》の中国人に、おまえ、そんな格好をして恥ずかしくないのかといわれたそうです。まさに恥も外聞もないくらいに自分を捨てて、日本人は徹底的に西欧の真似をしたわけです。そうでなければ、この国はなくなってしまうというほどの危機意識から、それはもう必死に取り組みました。一種のショック療法だったといえるかもしれませんが、その西欧化、近代化の一環で、政教分離も進められたのです。

こうした例は実はあまりありません。世界史のなかで類例を探しても、私は二十世紀はじめのトルコくらいしか知りません。第一次世界大戦の敗北でオスマン帝国が倒壊、トルコも国がなくなってしまうというほどの危機意識を余儀なくされました。アラブと北アフリカは事実上ヨーロッパ諸国に奪われ、小アジアさえ削られかねませんでしたから、当たり前です。なんとかしなければならないと、有名なケマル・アタチュルクのリーダーシップで強力に推し進めたのが、ここでも西欧化だったのです。それは「世俗化」が言葉として問題にされないくらいの世俗化で、イスラム世界のなかでは、ほとんど唯一といってよいくらいの成功例です。

いずれにせよ、日本やトルコほど徹底した国というのは珍しい。だから、日本にいると政教分離は当たり前すぎて、あらためて意識することもあまりないのですが、実は世界中どこも同じではない、冷静に考えれば同じであるわけがないんですね。別な言い方をすれば、日本人――少なくとも私は、ヨーロッパ的な歴史観に毒されている。すなわち、人類は理性に基づく啓蒙を通じて宗教を克服する、民主主義と科学万能の近代を打ち立てる、という歴史観です。それが人類の進むべきコース、到達するべきゴールなのだと打ち上げて、この一方的な物差しを他の世界にも当てはめたのです。あげく遅れているだの、だいぶ追いついてきただのと勝手に論じてきたといえます。

しかし、それは本当に人類一般の行く道なのか——さしもの自信も、実は近年揺らいできています。他でもない中国の存在で、人間はいつか必ず人権思想に目覚める、中国も民主化しないではいられなくなる。そう信じこんできたものが、一向に変わる素振りもみせない中国に、もしや豊かでさえあれば人権などいらないのか、民主主義など必要ないのかと、疑わずにいられなくなったのです。

それは政教分離も同じでしょう。ヨーロッパがキリスト教を克服したように、全世界の人類一般が宗教を克服できるわけではない。あるいは克服することが、必ずしも善ではない。もしくは克服する必要がないとさえ、いえるかもしれません。というのも、問題の種となるのは、ほぼ一神教だけだからです。仏教も、ヒンズー教も、その他の宗教も、ユダヤ教、キリスト教、イスラム教のように火を上げてはいないのです。

それは、やはり一神教であることが、理由なのかもしれません。日本を考えればわかりますが、元が多神教の土壌ですから、他の宗教が入ってきても、決定的な対決とはなりません。神仏を同体とする本地垂迹説《ほんじすいじゃく》のような論理を拵《こしら》えて、神道と仏教も共存してこられたとおりです。それは真理はひとつではないという感覚が、はじめからあるからだと思います。同じ理屈で、宗教の真実と民主主義の真実、あるいは科学の真実も共存できることになります。

これが一神教には難しい。ユダヤ教、キリスト教、イスラム教、ともに同じ神を信仰しているというのに、他を認めることができない。真実はひとつしかないからです。一元的な発想しかできないのです。

ヨーロッパ人やアメリカ人でもリベラルな思想の持ち主ならば、いや、そんなことはない、もうキリスト教には囚われていないから、他を認めることだってできると返すかもしれません。しかし、それは政教分離を上段に祀り上げての話です。政教分離の真理、さらには民主主義の真理に並べて、ユダヤ教の真理、キリスト教の真理、イスラム教の真理を、等しく尊重するのではありません。それが宗教ではなくなっても、真実はひとつという、一元的な発想を免れてはいないのです。

「フランスには冒瀆《ぼうとく》する自由がある」

その国のマクロン大統領は声を大にしました。ムハンマドの風刺画に反発するムスリムのテロが絶えないことに、業を煮やしての言葉ですが、いかにもヨーロッパのエリートらしい、模範解答だと思います。しかし、人としての権利は侵されていいてはならない、民主主義は絶対である、人類が到達しえる最高の真理だからであると、ともすると「民主主義教」の趣さえ覚えます。というのも、自由、自由といって、それも国家の利益や公共の福祉に反するとなれば、平気で制限してしまいます。コロナ禍ゆえのロックダウンで、移動の自由が損なわれたのはつい最近のことですが、それは同じ民主主義の「教義」の内だから、折り合いをつけることができるのです。

宗教が相手では、同じようには譲れません。民主主義の真理は、少なくとも対等の関係では、他の真理と共存することができないのです。一元的な発想に捕われるなら、民主主義のように理性で考え出したものでも、こうなのです。ましてや公然たる宗教の一神教が他に譲れるわけがありません。霊感に理屈などありませんから。ただ信じるだけで、もう成立してしまうのが宗教なわけですから。

この世界は一神教で、まだしばらくは揺れそうです。

主要参考・引用文献一覧

※主に各宗教に関わるもの、全般に関わるものに分類しています。なお、ここでは筆者が使用した文献を示しましたが、現在、入手しやすいものは（ ）で示してあります。

●ユダヤ教

山我哲雄『聖書時代史　旧約篇』岩波現代文庫　２００３年
米倉充『旧約聖書の世界　その歴史と思想』人文書院　１９８９年
土岐健治『旧約聖書外典偽典概説』教文館　２０１０年
臼杵陽『「ユダヤ」の世界史　一神教の誕生から民族国家の建設まで』作品社　２０１９年
市川裕『ユダヤ人とユダヤ教』岩波新書　２０１９年
村上陽一郎『ペスト大流行　ヨーロッパ中世の崩壊』岩波新書　１９８３年
家島彦一・渡辺金一編『イスラム世界の人びと―４　海上民』東洋経済新報社　１９８４年
ミロラド・パヴィチ『ハザール事典　夢の狩人たちの物語』［男性版］［女性版］工藤幸雄訳　東京創元社　１９９３年（創元ライブラリ文庫　２０１５年）
小岸昭『マラーノの系譜』みすず書房　１９９８年
西成彦『イディッシュ―移動文学論〈１〉』作品社　１９９５年
西成彦編訳『世界イディッシュ短篇選』岩波文庫　２０１８年
鈴木輝二『ユダヤ・エリート　アメリカへ渡った東方ユダヤ人』中公新書　２０１４年
河原理子『フランクル『夜と霧』への旅』朝日文庫　２０１７年
Ｅ・Ｒ・カステーヨ、Ｕ・Ｍ・カポーン『図説　ユダヤ人の２０００年　歴史篇』市川裕監修　那岐一堯訳　同朋舎出版　１９９６年
Ｅ・Ｒ・カステーヨ、Ｕ・Ｍ・カポーン『図説　ユダヤ人の２０００年　宗教・文化篇』

市川裕監修　那岐一堯訳　同朋舎出版　1996年
ポール・ジョンソン『ユダヤ人の歴史』（上）（下）石田友雄監修　阿川尚之、池田潤、山田恵子訳
徳間書店　1999年
ジークムント・フロイト『モーセと一神教』渡辺哲夫訳　ちくま学芸文庫　2003年
ヤン・アスマン『エジプト人モーセ　ある記憶痕跡の解説』安川春基訳　藤原書店　2016年
ゴットホルト・エフライム・レッシング『賢者ナータン』丘沢静也訳　光文社古典新訳文庫　2020年
ヴィクトール・フランクル『夜と霧』霜山徳爾訳　みすず書房　1956年
（『夜と霧　新版』池田香代子訳　2002年）
アンネ・フランク『増補新訂版　アンネの日記』深町眞理子訳　文春文庫　2003年
ショレム・アレイヘム『牛乳屋テヴィエ』西成彦訳　岩波文庫　2012年
ジャン・ボームガルテン『イディッシュ語』上田和夫、岡本克人訳　白水社文庫クセジュ　1996年

●キリスト教

大貫隆、名取四郎、宮本久雄、百瀬文晃編集『岩波キリスト教辞典』岩波書店　2002年
日本聖書協会『聖書　聖書協会共同訳─旧約聖書続編付き　引照・注付き』日本聖書協会　2018年
田川建三『新約聖書　訳と註』全七巻　作品社　2008年～2017年
田川建三『書物としての新約聖書』勁草書房　1997年
小田垣雅也『キリスト教の歴史』講談社学術文庫　1995年
関眞興『キリスト教からよむ世界史』日経ビジネス人文庫　2018年
荒井献『イエス・キリスト　三福音書による』（上）（下）講談社学術文庫　2001年
石井美樹子『聖母マリアの謎』白水社　1988年

植田重雄『守護聖人　人になれなかった神々』中公新書　1991年
石黒マリーローズ『キリスト教文化の常識』講談社現代新書　1994年
上山安敏『魔女とキリスト教―ヨーロッパ学再考―』人文書院　1993年
長谷川修一『謎解き聖書物語』ちくまプリマー新書　2018年
秦剛平訳『七十人訳ギリシア語聖書　モーセ五書』講談社学術文庫　2017年
久松英二『ギリシア正教　東方の智』講談社選書メチエ　2012年
水垣渉、小高毅編『キリスト論論争史』日本キリスト教団出版局　2003年
弓削達『世界の歴史5　ローマ帝国とキリスト教』河出文庫　1989年
池澤夏樹『ぼくたちがキリスト教について知りたかったこと』小学館　2009年（小学館文庫　2012年）
橋口倫介『十字軍―その非神話化―』岩波新書　1974年
櫻井康人『図説　十字軍』（ふくろうの本）河出書房新社　2019年
甚野尚志『中世の異端者たち』（世界史リブレット20）山川出版社　1996年
高山一彦編訳『ジャンヌ・ダルク処刑裁判』白水社　2015年
田中一郎『ガリレオ裁判―400年後の真実』岩波新書　2015年
深井智朗『プロテスタンティズム　宗教改革から現代政治まで』中公新書　2017年
スエトニウス『ローマ皇帝伝』（下）国原吉之助訳　岩波文庫　1986年
タキトゥス『年代記　ティベリウス帝からネロ帝へ』（下）国原吉之助訳　岩波文庫　1981年
エミール・G・レオナール『プロテスタントの歴史〔改訳〕』渡辺信夫訳　白水社文庫クセジュ　1968年
シャルル・ペロ『イエス』支倉崇晴、堤安紀訳　白水社文庫クセジュ　2015年
ジャック・ル・ゴッフ『中世の高利貸―金も命も―』渡辺香根夫訳　法政大学出版局　1989年
ジュール・ミシュレ『ジャンヌ・ダルク』森井真、田代葆訳　中公文庫　2019年

ポール・ジョンソン『キリスト教の二〇〇〇年』(上)(中)(下) 別宮貞徳訳 共同通信社 1999年
マイケル・マクローン『聖書の名句』岩城聡訳 創元社 2000年
グリンメルスハウゼン『阿呆物語』(上)(中)(下) 望月市恵訳 岩波文庫 1953年
F・L・アレン『オンリー・イエスタデイ 一九二〇年代・アメリカ』藤久ミネ訳 研究社出版 1975年 (ちくま文庫 1993年)

●イスラム教

大塚和夫、小杉泰、小松久男、東長靖、羽田正、山内昌之編集『岩波イスラーム辞典』岩波書店 2002年
井筒俊彦『コーラン』(上)(中)(下) 岩波文庫 (上) 1957年 (中) 1958年 (下) 1964年
井筒俊彦『「コーラン」を読む』岩波現代文庫 2013年
井筒俊彦『マホメット』講談社学術文庫 1989年
『日亜対訳 クルアーン[付]訳解と正統十読誦注解』中田考監修 中田香織、下村佳州紀訳 「クルアーン正統十読誦注解」松山洋平著・訳 黎明イスラーム学術・文化振興会責任編集 作品社 2014年
小布施祈恵子、後藤絵美、下村佳州紀、平野貴大、法貴遊『クルアーン入門』松山洋平編 作品社 2018年
嶋田襄平『イスラム教史』(世界宗教史叢書5) 山川出版社 1978年
菊地達也『図説 イスラム教の歴史』(ふくろうの本) 河出書房新社 2017年
臼杵陽『「中東」の世界史 西洋の衝撃から紛争・テロの時代まで』作品社 2018年
後藤明『ムハンマド時代のアラブ社会』(世界史リブレット100) 山川出版社 2012年
小杉泰編訳『ムハンマドのことば ハディース』岩波文庫 2019年
佐藤次高『イスラームの「英雄」サラディン 十字軍と戦った男』講談社学術文庫 2011年
松田俊道『サラディン イェルサレム奪回』(世界史リブレット人24) 山川出版社 2015年

佐藤次高『イスラーム　知の営み』（イスラームを知る1）山川出版社　2009年
佐藤次高『新装版　マムルーク　異教の世界からきたイスラムの支配者たち』（UPコレクション）東京大学出版会　2013年
高野太輔『マンスール　イスラーム帝国の創建者』（世界史リブレット人20）山川出版社　2014年
小笠原弘幸『オスマン帝国　繁栄と滅亡の600年史』中公新書　2018年
清水和裕『イスラーム史のなかの奴隷』（世界史リブレット101）山川出版社　2015年
加藤博『イスラーム　世界の危機と改革』（世界史リブレット37）山川出版社　1997年
黒田壽郎『イスラームの心』中公新書　1980年
田中宇『タリバン』光文社新書　2001年
内藤正典『イスラムの怒り』集英社新書　2009年
横田勇人『パレスチナ紛争史』集英社新書　2004年
家島彦一『イブン・ジュバイルとイブン・バットゥータ　イスラーム世界の交通と旅』（世界史リブレット人28）山川出版社　2013年
田澤耕『物語　カタルーニャの歴史　知られざる地中海帝国の興亡　増補版』中公新書　2019年
佐藤正哲、中里成章、水島司『世界の歴史⑭ムガル帝国から英領インドへ』中央公論社　1998年
西尾哲夫『アラビアンナイト　文明のはざまに生まれた物語』岩波新書　2007年
西尾哲夫『世界史の中のアラビアンナイト』（NHKブックス）NHK出版　2011年
矢島文夫『アラビアン・ナイト99の謎　アリババとシンドバードの国への招待』PHP文庫　1992年
矢島祐利『アラビア科学の話』岩波新書　1965年
中野好夫『アラビアのロレンス　改訂版』岩波新書　1950年
岡真理『ガザに地下鉄が走る日』みすず書房　2018年

カレン・アームストロング『ムハンマド―世界を変えた預言者の生涯』徳永里砂訳　国書刊行会　2016年
カレン・アームストロング『イスラームの歴史　1400年の軌跡』小林朋則訳　中公新書　2017年
タミム・アンサーリー『イスラームから見た「世界史」』小沢千重子訳　紀伊國屋書店　2011年
ジクリト・フンケ『アラビア文化の遺産』高尾利数訳　みすず書房　2003年
ミュリエル・ジョリヴェ『移民と現代フランス　フランスは「住めば都」か』鳥取絹子訳　集英社新書　2003年
アンヌ=マリ・デルカンブル『改訂新版　ムハンマドの生涯』（「知の再発見」双書110）
後藤明監修　小林修、高橋宏訳　創元社　2003年
アミン・マアルーフ『アラブが見た十字軍』牟田口義郎、新川雅子訳
リブロポート　1986年（ちくま学芸文庫　2001年）
スレイマン・ムーサ『アラブが見たアラビアのロレンス』牟田口義郎、定森大治訳
リブロポート　1988年（中公文庫　2002年）

●全般

池上英洋『ヨーロッパ文明の起源　聖書が伝える古代オリエントの世界』ちくまプリマー新書　2017年
本村凌二『多神教と一神教　古代地中海世界の宗教ドラマ』岩波新書　2005年
山我哲推『一神教の起源　旧約聖書の「神」はどこから来たのか』筑摩選書　2013年
加藤隆『一神教の誕生　ユダヤ教からキリスト教へ』講談社現代新書　2002年
庄子大亮『大洪水が神話になるとき　人類と洪水　五〇〇〇年の精神史』（河出ブックス）
河出書房新社　2017年
内田樹、中田考『一神教と国家　イスラーム、キリスト教、ユダヤ教』集英社新書　2014年
河野博子『アメリカの原理主義』集英社新書　2006年

本書は、著者の語り下ろしを主として編集しました。

著者取材、コラム構成・執筆　増子信一

カバー・本文レイアウト　今井秀之
カバー　istock.com/BernaldAllum
表紙　istock.com/stevenallan

図版作成
昭和ブライト（P26　P35 P80　P113　P118　P178　P298　P302）
今井秀之（P28　P53　P76-77　P96　P98　P103　P156-157　P172-173
P190-191　P250　P308）

校正　聚珍社

画像検索協力　中嶋美保

佐藤賢一（さとう　けんいち）

1968年山形県鶴岡市生まれ。山形大学教育学部卒業。東北大学大学院文学研究科フランス文学専攻博士課程単位取得満期退学。1993年『ジャガーになった男』で第6回小説すばる新人賞受賞。99年『王妃の離婚』（集英社）で第121回直木賞受賞。2014年『小説フランス革命』（集英社）で第68回毎日出版文化賞特別賞受賞。20年『ナポレオン』（集英社）で第24回司馬遼太郎賞受賞。主にヨーロッパ史を題材とした歴史小説を多く手掛けているが、近年は日本、アメリカを舞台とした作品も発表している。著書に下記などがある。

〈小説〉

『傭兵ピエール』『双頭の鷲』『カルチェ・ラタン』『オクシタニア』『黒い悪魔』『褐色の文豪』『カポネ』『女信長』『新徴組』『ペリー』『黒王妃』『ハンニバル戦争』『遺訓』『日蓮』『最終飛行』ほか。

〈ノンフィクション〉

『英仏百年戦争』『カペー朝』『フランス革命の肖像』『ヴァロワ朝』『テンプル騎士団』『ドゥ・ゴール』『ブルボン朝』ほか。

よくわかる一神教《いつしんきよう》

ユダヤ教《きよう》、キリスト教《きよう》、イスラム教《きよう》から世界史《せかいし》をみる

2021年6月30日　第1刷発行

著　者　佐藤賢一《さとうけんいち》

発行者　樋口尚也

発行所　株式会社集英社

〒101-8050　東京都千代田区一ツ橋2-5-10

電話　編集部 03-3230-6143

読者係 03-3230-6080

販売部 03-3230-6393（書店専用）

印刷所　凸版印刷株式会社

製本所　加藤製本株式会社

ISBN978-4-08-788055-7　C0022